COLLECTION
FOLIO/ESSAIS

Françoise Dolto

Les étapes majeures de l'enfance

*Textes recueillis et annotés
par Claude Halmos,
présentés par Catherine Dolto*

Gallimard

Note de l'éditeur

Si nous avons choisi, pour inaugurer la collection consacrée à Françoise Dolto, de réunir les articles et conférences qui ont jalonné quarante ans de son itinéraire, c'est que nous tenions à ce que cet aspect fondamental de l'œuvre devînt plus facilement accessible à ceux auxquels elle s'adressait dès l'origine. Autour des questions d'éducation, ces textes témoignent de la cohérence maintenue de la démarche de Françoise Dolto dans son souci constant de prévention.

Nous remercions ici le docteur Catherine Dolto-Tolitch, Colette Percheminier, le Comité scientifique Françoise Dolto qui nous ont soutenu de leurs conseils et du souven qu'ils ont d'elle, ainsi que Claude Halmos qui a réuni les textes.

Pour garder le ton de Françoise Dolto, jamais plus concrète, pratique, humaine que dans ses conférences ou ses émissions radiophoniques, nous avons tenu à respecter le rythme, le vocabulaire si personnel, les « créations langagières » et l'humour qui faisaient tout le charme de sa parole. Nous retrouvons dans ces textes cette voix inimitable par laquelle elle provoquait parents ou éducateurs à l'écoute et à la remise en cause d'une éducation qu'elle jugeait trop souvent contraire à l'intérêt des enfants.

Françoise Dolto voulait mettre la psychanalyse en actes, et personne ne s'adressait à elle en vain, travailleurs sociaux, médecins, psychanalystes, parents ou écoliers. Elle se consacra vers la fin de sa vie à de nombreuses activités de prévention qui trouvèrent leur apogée dans la création de la Maison-Verte, lieu de socialisation pour les très jeunes enfants qui trouvaient là, accompagnés par leurs parents, écoute et accueil.

Moi-même, je peux témoigner de l'enthousiasme avec lequel, pendant les toutes dernières années de sa vie, elle entreprit, en compagnie de sa fille Catherine, cet ouvrage d'éducation que fut *Paroles pour les adolescents ou le complexe du homard*. Je fus frappée par son esprit de jeunesse, son écoute particulière qui lui faisait dire qu'elle apprenait toujours, attentive à ce que Catherine apportait de sa pratique et qui nourrissait leur réflexion commune.

Dans *Les chemins de l'éducation* et *Les étapes majeures de l'enfance*, Françoise Dolto nous ouvre une nouvelle fois les voies de l'autonomie et de l'âge adulte, et nous rappelle qu'« éduquer, c'est susciter l'intelligence, les forces créatives d'un enfant tout en lui donnant ses propres limites pour qu'il se sente libre de penser, de sentir et de juger autrement que nous-mêmes, tout en nous aimant ».

C.F.P.

Préface

« *Quiconque s'attache à écouter la réponse des enfants est un esprit révolutionnaire* », disait Françoise Dolto.

Ayant en charge la publication des œuvres parues ou à paraître de Françoise Dolto ma mère, j'ai pensé qu'il était bien d'inaugurer la collection que lui ouvrent les Éditions Gallimard en publiant des articles et des conférences, jamais réunis en volumes et de ce fait introuvables, consacrés à l'enfance et à l'éducation.

Je crois être dans sa ligne en mettant l'accent sur cette dimension de son œuvre, car du plus loin que je me souvienne, je l'ai toujours vue s'y attacher : donnant de sa personne, répondant à d'innombrables lettres et demandes diverses, ne négligeant jamais aucun interlocuteur. Les premiers articles datent de 1946. À cette époque, Françoise Dolto, médecin et psychanalyste, mariée à Boris Dolto depuis 1941, est déjà mère de famille. Elle a une grande expérience clinique qu'elle enrichit de l'observation de ses trois enfants, ce qui nous vaut à mes frères et à moi-même d'apparaître souvent dans les pages qui suivent. Les dernières conférences datent de 1988 qui fut l'année de sa mort. Ceci montre combien elle, qui disait dans son enfance : « Je veux être médecin d'éducation », prenait à cœur la dimension de la prévention, qui fut pendant toute sa vie l'une de ses préoccupations majeures.

Née en 1908, Françoise Dolto fut confrontée très tôt à la difficulté de vivre dans une France ravagée par la guerre, au sein d'une famille de sept enfants en plein désarroi depuis la mort de Jacqueline, son aînée de trois ans. Très jeune, elle réalise ainsi l'importance des effets de l'éducation sur la santé des enfants et des bébés, ainsi que les interactions en écho de la souffrance des uns sur les autres.

L'observation « du malheur du monde, celui auquel on ne peut rien faire et avec lequel il faut composer, beaucoup subir, et essayer que les enfants vivent tout de même », lui a permis de confirmer son désir d'être médecin d'éducation. Cette sensibilité précoce à la souffrance des tout-petits lui donna cette grâce, cette vertu d'enfance, qui la conduisit à entendre et à décoder autrement la parole et les actes des enfants. C'est de là entre autres que vient ce que beaucoup appellent son génie clinique.

Ce qui est particulier dans l'œuvre et dans la vie de Françoise Dolto, c'est la place qu'elle donne à l'éthique. Tout acte thérapeutique doit être articulé à une éthique, affirme-t-elle sans relâche. C'est ainsi qu'il faut comprendre le soin qu'elle mettait à ne jamais mélanger psychanalyse et éducation.

Elle a toujours insisté sur le fait que, en dehors de son cabinet, elle ne faisait pas de psychanalyse, mais utilisait ce que ses patients lui avaient permis de comprendre et de théoriser pour le rendre utilisable par d'autres. Elle en tirait une réflexion sur l'éducation comme prévention des névroses, opérant là un grand recyclage de la souffrance humaine. Face à un enfant, lors d'une cure, elle ne se laissait jamais déloger de sa place d'analyste pour glisser vers celle de l'éducatrice. Cela exaspérait d'ailleurs bien souvent les parents de ses jeunes patients, en attente de conseils qu'elle refusait obstinément de leur prodiguer.

Les articles et conférences de ces deux ouvrages, Les étapes majeures de l'enfance et Les chemins de l'éducation, s'adressent à tous : éducateurs, médecins, enseignants, avocats, infirmières, travailleurs sociaux et parents. Françoise Dolto y reprend tous les thèmes de sa réflexion, abordés ailleurs sur un mode plus directement théorique. Elle s'attache à les faire vivre dans le déroulé de la vie quotidienne au moyen de nombreux exemples cliniques qui apportent à son propos une grande précision. Elle les éclaire des multiples facettes de sa connaissance des humains, qu'ils soient parents ou enfants. Car Françoise Dolto a toujours insisté sur le fait qu'on ne saurait être psychanalyste d'enfants sans être d'abord psychanalyste.

Ces articles décrivent la vie quotidienne, les difficultés relationnelles, le sevrage, le « deuxième cordon ombilical », les troubles du sommeil, l'éducation à la propreté, la nudité dans la maison et le nudisme, ainsi que les étapes structurales du développement d'un enfant et d'un adolescent. Françoise Dolto précise aussi sa conception de la psychanalyse d'enfant, en montrant clairement en quoi celle-ci diffère, à ses yeux, de la psychothérapie. Elle aborde aussi le thème très important du paiement symbolique (caillou, timbre, ticket de métro...) demandé à l'enfant, par lequel celui-ci signifie qu'il désire ou non sa séance, bien que restant dépendant des adultes tutélaires pour le déroulement pratique de la cure.

Comme moi, tous ceux qui aimaient l'entendre retrouveront ici sa voix, ses dons de conteuse, ses expressions amusantes et ses néologismes. Elle n'hésitait pas à se forger un vocabulaire à la mesure de la précision qu'elle en attendait. Quand un mot ou un concept lui manquaient, elle les fabriquait. Ainsi apparaissent « mamaïser », « s'esargoter », « dévivance », « allant devenant » qui apportent souvent une dimension poétique à sa parole.

C'est cette langue si particulière qui donna l'idée à Lucien Morisse de lui proposer en 1968 de parler à la radio. Ce fut, comme elle le rappelait souvent, « la décision la plus difficile à prendre de sa vie ». Elle en avait mesuré les risques mais, toujours poussée par son souci de prévention, elle ne faisait là que continuer, avec son pragmatisme habituel, ce qu'elle avait recherché par le biais des articles et des conférences : la rencontre avec un public inatteignable par d'autres voies mais si important pour les enfants. Elle aimait s'adresser à ces parents inconnus, qu'elle créditait d'immenses ressources de compréhension virtuelle et d'intuitions justes. Plutôt que de leur donner des solutions toutes faites elle cherchait à les éveiller, à leur révéler la réalité des communications interpsychiques conscientes et inconscientes, à les amener à comprendre que tout est langage. Elle les incitait à décoder ce qui s'exprime dans le courant de la vie quotidienne. Elle les rassurait en leur montrant que tout enfant passe un jour ou l'autre par un symptôme, qu'il s'agit de comprendre avant de s'en affoler. En leur faisant cette confiance, en leur demandant de réfléchir et d'écrire de longues lettres, elle les invitait à prendre leur histoire familiale en charge car, disait-elle, « les parents sont les premiers qui savent mais il faut qu'une parole autorisée soutienne leur intuition » : ils se sentirent respectés, ces émissions eurent un succès étonnant. Sa voix, son ton direct, l'humour qu'elle utilisait pour dédramatiser sans jamais tomber dans l'ironie ou la moquerie, atteignirent leur but au-delà de toute espérance : Françoise Dolto devint un personnage sans l'avoir voulu, une célébrité médiatique, parce que ayant su ne jamais mépriser son public.

Très vite elle mesura l'ampleur du phénomène, s'en amusa et en tira la conséquence pratique : achevant les cures qu'elle avait en cours, elle réserva son activité de thérapeute aux très jeunes enfants de la D.D.A.S.S. Ces enfants confiés à des pouponnières étaient peu susceptibles d'être influencés par les scories du succès. Cette consultation de nourrissons, qui se déroulait devant un public d'analystes en formation, la passionna jusqu'à la fin de sa vie.

Sans doute, sa notoriété put-elle nuire à la connaissance véritable de son œuvre qui, d'une certaine façon, reste à découvrir. On évoque souvent la clinicienne inspirée, au détriment de la théoricienne qu'elle ne cessa jamais d'être. Pourtant toutes ses interprétations, toutes ses interventions lors d'une cure s'appuyaient sur l'outil théorique très précis qu'elle s'était forgé peu à peu, dont l'axe était sa conception de « l'image inconsciente du corps et du schéma corporel » et l'importance des différentes « castrations symboligènes ».

Elle parcourait dans un inlassable va-et-vient le

chemin qui va de la théorie à la pratique, sans cesse éclairée d'un sens de l'observation qui enregistrait chaque détail (le changement de couleur de la peau autour de la bouche d'un bébé, le rythme d'un souffle, l'amorce d'un geste esquissé, les variations de l'odeur d'une transpiration), avec une façon toute personnelle d'intégrer ses réactions les plus intimes qui témoignait de l'engagement physique de l'analyste dans le travail de la cure. S'engager était sa manière de s'intéresser de près.

Si aujourd'hui dans les crèches, dans les écoles, dans les hôpitaux, même dans les tribunaux et les prisons le statut de l'enfant a changé, c'est que les forces qu'elle a mis en jeu et en actes sont toujours au travail. Certains acquis, considérés de nos jours comme des évidences, sont les fruits d'un combat qu'elle mena avec passion pendant des années. Elle ne se soucierait pas qu'on les lui attribue car ce qui comptait à ses yeux n'était pas sa personne mais d'opérer des avancées concrètes au service du devenir des enfants, futurs adultes, «futurs citoyens», comme elle aimait à le dire.

Dans ce volume, on découvre une façon de penser l'enfance et la parentalité qui à l'époque où elle fut énoncée fit scandale. L'image de Françoise Dolto «providentielle grand-mère de la psychanalyse» a servi, et ce n'est pas un hasard, à masquer le fait que sa pensée fut subversive d'un bout à l'autre de sa vie. La réussite secrète de celle qui se réjouissait toujours des résistances, parce qu'elle y voyait en creux les effets d'une parole réellement novatrice, fut de voir banaliser ses propos au fil du temps.

Avoir su imposer sa vision de l'enfant comme sujet désirant dès la conception, avoir fait entendre la souffrance des tout-petits en leur rendant ainsi leur *dignité, avoir introduit comme une notion primordiale le respect de leur personne constitue sa victoire sur l'enfant douloureuse qu'elle fut. Elle, qu'une longue méditation sur son enfance et sa compassion pour les adultes amenaient à dire : « Les enfants nous provoquent à une telle vérité intérieure qu'ils dépassent celle que nous connaissons de nous et ils nous mettent en cause très profondément. »*

Je remercie le Comité scientifique Françoise Dolto, Francis Martens et Rachel Kramerman pour leur aide précieuse.

Catherine Dolto [1]

---

1. Le docteur Catherine Dolto est médecin, haptopsychothérapeute.

Sur l'insécurité des parents dans l'éducation

L'École des parents[1],
septembre-octobre 1979.

On ne peut résoudre l'insécurité des parents. D'un côté, ils ont tendance à dramatiser, et de l'autre ils souhaitent que l'on réponde immédiatement à leur question par quelque recette : « Que dois-je faire ? » À cette interrogation je suis bien incapable de répondre. Si j'ai pu le faire quelquefois à la radio, c'est que les parents qui me parlaient m'avaient déjà écrit de longues, très longues lettres, et qu'en écrivant, ils suggéraient déjà une solution, ou l'entrevoyaient. C'était tout prêt, mais ils n'osaient pas se lancer dans la direction à laquelle ils avaient pensé, ils avaient besoin d'une voix autorisée qui leur dise : « Mais oui, pourquoi pas ? » Pour tous les autres auditeurs, c'était l'occasion d'aborder et de comprendre une difficulté relationnelle, et de la rapporter à leur propre climat familial.

Ces difficultés peuvent quelquefois être prises avec un peu d'humour. On peut surtout penser qu'elles ne dureront pas jusqu'à vingt-cinq ans, bien que les parents s'imaginent souvent qu'elles vont s'aggraver avec l'âge. On ne peut pas élever un enfant sans qu'à un moment ou à un autre il ne passe par un symptôme. Pour les parents, ce symptôme est souvent inquiétant, l'enfant y investit une énergie qui n'est pas créative, et qui n'est pas clairement interprétée par eux. De son côté, l'enfant soulage ainsi des tensions dont il souffre, et le fait d'autant mieux que les parents s'inquiètent moins.

La jalousie

La jalousie est une perte d'énergie énorme pour l'individu, qu'il soit enfant ou adulte. Il y a d'abord la jalousie du puîné, puis la jalousie œdipienne, à l'égard du père et de la mère. Si un enfant dépasse ces deux jalousies, il y gagne une sécurité qu'il arrive à faire partager à ses parents.

Dans les groupes d'enfants, comme dans les familles nombreuses, le rôle des parents et de l'éducateur n'est pas facile, face à ce problème de jalousie non dépassée : il faut répondre à l'un, et tous les autres, par jalousie, voudraient qu'on leur réponde de la même façon, ce qui serait une erreur, puisque chacun en est à son degré de résolution du problème. Le parent, comme l'éducateur, doit alors, clairement et non « en douce », proclamer son droit à l'injustice : « Je suis injuste et je le serai toujours. » Si cette proclamation est faite, même si, bien sûr, l'adulte essaie quant à lui de ne pas être injuste, la plupart des revendications tomberont d'elles-mêmes, puisqu'elles échoueront à ébranler la sécurité de l'adulte qui sait qu'il agit au mieux de ce qu'il « peut », tout au moins consciemment. Car les enfants savent très bien où le bât blesse, chez l'adulte, et sont experts à appuyer sur cet endroit...

Les parents doivent savoir que, quoi qu'ils

fassent, ils auront toujours tort aux yeux de l'enfant, et cela tout en faisant de leur mieux. À un moment ou à un autre, même les parents les plus aimants seront responsables d'une souffrance chez l'enfant. Si l'enfant déclare alors : « Moi, je ne t'aime pas », on répond : « Cela n'a aucune importance, tu n'es pas né pour m'aimer. » Six, sept ans, c'est déjà tard pour critiquer ses parents. Les parents doivent beaucoup écouter les critiques de leurs enfants, même si cela ne doit pas, dans beaucoup de cas, modifier leur comportement, car ils ont à éduquer et non à plaire à leurs enfants. Des enfants qui, en grandissant, continuent à toujours vouloir faire plaisir à leurs parents, qui estiment que leurs parents ont toujours raison et sont toujours justes, sont des enfants en mauvaise santé. Plus on peut montrer d'hostilité mêlée ou alternant avec de l'affection à ses parents, meilleure est la santé morale d'un enfant. Cela signifie que la relation de l'enfant aux parents s'est dégagée des liens incestueux et de totale dépendance. C'est ainsi que chaque enfant commence à avoir son quant-à-soi. Une mère devrait pouvoir dire : « Moi, j'étais prête à ce que tu naisses, tu es né. Maintenant, débrouille-toi avec la vie, je fais ce que je peux pour t'entretenir et pour que tu sois heureux, mais ce n'est pas toujours à cause de moi si ça ne va pas, si tu n'es pas heureux, si tu es malade... Quand tu étais dans mon ventre, tu ne souffrais de rien, maintenant tu es né et la vie n'est pas toujours comme on le voudrait. De toute façon, tu t'en sortiras si tu sais prendre les choses du bon côté. » Mais ce n'est pas facile pour les parents de supporter critiques justes ou contestation de leurs opinions, alors qu'eux-mêmes ne sont pas dégagés de leur longue soumission à leurs parents.

Autonomie et retard à l'école

Très tôt, dès trois ans, l'enfant peut avoir une liberté totale pour tout ce qui concerne la nourriture, le froid et le chaud, le soleil et la pluie (et donc les vêtements). Peut-être cependant pas tout à fait en ce qui concerne l'heure du départ à l'école... Et encore, si les parents ne s'angoissent pas d'un retard éventuel, il apprendra vite à ne pas baguenauder à la maison et à rythmer sa vie sur celle des autres de son âge, s'il sait que s'il est en retard la maîtresse poussera un « coup de gueule » ou punira l'enfant, mais que ce n'est un drame ni pour lui ni pour la mère.

C'est dès la maternelle que les retards à l'école s'organisent et que les mères doivent d'une part ne jamais en être la cause, d'autre part en laisser la responsabilité aux enfants au lieu de les tarabuster. Ils ont encore deux ans avant l'école obligatoire, et pour s'habituer aux horaires sociaux qui les concernent personnellement.

Évidemment, souvent l'enfant ne peut pas y aller encore seul, mais pourquoi aller chercher une école à des kilomètres comme je l'ai vu faire, pour y trouver le « fin du fin » de l'éducation, alors qu'il y a une maternelle à cent mètres de la maison ? Je crois qu'il y a des parents qui se mettent et mettent leurs enfants en condition d'insécurité, source de conflits permanents qui seraient tout à fait évitables. Pourquoi ne pas essayer, d'abord, l'école la plus proche à laquelle l'enfant peut rapidement aller et en revenir seul ?

Et quand l'enfant doit être accompagné, il ne faut pas l'obliger à être celui qui peut mettre son père ou sa mère, à cause de lui, en retard à son travail. C'est lui donner un trop grand pouvoir sur l'euphorie des adultes, sur leur tranquillité ! Chacun devrait pouvoir être autonome, sans que personne ne puisse dire : « Tu vas mettre ton père (ou ta mère) en retard. » J'ai connu une famille dans laquelle, chaque matin, tout le monde était « en pétard », et l'enfant finissait par rater l'école. Un dimanche, le père s'est décidé : « Si tu te mets en retard, cela n'aura plus aucune importance pour ta mère puisque tu vas apprendre à aller seul à l'école. » Un samedi après-midi et un dimanche, ils ont fait tous les deux, à tour de rôle avec l'enfant, deux aller et retour, aller en autobus, retour à pied et inversement (ce peut être les deux voyages en autobus si l'école est loin) comme un jeu, en incitant l'enfant à tout bien observer, et puis à guider lui-même ses parents. « Cette fois c'est toi qui vas me conduire... » Le dimanche soir, l'enfant savait son chemin. Et tout a été fini ; tous les matins, en sécurité, il partait à l'heure tout seul. Cela a été l'effet radical d'une consultation chez moi où j'avais compris que ce que l'enfant souhaitait, c'était faire bisquer sa mère, mais aussi qu'il n'avait pas été enseigné à aller seul à l'école. Nombre de difficultés pourraient être coupées à la racine, si les deux parents s'entraidaient pour comprendre le jeu qui se passe, et faisaient ce qu'il faut pour y couper court en mettant l'enfant à une école proche, ou en prenant une journée, comme dans cet exemple. C'est un plaisir, pour l'enfant, d'être compris dans ce besoin de sécurité à gagner son autonomie que délivrent, au jour le jour, des parents attentifs et vrais éducateurs. C'est un plaisir constructif au lieu du plaisir pris à les angoisser, à les embêter, jeu pervers souvent conditionné par une organisation familiale du temps ou de l'espace à reconsidérer.

L'autonomie

L'interdépendance entre les êtres existe, elle est humaine, qu'elle soit affective, intellectuelle ou spirituelle, mais l'interdépendance qui s'exprime en chantage ou en menaces détruit la confiance de l'enfant dans ses parents, et sa propre confiance en lui. Éduquer, c'est rendre autonome. « Toi, tu fais ce que tu as à faire, moi ce que j'ai à faire, nous en reparlerons ce soir... » Nous imposons à nos enfants beaucoup de nos désirs totalement inutiles, et sans aucune valeur formative morale. Laissons l'enfant aussi libre que possible, sans lui imposer des règles sans intérêt. Laissons-lui seulement le cadre des règles indispensables à sa sécurité et il s'apercevra à l'expérience, lorsqu'il tentera de les transgresser, qu'elles sont indispensables et qu'on ne fait rien « pour l'embêter ». Mais, par exemple, manger son dessert au début ou à la fin du repas, quelle importance ? Mettre son pull ou sa culotte à l'envers, ne pas lacer ses souliers... si on en rit, ça viendra le jour où ça le gênera.

La souffrance est inévitable, certes, elle peut quelquefois être inscrite très tôt dans la vie des êtres humains, du fait des événements qui les entourent, du fait de l'histoire de leurs parents. Mais nous voyons tellement d'enfants qui sont contrés dans leurs initiatives, leurs libres activités innocentes, détraqués pour des choses imbéciles, totalement inutilement parasités d'injonctions continuelles à faire ou ne pas faire ceci ou cela !

Des enfants nés aussi doués que les autres sinon plus, d'après ce qu'on sait de leurs cinq premiers mois, et qui sont des arriérés au moment d'aller à l'école alors qu'ils ne l'étaient pas au départ. Ils le sont devenus par manque de liberté de mouvement, manque d'expériences et d'échanges pour se protéger de désirer. Pour certains parents, il faut toujours que l'enfant fasse vite, mange vite, obéisse sur-le-champ, se presse toujours. Pourquoi la mère fait-elle tout pour son enfant, alors qu'il est si content d'agir par lui-même, de passer sa matinée à s'habiller tout seul, à mettre ses chaussures, si content de mettre son pull à l'envers, de s'emberlificoter dans son pantalon, de jouer, de « fourgonner » dans son coin ? Il n'ira pas au marché avec sa mère ? Eh bien tant pis, ou plutôt tant mieux ! Maman lui fait confiance. Qu'il reste à la maison, maman n'a qu'à faire attention pour que rien de dangereux ne reste à sa portée. Un point c'est tout. À son retour, c'est la joie de se retrouver, de parler de ce qu'on a fait.

Le piège de la relation parents-enfant, c'est de ne pas reconnaître les vrais besoins de l'enfant dont la liberté fait partie. On a bien ou mal mangé, on a bien ou mal fait caca, la famille tourne autour de cela... Mais l'important, c'est que l'enfant soit en sécurité, autonome, le plus tôt possible. L'enfant a besoin de se sentir « aimé à devenir » sûr de lui dans l'espace, de jour en jour plus librement, laissé à son exploration, à son expérience personnelle et dans ses relations avec ceux de son âge. Maintenant, très vite, il n'y a plus personne pour protéger l'enfant en société. Il doit donc savoir, par sa propre expérience, connaître ses besoins, se protéger lui-même par le savoir des dangers qui le menacent. Il doit « s'automaterner » dès deux ans, dès trois ans, et vers six ans, s'autopaterner, c'est-à-dire savoir se conduire à la maison pour tout ce qui l'y concerne, et de même en société. Entre parents et enfant, la confiance devrait être totale et réciproque. Tout enfant a confiance en ses parents mais la réciproque est rare. Cela commence dès le berceau et surtout dès le savoir prendre et se mouvoir, par l'attentive tolérance à son autonomie croissante, accompagnée de climat enjoué et de paroles explicatives de tout ce que fait l'adulte dont l'enfant est tellement observateur et qu'ensuite il désire en tout imiter. Ce sont ses expériences assistées qui développent sa motricité. C'est l'amour, la tendresse consolatrice qui lui permettent de dépasser ses échecs, ce n'est jamais de faire tout pour lui et à sa place et de se fâcher dès qu'il fait une maladresse. L'espace et le temps de libre comportement, la fréquentation d'autres enfants, l'autonomie dans ses jeux et dans les rythmes de ses besoins : nourriture, excrémentation, sommeil, c'est cela l'art de l'éducation des petits et c'est aussi ce qui les incite à respecter le temps et l'espace d'occupation libre de leurs parents.

Quand il manque le troisième

Tout enfant désire et souhaite être élevé par ses deux parents. L'enfant a besoin de l'un et l'autre adulte pour se structurer dans son intelligence comme dans son affectivité. Entre trois personnes, les pensées et les affects circulent. Quand on est deux, cela fait miroir et fatale dépendance réciproque.

Il y a toujours un troisième que l'enfant suppose

être l'élu du père, l'élu de la mère, son parent aimé et indispensable. Grâce à Dieu, c'est généralement une personne, et l'enfant prend naturellement modèle sur ces deux interlocuteurs. Mais le troisième peut être un animal ou une machine, d'où bien des retards affectifs qui rendent l'enfant inadapté à la société. Ce peut être aussi un absent, inconnu. La mère (ou le père) est triste et absorbé en lui-même, quasi muet avec l'enfant, sans compagnon. L'autre, l'élu de la mère, peut être une machine à coudre, par exemple. J'ai vu un enfant qui vivait seul avec sa mère confectionneuse de gilets en chambre. Toute la journée, la machine tournait, tournait. La « machine » avait la chance, elle, d'accaparer toute l'attention de la mère, de jouer avec le pied, avec les mains de la mère. « Cette machine qui accapare maman est donc très désirable ; pour me faire aimer de maman, pour qu'elle s'occupe de moi, il faut devenir comme la machine. » Bien sûr, ce n'était pas un raisonnement conscient. Et l'enfant était devenu comme cet objet partiel de sa mère. Tout seul il avait continuellement un geste stéréotypé, tourner son bras en rond comme la roue de la machine. En cela il imitait « l'autre » de la mère. Par ailleurs, dans la maison, ses mains faisaient comme les mains de la mère. Silencieux, l'air absent, il mettait et ôtait le couvert ou « faisait le ménage ». Ça l'occupe, disait-elle. Quand l'enfant est allé à l'école, il ne parlait pas, ne jouait pas. L'air absent, il tournait son bras. Elle ne lui parlait jamais et ils sortaient, lui inerte dans sa poussette, l'après-midi du dimanche, sans jamais jouer avec d'autres. À trois ans, il était incapable de s'adapter à la maternelle. Sans psychothérapie de la relation mère-enfant, il serait devenu asocial. Il y a aussi des enfants chats, chiens, choses.

Il y a des parents qui élèvent seuls leurs enfants. Mais ils peuvent fréquenter d'autres célibataires ou d'autres couples qui ont des enfants. Ils ont l'occasion, ici et là, de parler de leur situation. Il faut que la raison de la solitude soit parlée devant lui et également dite à l'enfant. Ce peut être des raisons personnelles, des raisons de départ ou de mort, mais des raisons qui ne donnent pas tort à l'autre, à l'absent. Si l'enfant a senti une accusation, il hérite de la culpabilité de cet autre. On devrait lui dire : « Pour moi, oui, je peux lui en vouloir, il ou elle que j'aimais m'a quitté(e), mais pour toi, non, c'est ton père (ou ta mère). Jamais tu ne serais né sans deux parents. Il (ou elle) t'a donné la vie. » Même si l'enfant « transfère » sur d'autres adultes, il faut qu'il sache bien qu'un père ou une mère de naissance, on n'en a qu'un, qu'une. Nous leur devons la vie. Il faut que ce soit dit, en paroles. Des « mamans » ou des « papas » ce peut être n'importe quel adulte qu'il ne craint pas, qu'il aime ou qui partage la vie de son père ou de sa mère, avec qui il joue et se sent accepté tel qu'il est, qui lui sert de modèle ou d'éducateur. Ainsi, dans ce qui le structure psychiquement, l'enfant peut garder l'autre, ce premier référent, bien qu'absent physiquement, en lui de façon symbolique. Un petit enfant qui est coupé de l'autre, du troisième (le père ou la mère), qui est élevé seul avec un seul adulte tutélaire qui fait mystère de l'autre, est comme un hémiplégique dans sa structure symbolique : une moitié seulement fonctionne en miroir avec l'adulte dont tout de sa vie dépend. Il faut savoir qu'il n'est jamais trop tôt pour en parler, montrer des photos (jamais trop tard non plus). Il vaut mieux une souffrance qu'un non-dit, la vérité qu'une fable, et il pourra questionner d'autres adultes, témoins de ce passé, du début de sa vie.

Le lit des parents

Un câlin, de temps en temps, fait très plaisir à l'enfant et surtout aux parents. La tendresse fait partie de l'amour parental et filial. Sans doute, mais on ne peut pas traiter un enfant, un petit enfant comme un chaton ou une chaufferette ! C'est un homme, une femme en chemin, avec toute la sensualité et les émois d'un homme et d'une femme en devenir. Alors, tout ce qui est du corps à corps surtout sans paroles ni chansons, tout ce qui apporte une volupté sensuelle surtout muette, peut être très dangereux dans la vie imaginaire d'un enfant. À trois, quatre ans, la sensualité est d'une intensité très grande par rapport à ce qu'elle deviendra plus tard, parce qu'elle est généralisée et donne des émois sexuels diffus, parfois très violents, qui peuvent bloquer l'évolution vers la sexualité génitale future, par le lien inconscient qui s'établit de façon irrépressible entre sensualité et représentations imaginaires archaïques. Certains enfants sont très sensuels et ils sont extrêmement jaloux du parent du même sexe que l'autre préfère à eux. Leur jalousie est exacerbée par la promiscuité. S'embrasser devant eux pour les taquiner est très cruel. Les accueillir dans le lit, c'est leur mettre sous les yeux leur impuissance d'enfant à aimer et à être aimé comme se le prouvent des adultes. Trop de parents s'amusent de leurs enfants, jouent de leurs sentiments. C'est dangereux et cruel.

Bien sûr, tout dépend de ce qui se passe. Si on prend son petit déjeuner tous ensemble en pyjama, dans le lit, et qu'on se parle, c'est très différent. Mais je pense à ces enfants qui se blottissent contre père ou mère, qui ont avec eux des privautés câlines exclusives. On ne parle pas, on est ensemble comme dans une niche. Cette promiscuité-là est nuisible. Le lit des parents représente pour les enfants quelque chose de formidable. Mais ils savent bien qu'ils n'y sont pas à leur place. C'est pourquoi, quelquefois, ils commencent à y jouer, mettent tout à l'envers : c'est vraiment le cirque. C'est une façon de traduire le malaise de la situation. Vient le moment où il faut les arrêter, ils sont excités à blanc et une détente doit se produire. Cela se termine par une scène, une gronderie, on se fâche. C'eût été si simple de faire respecter le lit et la chambre des parents... et la sensibilité de l'enfant.

Certains parents sont chastes, mais d'autres ne le sont pas. Et si l'occasion est donnée, elle est tentatrice. Pour le bébé, le corps à corps mère-enfant est indispensable, mais à un moment, ces délices fusionnels, imaginairement cannibaliques aussi chez le bébé, doivent cesser. C'est le sevrage aussi important que celui du biberon, qui ne prend tout son sens que si l'enfant sent que la mère a un élu plus important que lui, et que cet élu dort avec elle, la nuit, qu'il a sur son corps et elle sur le sien des droits que l'enfant, lui, n'a pas et n'aura jamais (il ne les a jamais eus mais l'a imaginé et le désire), même s'il veut encore s'imaginer que plus tard... lui et elle, elle et lui, ils se marieront. Mais quand la mère n'a pas un « Jules à la hauteur » pour sa sexualité à elle, quelle tentation ! Pour le père vis-à-vis de sa fille petite aussi, si son couple ne le satisfait pas. Combien d'enfants ont été freinés dans leur développement par ces câlins, par le charme de la volupté et de la tendresse partagée en silence, par cette promiscuité du corps à corps voluptueux. On les retrouve ensuite avec des retards considérables de langage, de psychomotricité et de l'affectivité.

Une occasion vraiment dangereuse, ce sont les absences, les « déplacements » du père. L'enfant vient alors, fille ou garçon, dans le lit de sa mère. Tout peut flamber en trois semaines ! J'ai vu des régressions, des chutes scolaires chez de plus grands, spectaculaires et soudaines, qui n'avaient pas d'autres raisons. Et il ne faut pas croire que les filles en soient à l'abri : il s'agit pour elles d'une régression encore plus archaïque, d'un retour aux sensations de leur petite enfance, lorsqu'elles étaient au sein. Zozotements, pipi au lit, caprices s'en étaient suivis. Et le père à son retour regardé comme l'intrus. Quel gâchis !

Être sévère ?

Oui, si interdire ce qui peut être dangereux s'appelle être sévère, mais avec compassion et toujours par respect de cet enfant, adulte en devenir.

Il faut donc prendre la responsabilité d'interdire certaines choses parce qu'elles sont dangereuses psychiquement ou physiquement. Si nous ne sommes pas sévères, nous les parents, l'enfant doit régresser par l'effet de notre faiblesse, s'autocensurer ou essayer de le faire. Il n'y a rien de plus débilitant pour un enfant, il y perd toute son énergie. Tandis que si le père ou la mère dit : « Non, je le défends, ne fais pas cela. Peut-être que moi-même je le voudrais bien, mais je me et je te le défends. Mon mari (ou ta mère, ma femme) pas là, tu ne prendras pas sa place parce que je t'aime comme mon fils, comme ma fille. » L'enfant peut être furieux mais il conserve toute son énergie, au lieu de prendre un plaisir ambigu ou de s'auto-empêcher et de se diviser contre lui-même. Toute liberté qui est en fait licence est « dépressivante ».

Être sévère ? Poser des interdits ?

Tout est question d'âge. Si nous parlons des agissements dans l'espace, il n'y a aucun interdit défi-nitif, en dehors de l'inceste. Il y a le vol et le meurtre, me direz-vous. Oui, mais le vol s'enseigne du fait que chacun défend « son bien ». Par expé-rience et identification il se fait sa propre morale. Quant à la nuisance physique, la violence et le meurtre dans le petit âge, ce n'est que par l'exemple qu'on enseigne le respect de la vie. Avec le temps, en grandissant, ce qui est défendu sera permis : « Quand tu sauras, quand tu seras assez grand pour faire sans danger ceci ou cela. Pour l'instant, je ne te crois pas capable. Si tu te sens capable, fais-le, mais je ne veux pas le voir. » L'enfant a besoin, tant qu'il n'est pas tout à fait sûr de lui, de la sécurité du regard de l'adulte, et tant qu'il n'est pas sûr de lui, il ne fera pas d'impru-dence. L'interdiction lui évite alors une humilia-tion face aux autres ou un danger. Papa (ou maman) me l'a défendu, peut-il dire.

Mais s'il transgresse une interdiction, qu'il ne lui arrive rien et qu'il vient ensuite s'en vanter (ou qu'on l'apprend), il faut le féliciter : « C'est merveilleux, je ne te croyais pas capable de faire cela, et tu l'étais ! » L'enfant est parfois étonné, c'était défendu. C'est justement très important car, ce jour-là, il comprend le sens éducatif de l'adulte. C'était « momentanément » interdit pour le protéger, un temps, de désirs qu'il ne pouvait assumer encore. Et on peut le lui expliquer. Sa confiance en l'adulte n'en devient que plus grande. À partir de ce moment-là, l'interdit tombe : les interdits ne sont jamais que temporaires, sauf celui de l'inceste entre parents et enfants, entre frère et sœur. Tout interdit est « prudentiel » pour l'enfant. Il y a aussi l'interdit sexuel entre enfants et adultes, que les enfants doivent connaître : « L'adulte sait que c'est interdit, alors tu n'as qu'à le lui dire. » Les enfants qui sont la proie d'adultes (d'éducateurs par exemple) le sont parce qu'ils ne savent pas que les adultes n'ont pas tous les droits sur leur personne. Il faut le leur dire, les en prévenir à temps : « Les adultes, eux, savent qu'ils n'ont pas de droits sur le sexe des enfants, ils abusent de leur ignorance. » Si un enfant alors calomnie un adulte — ce qui hélas arrive souvent —, c'est qu'il était consentant lui-même. C'est tout différent.

Le père couché

Le père couché, c'est le monde à l'envers pour un petit enfant. Comme le soleil est dans le ciel, et ne se pose pas sur la terre, le représentant masculin, le père, est debout. On peut le remarquer sur les plages : vers deux, trois ans, les petits enfants font semblant de ne pas comprendre, comme s'ils ne voyaient pas que c'est leur père qui est là, couché sur le sable. Après, c'est fini, cette réaction n'apparaît plus : couché ou debout, le père reste à leurs yeux le père. Au contraire de la mère. Tout le monde sait la joie des petits qui marchent à peine sur leurs jambes et qui, si leur mère est étendue par terre, marchent sur elle avec aisance. Allez comprendre !

Le nudisme

Les parents peuvent se promener nus à la maison s'ils le font en présence d'un adulte ami familier. Dans ce cas, ils ne font pas exprès de se « montrer » nus, pas plus qu'ils ne sont obligés de le faire, ni qu'ils obligent leurs enfants à en faire autant. Mais le nudisme, si on emploie ce mot, est vécu comme une religion dans certaines familles, c'est un parti pris, à dessein éducatif, disent-ils, et c'est alors pour les jeunes enfants une aberration. Ces parents « naturistes » disent : « C'est très beau, c'est très bien, nous enseignons ainsi à l'enfant que rien n'est choquant. Où serait le mal ? » Eh bien ils se trompent. Ils ne se doutent pas qu'ils cultivent des sentiments d'infériorité chez l'enfant devant la survalue déjà formidable du corps vêtu des parents. En effet, les parents ne se rendent pas compte de la séduction qu'ils exercent. Pour nos enfants, nous sommes des merveilles. Nous sommes plus qu'Adonis et Vénus, même si nous sommes laids comme des poux ! Les enfants se sentent meurtris, incapables de rivaliser avec la prestance du corps nu d'un adulte aimé, quel que soit son sexe, avec la beauté à leurs yeux du parent du même sexe que le leur, et ce sentiment parfois dure jusqu'à l'adolescence. Un très beau jeune garçon peut se sentir un vrai Quasimodo à côté d'un père très quelconque.

De même une fillette très belle à côté de sa mère que personne ne remarque. Vers sept ou huit ans, le moment vient où les enfants peuvent se juger eux-mêmes, et juger leurs parents dans le regard des autres, dans le miroir que leur tend la société, mais jusque-là l'imaginaire est prévalent. Les parents sont roi et reine, magicien et fée, ou sorciers aux yeux des enfants, dieux et déesses au foyer. Mais nus, les parents sont éblouissants, aveuglants de puissance, fascinants (surtout si l'on fait comme si on ne les voyait pas), ce que prétendent les naturistes.

Avant sept, huit ans, pour l'enfant, le nudisme systématique est destructeur, mais on n'en voit les effets qu'à six, sept ans. À ce moment, on s'aperçoit que la pudeur a disparu chez les filles, elles se mettent à « courir » n'importe quel garçon et adulte. Surtout elles manquent totalement d'intérêt pour tout ce qui touche à l'observation des choses de la vie, la mémoire des événements. Bien qu'intelligentes, elles n'ont pas d'intérêt pour l'amitié ni la scolarité (pour tout ce que les psychanalystes appellent sublimations, orales et anales), les jeux de leur âge, l'habileté de leurs mains, le savoir prendre et le savoir rejeter, le oui et le non. Elles ne sont avides que de sensualité et de sexualité qui ont été inconsciemment surchauffées. Les garçons, eux, vers six, sept ans, sont tout l'opposé. Ils ont appris par prudence naturelle dans ces foyers naturistes à se dérober aux regards, ils deviennent maladivement prudes. Toute leur curiosité a quitté les yeux pour voir les êtres humains, et souvent le plaisir du toucher, ils ignorent le sexe, pour se réfugier dans le mental. Ils sont des élèves très doués mais renfermés, timides ; pas premiers de classe, cela se voit trop, mais toujours second ou troisième, sans camarades et sans amis de cœur. Ces enfants sont, d'une manière différente selon leur sexe, des névrosés obsessionnels et il est difficile de les tirer de là. C'est de parents naturistes que j'ai appris cela. Peut-être serait-ce différent si le naturisme était généralisé, mais actuellement c'est ainsi.

Les parents pensent que lorsque les enfants sont petits, ça n'a aucune importance. C'est tout le contraire : à dix, douze ans, le naturisme en famille n'a plus aucune importance sur l'évolution des enfants. Comment expliquer cela ? Le nourrisson, le jeune enfant fait sien tout ce qu'il voit, il « avale » tout ce qu'il voit, la beauté de la mère, la beauté du père, il en jouit des yeux, de l'odeur, du toucher passif. Mais, devenu actif, il en désire davantage. Câlins, baisers, caresses lui sont preuves d'amour et de tendresse s'ils sont chastes et accompagnés de paroles et de chansons. L'olfaction, la vue, l'ouïe sont aussi des organes sexuels, et il ne sait pas encore l'interdit de l'inceste. Il arrive un moment où les parents se dérobent aux privautés génitales de leurs enfants. Ceux-ci sont alors, dans des familles nudistes, piégés dans un inceste fusionnel comme autrefois, archaïque et sans parole, ludique, jouissif, et qui hélas fait l'amusement des parents. À l'âge où la parole s'est déjà construite, où l'enfant sait l'interdit de l'inceste, la nudité des parents, par moments entrevue et dont on peut parler, est déjà moins dangereuse, et après dix, douze ans, cela n'a plus aucune importance. Chacun est fait comme il est fait. Pourtant, c'est l'âge où les parents n'osent plus, en général, affronter la comparaison que leurs enfants feraient de leur nudité avec celle d'autres adultes, tant pour les formes apparentes que pour la séduction. L'interdit de l'inceste est assimilé à la personnalité humanisée.

Dans le même domaine, les parents ne devraient pas faire entrer les enfants petits pendant qu'ils font leur toilette. Qu'ils s'enferment ! Qu'ils laissent tambouriner l'enfant à la porte comme un furieux : « Tu entres bien, toi, et tu me vois nu. — Je le fais parce que tu ne sais pas te laver seul, mais le jour où tu feras ta toilette tout seul, je ne me permettrai pas d'entrer. » Mais si un garçon, ou une fille, prétend ne pas savoir se laver seul au-delà de cinq ans, c'est que la mère (ou le père) est complice de cette impuissance. Il faut cesser ce jeu qui devient dangereux.

Bien sûr, la nudité des enfants entre eux est sans conséquences. Le danger réside entre parents et enfants et quand le nudisme est principe d'éducation sacro-saint. De même la nudité occasionnelle, accidentelle : « Je t'ai vu tout nu, je t'ai vue toute nue ! dit l'enfant. — Bon. Et alors ? Tu as vu le diable ? » Ils croyaient avoir fait une action de la plus grande audace ! On rit et on n'en parle plus. C'est cela la plus éducative des attitudes concernant la nudité en famille.

L'enfant dans la chambre des parents

Les parents n'imaginent pas qu'un bébé qui assiste aux rapports sexuels de ses parents est, avec toutes ses pulsions, greffé sur son père, greffé sur sa mère, toujours, et surtout s'il est endormi. Car l'enfant est en communication fusionnelle par l'inconscient avec ceux qui l'entourent. On sait bien, par de nombreuses expériences, qu'endormi sous hypnose, on peut tout apprendre. Durant leur simple sommeil, des volontaires ont pu apprendre des langues étrangères enregistrées sur disques... Dans le sommeil, nous sommes réceptifs encore plus que lorsque nous sommes éveillés. Dans le cas du bébé, ses propres pulsions sont suractivées au moment des relations sexuelles des parents. Inconsciemment, il se met à l'unisson avec les moyens de désirer qui sont les siens, et qui désirent apaisement au niveau où il ressent ce désir, soit de plaisir physique, soit de tendre corps à corps.

Sans doute était-ce la même chose quand l'enfant était dans le sein de sa mère, *in utero*, car l'individu humain est déjà là, dans le fœtus, présent avec sa libido tout entière, et dépendant des réactions humorales et circulatoires de sa mère qui activent ou ralentissent sa vie végétative. Dans d'autres civilisations, une femme, sitôt enceinte, n'a plus de relations sexuelles, et cela jusqu'à ce qu'elle ait fini d'allaiter, mais il s'agit de sociétés polygames. Pour nous, ce tabou n'existe pas ou n'existe plus. Dans quelle mesure cela perturbe ou non l'enfant encore à naître et, plus tard, le bébé, c'est difficile à dire. Pour le bébé, on peut en tout cas observer que, lorsque les parents font l'amour en sa présence et qu'il dort, lui aussi est affamé de désir. Il se réveille, voudrait téter, a une miction, une selle inhabituelle, à cette heure de la nuit, il pleure, au minimum il a besoin de petits soins et d'une parole sécurisante. On ne l'oublie pas. Et s'il ne réagit pas encore c'est que, dans son sommeil, il régresse à un mode d'être archaïque, affectif, imaginaire, comme fusionnel total à ses parents, eux aussi peu différenciés encore, l'adulte masse bicéphale sécurisante, le co-moi papa-maman, triade originaire de désirs comme à sa conception.

Très vite les enfants savent (intuitionnent plutôt) ce qui se passe : les enfants savent tout, inconsciemment. Mais, à partir du moment où les choses sont dites en paroles qui répondent à leurs questions, elles sont déjà à moitié acceptées. L'enfant est un peu gêné : « C'est comme ça que je suis né... » Je ne pense pas qu'une expérience de ce genre — un enfant qui découvre ses parents en train de faire l'amour — soit en elle-même nocive, si les parents ne veulent pas berner l'enfant, faire semblant comme ce père qui disait : « C'est pas vrai, tu n'as rien vu, ou tu mens. » Il faut bien que les parents comprennent que l'enfant est un témoin qui réagit. S'il ne « comprend » pas, il inter-prète ce qu'il voit. Il vaut mieux éviter d'avoir un enfant dans sa chambre, et fermer la porte quand on a des relations sexuelles, mais parfois cela se passe autrement. Plutôt que de gronder l'enfant parce qu'il réagit, mieux vaut faire face à la situa-tion qu'on a suscitée. Tout au moins respecter sa tranquillité conjugale future comme on lui demande de respecter celle de ses parents : « Reste tranquille et laisse-nous. Nous ne sommes pas obli-gés de te dire ce que nous faisons. Quand tu auras ton mari, quand tu auras ta femme, ni ton père ni moi n'irons vous déranger. »

Parfois, l'enfant exprime ses fantasmes : « Oui, je sais bien, quand je dors, tu donnes à téter à papa, et papa il fait des choses dans le derrière... » Il ne faut jamais ni se moquer, ni se fâcher, ni laisser dire ces choses-là aux enfants. D'ailleurs, ne plaident-ils pas le faux pour savoir le vrai ? Il faut leur dire la vérité, même en riant : « Non, tu te trompes tout à fait, ce n'est pas comme cela que ça se passe. Le sexe n'a rien à voir avec manger et faire pipi ou caca. Tu verras plus tard ce que c'est. »

La meilleure solution, évidemment, est de ne pas avoir d'enfant dans sa chambre. Ce n'est pas toujours possible. Certains couples se désunissent parce qu'ils ne sont jamais tranquilles, parce qu'ils n'ont jamais un moment de liberté, sans leurs enfants à proximité. Combien de femmes m'ont confié qu'elles alléguaient la présence de l'enfant pour se refuser à leur époux ! C'est évidemment que quelque chose ne va pas dans le couple, mais ce qui est grave c'est que c'est au nom de sa paternité que l'homme est dévirilisé par son épouse, qui justifie la perte de sa féminité par sa maternité. L'enfant est mis, par elle, en position d'intrus qui commande. Il est plus sage, quand c'est possible matériellement, de faire, dès la naissance, dormir l'enfant hors de la chambre conjugale, et de s'y tenir. La vigilance maternelle demeure dans le sommeil, que l'enfant soit proche ou non. Si l'enfant a besoin de sa mère, elle le percevra aussi bien s'il est dans une autre pièce, et si pour elle, aller à son berceau impose qu'elle ou son père se lèvent, c'est pour lui bien préférable. À trois mois, eux et lui ne se gêneront que fort rarement, et il se développera mieux.

Retrouvailles à la crèche

Quand une mère met son tout petit enfant à la crèche, c'est bien souvent qu'elle y est obligée, le cœur gros, pour aller travailler. Et quand elle revient le chercher le soir, la voilà qui se précipite sur l'enfant — souvent quasi nu car on lui a enlevé ses habits — comme une panthère sur son petit «panthéron», et elle l'embrasse, et l'embrasse... L'enfant est complètement affolé. Voilà huit heures qu'il n'a pas vu sa mère, il n'est pas dans l'odeur de sa mère, il n'a pas eu le temps de la reconnaître à aucune autre pareille, ni son visage, ni sa voix, ni son odeur. La mère est tellement privée, c'est dur de laisser son enfant de deux ou trois mois à la crèche Certaines même se croient mauvaises mères de l'abandonner ainsi toute une journée. Ce n'est pas exact. Si la mère était mauvaise, l'enfant n'aurait pas ce qu'il lui faut, il ne grossirait pas bien, il ne mangerait pas bien. La crèche a beaucoup d'avantages, surtout celui de la fréquentation d'autres bébés. Mais cela n'empêche pas de prendre quelques précautions : quand elle rentre dans la crèche et voit son enfant, la mère peut lui parler — ainsi les oreilles de son bébé sont d'abord caressées par sa voix —, l'habiller doucement, calmement, en lui parlant de la maison, de son père, des frères et sœurs. Une fois rentrés à la maison dans le cadre connu de l'enfant, on peut faire la fête et s'embrasser, se cajoler. Quatre, cinq mois plus tard, c'est l'enfant lui-même qui, à l'oreille, de loin, guette et reconnaît sa mère, il lui tend les bras. C'est alors tout à fait différent, les baisers de sa mère ne l'affolent plus, il les attend et roucoule de plaisir.

Il n'y a pas que les baisers, les câlins, dans une relation mère-enfant. C'est très facile d'abuser de notre force, de nous précipiter sur l'enfant et de le dévorer de baisers. Sans doute, sans aller jusqu'à des excès excitants, ce qui fait plaisir à la mère fait également plaisir à l'enfant. Mais le langage est là, et tout ce qui prépare au langage. L'expression du visage d'un nourrisson commence très tôt, il entre très tôt en langage d'échange avec l'autre, avec son visage. Sait-on que, dès les premières heures de la vie, il imite les grimaces de son père ou de sa mère, tire la langue quand on la lui tire. Toutes ces mimiques de relation sont plus intéressantes que simplement l'embrasser. L'enfant n'est pas un objet, un petit animal dont le contact procure du plaisir. C'est un homme, une femme en devenir. On voit parfois certaines mères qui grondent ou tapent leur enfant, puis le câlinent pour le consoler. Elles retirent leur amour, le redonnent, l'enfant n'y comprend plus rien, le code de communication devient chaotique. La mère peut dire : « Je t'aime et c'est parce que je t'aime que je suis fâchée, si je te gronde c'est parce que tu as fait quelque chose qui m'est désagréable à moi ou dangereux pour toi. » La parole, là encore, est plus importante que les baisers, les cris et les tapes.

À table comme un grand

Quelques mères me disent : « Je n'arrive pas à faire manger mon enfant, il traîne, il traîne, ça n'en finit pas. » Prenons une de ces familles : la mère déjeune seule avec ses deux garçons de six et quatre ans. Elle doit sans arrêt dire : « Mange, mange, ça refroidit, regarde tout ce qui reste dans ton assiette. » Mais comment le repas se passe-t-il ? C'est elle qui a mis le couvert, elle fait le va-et-vient entre les casseroles et la table, elle coupe, sert, verse à boire, etc. Pourquoi donc fait-elle le service de ces messieurs ? Il suffit d'un niveau mental et moteur de vingt-deux mois, mettons de trois ans, pour faire le service de table. Dès trois ans, l'enfant peut mettre seul le couvert, changer les assiettes, se servir du plat dans son assiette et servir à boire. Que chacun prenne son tour, après qu'on se soit arrangés ensemble. À trois ans, on peut encore être un peu maladroit. On se fait aider et on apprend, mais on n'apprend rien si la mère fait tout. Sa présence, par contre, attentive et agréable dans le climat qu'elle entretient, est très importante pour ces jeunes convives. Si elle assiste à leur repas et qu'elle attend le père pour dîner avec lui, la mère peut raconter au repas des enfants des histoires, celles des aliments qu'ils mangent, par exemple, et bien d'autres. Le repas devient un bon moment. Quand l'ambiance est agréable, les enfants ne s'ennuient pas et mangent bien mieux. Si, à la fin du repas, quand tout le monde a fini, l'enfant n'a pas fini son assiette ? Tant pis. (Il n'est pas forcé de terminer.) On range. Celui qui est de service la lui retire, comme au wagon-restaurant : « Mon assiette, mon assiette ! — Eh bien, tu finiras si tu veux, va finir à la cuisine, je vais t'installer ; nous, on débarrasse ! »

Manger à table avec les parents est une promotion. Mais pour y accéder, il faut manger proprement, il faut accepter des repas plus longs. Jusqu'à un certain âge, l'enfant n'y arrive pas, et il est triste d'être de ce fait mis à l'écart. Il est donc préférable de le faire manger avant (plutôt qu'après), et le consoler de ce qu'il est encore petit, en lui donnant un morceau de chocolat, par exemple, et surtout en prenant part, s'il le désire, après son repas, à celui des grands en grignotant assis ou autour de la table, en étant présent sans déranger. L'accession à la table des grands, quand on sait se tenir, est le signe que les parents n'acceptent pas, ne veulent pas accepter n'importe quoi. Mais c'est aussi le signe qu'ils n'imposent pas aux enfants, qui ne peuvent y prendre plaisir ou ne le veulent pas, la contention imposée par la participation au repas de la famille dans son ensemble. En y assistant, à leur demande, ils apprennent à se tenir à table, et s'ils gênent les autres, on peut les éloigner. Rien n'est pire pour parents et enfants que l'ambiance gâchée des repas.

Certains enfants apprennent très vite à manger proprement, viennent avec les parents à table, et puis, brusquement, un beau jour... ils se conduisent comme des gorets. Quelque chose s'est passé, on ne sait pas très bien quoi. Il ne sert à rien de sévir, de se fâcher, de punir. L'enfant qui se conduit ainsi quitte la table des grands pour ses repas. « Tu vois, c'est trop long et trop difficile pour toi tous les jours. » À nouveau, quand il saura régulièrement manger proprement, il reviendra. Mais ces ajustements éducatifs n'ont pas besoin de s'accompagner de gronderies et reproches. Il est important que l'enfant, s'il le désire, soit présent aux repas des grands et des parents, même s'il a déjà mangé : on ne l'a pas chassé. On lui évite une contention obligatoire trop tôt. Ainsi, l'acquisition de la propreté n'est pas un effort, elle suit le rythme de l'enfant. Quand il sera invité hors de la famille, il n'aura pas besoin de « faire attention ». Le savoir-vivre autonome et aisé à table sera acquis par l'exemple. Cela se sera passé sans drame. Les gronderies coupent l'appétit, qui ne peut pas venir dans l'angoisse. L'essentiel pour un repas est qu'il soit, pour tous les convives, un moment de détente, un moment gai, que ni la mère ni le père ne soient à guetter la façon de manger ni la quantité de nourriture avalée. C'est trop facile pour l'enfant de jouer avec l'anxiété de la mère. Quand l'enfant sait manger proprement, éventuellement se servir seul, la quantité de nourriture absorbée est indifférente, l'enfant mange à son appétit, ni plus, ni moins.

Ce n'est pas avant six, sept ans qu'un enfant s'habitue à des repas importants et espacés. Jusque-là, il aurait plutôt envie de manger un peu toute la journée. S'il se met à table, qu'il ait son assiette et apprenne à se servir seul, à la mesure de son appétit. Cela ne s'apprend pas en un jour. Mais un enfant ou un adolescent ne devrait jamais laisser quelque chose dans son assiette s'il s'est servi lui-même. « Ce que tu prends, tu le mangeras, alors fais attention. Tu en reprendras après, si tu veux. » Ou, quand on le sert : « Tu en veux un peu, oui ? Tu en veux encore ? Tu vois, tu aurais pu tout de suite en prendre un peu plus. » Certains enfants, quand ils savent parler, se rappellent qu'ils n'avaient plus envie de manger quand leur assiette était trop pleine. Ils le disent à leur mère. D'autres, au contraire, aiment les portions abondantes. L'essentiel est que rien ne soit gâché, que l'enfant ne voit pas sa mère jeter un reste de nourriture. Il reste un demi-yaourt ? On le recouvre et on le met au réfrigérateur. Ainsi il apprend à ne pas gâcher.

Pour la cuisine, comme pour l'entretien de leurs vêtements, de leur chambre et aussi de la maison, garçons et filles peuvent très tôt participer, beaucoup plus tôt que ne le pensent les mères qui gardent bien trop longtemps l'habitude de « servir leurs enfants en tout ». Les enfants sont armés pour la vie quand ils sont capables de se débrouiller et que, dès qu'ils le peuvent, ils sont associés dans l'entrain des tâches quotidiennes, sans esprit tatillon.

Apprendre à « être propre »
(dans sa culotte et au lit)

Généralement, les filles apprennent à ne plus mouiller leur culotte plus tôt que les garçons. Vers dix-neuf, vingt mois, l'incontinence diurne disparaît. Pour les garçons, cela se passe — en moyenne — un peu plus tard, vers vingt-quatre mois. La continence d'urine nocturne apparaît définitivement — si on ne lui a jamais donné de valeur bonne ou mauvaise — au plus tard trois mois après la continence diurne. Mais la propreté complète s'installe un peu plus tard pour les garçons que pour les filles. Cela vient de ce que, pour les filles, la « propreté » (continence sphinctérienne) n'a pas de rapport avec le génital, tandis que pour le garçon la confusion demeure plus longtemps : il ne fait pas de différence entre une miction et une érection. Et c'est sans doute la raison de son acquisition plus lente. Il confond besoins et désirs localement surgis dans cette zone.

En hiver, on entend des mères au jardin public qui s'impatientent : « Tu as besoin de faire pipi, ou caca ? Tu ne sais pas ? Ta sœur le sait toujours, et toi, tu ne sais pas ! » Pour la mère c'est autre chose de défaire seulement la braguette, ou d'enlever complètement bretelles et pantalon ! Le garçon n'a pas, si clairement que la fille, la notion devant-derrière. Cela provient des érections péniennes, compatibles chez les petits garçons avec la miction, et d'autre part d'érections réflexes sans besoin d'uriner qui accompagnent souvent la réplétion rectale.

Le vocabulaire contribue beaucoup à clarifier les choses ou à augmenter la confusion. Quand on change un bébé, ne lui parler que de ses « fesses » accroît la confusion. Ou bien on dit à un plus grand, indistinctement : « Va donc te laver le derrière... » Derrière, ce sont les fesses et l'anus, devant c'est le sexe ou la miction urinaire, pour la fille comme pour le garçon. Il faut donc très tôt, par le langage, faire comprendre aux enfants qu'on ne parle pas de la même façon des fonctionnements pipi ou caca, et des parties du corps, derrière : fesses, devant : pénis, vulve. Sinon c'est la confusion totale, longtemps inculquée par la mère et son indistinction de vocabulaire.

L'anxiété scolaire

Aujourd'hui, je trouve vraiment dramatique l'importance que parents et enseignants attachent à la réussite et au niveau scolaires. Comme si l'école était tout pour l'enfant ! Et comme si nous ne savions pas tous que ce n'est pas le cas ! Il y a eu une époque où l'école, c'était tout pour l'enfant quant à l'acquisition du savoir. Mais c'est bien fini. L'école est un lieu irremplaçable de rencontre avec d'autres, mais la rue, la radio, la télé ou les magasins sont médiateurs de savoir. Aujourd'hui, les enseignants ne sont plus seulement pédagogues, ils ont à faire une éducation que la famille réduite n'assure plus et ils devraient être, plus qu'enseignants de savoir, des éducateurs à la vie personnelle de chaque enfant. Ils reçoivent — parfois — une formation psychologique, mais ce n'est pas par des cours que l'on acquiert le sens de la relation enfant-adulte qu'avaient d'instinct les instituteurs d'autrefois, dont les classes uniques à la campagne groupaient des enfants de six à treize ans. Ils avaient aussi leur expérience d'enfants puis d'adultes, nombreux au foyer, plus qu'aujourd'hui, surtout en ville. Maintenant, et en ville, les enfants sont calibrés selon leur âge civil, comme des œufs, mais l'âge affectif, on ne s'en soucie pas. Dans une classe d'enfants du même âge, certains ont deux ans et demi de maturité, et d'autres dix ans. Ce n'est pas facile.

Quand l'enfant est en « échec scolaire », c'est un symptôme à prendre en considération et à apprécier selon nombre de critères, mais ne pas en blâmer l'enfant. Cela indique qu'autre chose ne va pas. Pourquoi décourager l'enfant et ses parents, prévoir l'avenir le plus sombre ? C'est retirer les chances d'un enfant que de lui faire perdre confiance en lui. Cela ne stimule jamais. L'échec scolaire est une épreuve tragique pour beaucoup d'enfants[2]. Le caractère et la sociabilité, l'intelligence du corps, des mains, l'esprit d'initiative et de collaboration sont indispensables pour la vie. Être intéressé par ce que l'on dit et fait en classe (et en récréation) est plus important que les notes qu'on obtient. Tant de facteurs affectifs jouent qui proviennent à la fois du passé et du présent de la vie de l'enfant, autant que de l'ambiance de la classe.

Frères et sœurs

Les relations entre frères et sœurs sont très importantes pour l'éducation sociale et, à ce propos, quelques règles d'or sont à observer.

Quand un enfant est petit, il faut bien évidemment le protéger du plus grand[3] qui ne se rend pas compte que l'autre n'est pas capable de faire ce dont lui-même a envie : « Il ne peut pas jouer encore avec toi, mais tu verras, il est très intelligent, cela viendra. » Et au petit : « Il est trop grand pour toi. » C'est pour cela que les enfants ont besoin d'être, une grande partie de leur temps, avec des enfants du même âge (comme d'ailleurs de fréquenter aussi quelques enfants plus jeunes ou plus âgés), même s'ils ont des frères et sœurs dans leur famille. Le petit a tendance à ne voir que par les yeux du plus grand, et l'aîné ne s'intéresse à son cadet de deux ou trois ans qu'au bout de quelque temps. Ou bien, s'il s'y intéresse, il fait le matamore et veut avoir des responsabilités à l'égard du petit, ce qui n'est pas son rôle et nuit au développement individuel de chacun. Qu'on ne prétende jamais, auprès d'un aîné, que c'est « pour lui » (ou elle) que les parents en mettent un autre au monde. Combien d'enfants sont ainsi sauvagement rendus responsables d'un indésirable frère ou sœur qu'ils avaient soi-disant réclamé, alors qu'ils avaient besoin d'un camarade de jeu de leur âge.

Que ce soit dit clairement : le petit a père et mère, il n'a pas « besoin » du grand. Qu'on ne demande pas au grand de faire le papa ou la maman. S'il le fait spontanément tant mieux, tant pis ! Surtout, pas de compliments ! Et s'ils s'aiment, tant mieux. S'ils ne s'aiment pas, tant pis. C'est pourquoi un aîné ne devrait jamais être parrain ou marraine d'un plus jeune. À moins qu'il n'ait seize ou dix-sept ans, âge où on ne confond plus droits et devoirs, responsabilité et prise autoritaire de pouvoir abusif... Et encore ! Pourquoi ne pas assurer au nouveau-né une relation de parrainage et marrainage extérieure à la famille ?

Autre règle : ne pas écouter les « cafardages ». Même s'il s'agit de quelque chose de dangereux et de défendu : « Tout s'est bien terminé ? Tant mieux ! » En tout cas vous, l'adulte, vous n'avez pas vu de vos yeux. « C'était défendu parce que c'était dangereux, et je continue à le défendre parce que c'est toujours dangereux. — Tu ne vas pas le gronder ? — Pourquoi donc ? Je ne l'ai pas vu. Mais je te défends d'en faire autant. Il a pris ses risques, tant pis ou tant mieux pour lui. » Ne pas punir. Ne pas gronder. Écouter tranquillement. « Vraiment, c'est arrivé comme cela ? » Du reste, bien souvent, il ne s'est rien passé. Le grand a raconté des histoires au petit, s'est vanté, a truqué pour le faire enrager ou pour l'épater. L'autre a marché. « Je le dirai à maman. » Ce chantage doit être tué dans l'œuf. La médisance aussi.

Quelquefois, frères et sœurs se battent. Vous n'avez rien vu et le petit arrive en pleurant : « Elle m'a fait mal ! » Il a vraiment mal ? Il faut le soigner, le plaindre : « C'est elle qui t'a fait cela ? La pauvre, elle ne se rendait pas compte de sa force et que tu étais plus jeune, plus faible. » Arrive l'attaquant : « Il m'embête, me prend mes affaires... ! » On le plaint aussi : « C'est vrai que tu n'as pas un frère agréable à vivre, une sœur à la hauteur, pour jouer avec toi. » En tout cas, ne jamais donner raison ni à l'un ni à l'autre. Finalement, tout s'arrange très bien. « Je ne l'ai pas fait exprès », dit le fauteur de troubles présumé. « Je l'espère bien, il ne manquerait plus que cela... Tu as un peu exagéré... » On n'en parle plus.

Certains enfants vont « cafarder » un copain, ou

un « méchant » auprès de ses parents, les siens ou celui de l'autre. Médisance ou calomnie ? Allez savoir. Parfois c'est qu'ils sont jaloux de lui, ils voudraient bien avoir la liberté, l'audace de celui-là, le père ou la mère de cet autre. Si cela arrive, on peut demander à l'enfant : « Pourquoi viens-tu me dire cela, à moi ? » Il répondra quelque chose. « Es-tu inquiet ? Même les enfants peuvent être inquiets pour un camarade qui prend des risques. Tu n'oserais pas faire comme Jérôme ? Tu as raison de ne pas le faire si tu ne te sens pas encore la force ou si tu trouves que ce n'est pas bien. Mais tu grandiras. » En général, ces enfants qui « rapportent » à n'importe quel adulte ce qu'à leurs yeux un autre fait de mal, de défendu ou d'imprudent, ont des parents qui ne s'occupent pas beaucoup d'eux. Parfois, ils envient des camarades qui reçoivent des fessées et racontent leurs bêtises. « Pourquoi ? Tu as envie d'avoir une fessée ? — Non, mais son papa l'emmène aussi au foot. » Bref, il s'intéresse aux relations parents-enfants des autres.

Pour les parents, cette éducation à donner à leurs enfants, à chaque enfant qui entre en relation avec eux en société, est très difficile à nuancer. L'essentiel de l'éducation est de faire croître l'autonomie de chacun et, au jour le jour, le sens critique concernant le possible et l'impossible. Parfois, un enfant fait une bêtise, comme on dit, il donne le mauvais exemple. Le frère, la sœur, les copains l'imitent. C'est un leader. Il s'agit de quelque chose qui aurait pu être dangereux, les parents témoins doivent gronder, punir. Mais s'ils punissent, qu'ils punissent davantage l'imitateur que le leader ! « Lui, celui qui a pris l'initiative, je le punis moins, parce qu'il a pris le risque. Toi, tu savais 1° que

c'était une bêtise, 2° tu l'as imité : deux fautes !
Réfléchis toujours avant d'agir. »

L'imitation est le contraire de l'humanisation.
L'imitation est simiesque, il ne faudrait jamais se
servir comme levier dans l'éducation de ce terme
« mauvais exemple », donné ou suivi. Malheureusement, c'est devenu un argument, omniprésent :
« Regarde comme ton petit frère est sage, lui », ou .
« Regarde le fils Untel, les filles Untel... » Comme si
les parents voulaient avoir mis au monde les
enfants des autres ! « Mon enfant est bon garçon
mais il s'est laissé entraîner par un mauvais camarade. » Ce n'est pas une excuse. Entre frères et
sœurs, l'imitation peut être la cause de graves difficultés. Un enfant peut subir comme modèle un
frère ou une sœur plus âgé si les parents ne les
individualisent pas très tôt. « Le premier étage
pour devenir comme papa, disait un garçon de
quinze mois plus jeune que sa sœur aînée, c'est
d'être ma sœur ! » Quand le sexe est différent, les
parents remarquent souvent cette dépendance et
parfois y coupent court. Il y a dans une famille
deux sortes d'aîné, l'aîné des filles et l'aîné des garçons, aucune comparaison possible. Mais quand il
s'agit du même sexe, l'imitation, pour copie
conforme, c'est tout aussi dangereux, quoique
moins visible. Et là, les parents ont tendance à
encourager ces tandems en famille. Il faudrait parler clairement. À une seconde fille : « Tu prends ta
sœur pour modèle, mais elle ne peut pas l'être.
Vous êtes très différentes, vous vous développez
différemment. Si tu veux te développer "comme
elle", tu te développeras moins bien que si tu te
développes comme toi tu as à te développer.
Cherche-toi plutôt une amie. » Quand les choses ne

зont pas dites, la pente peut être très difficile à remonter. Ces couplages ou ces tandems en famille, ces inséparables entre un dominé et un dominant sont nuisibles au développement social de chacun.

Encore un mot concernant un défaut dont on voudrait que l'enfant se corrige. Ce n'est jamais en luttant contre lui que l'enfant s'en sortira. Ce n'est qu'en développant ses qualités. Il faudrait toujours parler des qualités en germe chez chacun, celles qui sont dans la nature, et lui montrer comment en les développant il acquerra maîtrise de lui-même, amis et insertion sociale. Et puis prendre garde de ne pas nommer défaut ce qui n'en est pas. Par exemple la curiosité, la gourmandise, le bavardage, la bougeotte. Selon la façon dont en parle l'adulte, l'enfant peut croire être défaut une attitude spontanée qui est à développer : la curiosité, un désir de savoir, la gourmandise, une finesse discriminatoire du goût, une habileté à faire la cuisine, le bavardage, un désir de communiquer ou la bougeotte une aptitude à développer sa motricité dans les jeux, le sport. (Sait-on qu'Einstein était « dans la lune », retardé scolaire et n'a su lire et écrire qu'à neuf ans ?) Toutes les natures d'enfants ne sont pas toujours commodes à vivre pour leur entourage, mais ce n'est pas une raison pour appeler défauts à corriger des propensions naturelles. Dans de nombreux cas, l'éducation à lutter contre des défauts ne fait que développer le découragement, si ce n'est le mensonge ou l'hypocrisie, et la mauvaise conscience, le narcissisme malheureux. L'enfant a besoin de se sentir aimé, d'abord tel qu'il est, et soutenu à développer ce qu'il possède.

Tout désir peut être soutenu vers son utilisation

au service de soi et des autres. Stigmatiser un comportement naturel détourne un enfant de l'harmonie de son caractère. Il peut et on doit l'aider à devenir, à l'aide de sa nature, sociable et créatif, industrieux ou tenace. Si un enfant n'a pas été, à temps, reconnu très jeune dans sa valeur potentielle naturelle, guidé à connaître ses réelles qualités et à les développer, il ne saura pas lutter pour son plaisir, ni se faire des amis, ni cultiver ses qualités. L'énergie qu'on met à lutter contre ses soi-disant défauts est inutilisable pour développer en qualités ce que sa nature particulière recelait. Qu'on n'oublie pas cela. Il est bon aussi de donner à un enfant des buts à court et moyen terme, plutôt qu'un grand programme de vie parfaite.

La camaraderie hors du cercle familial est aussi à favoriser. Chaque fois qu'on sent chez un enfant une attirance pour un autre, il est bon de l'encourager à réaliser la connaissance de cet autre dans la réalité, et à faire lui-même l'expérience d'une amitié qu'il envie. Combien d'enfants sont empêchés, ou découragés à l'avance, de ces expériences des choses ou des gens qui les attirent, par l'angoisse des parents que leur enfant soit déçu des espoirs qu'il se fait, ou par l'idée a priori qu'ils se font des bonnes ou mauvaises initiatives (il y a des enfants qui ne persévèrent pas, cela n'importe pas), des « bons » ou des « mauvais » camarades (sous prétexte d'apparence verbale ou vestimentaire ou de mauvais élève en classe). Les meilleures occupations et relations sont, pour les enfants, celles qui leur font découvrir des enfants différents d'eux, et des familles différentes de la leur. Il faut les soutenir à ne jamais juger bien ou mal en abstrait, en absolu, ou d'après le critère des adultes, mais d'après leur propre expérience, tant pour les activités choisies que pour leurs relations avec ceux vis-à-vis desquels ils ont des affinités a priori. Il est dangereux, pour sa personnalité, d'imposer à un enfant la fréquentation d'enfants qu'il n'aime pas, un sport ou un art qu'il n'aime pas. Agir pour plaire à ses parents (consciemment) est aliénant.

Contrôler un enfant, c'est lui faire confiance, le laisser expérimenter ce qui est possible et parler de tout en confiance avec ses parents, surtout des « différences » entre lui et les autres, sa famille et les autres familles, ce qu'il en pense, l'écouter parler sur les relations familiales parents-enfants ou de couple qu'il observe, l'aider à réfléchir à tout cela, référé à l'histoire et aux expériences de chacun. Dès neuf, dix ans, ainsi éduqués, garçons et filles sont armés pour la vie sociale sans œillères, pour l'ouverture aux autres, sans danger de déceptions ou d'inféodation, avec déjà un quant-à-soi qui soutient chacun dans sa confiance en lui, enracinée dans la confiance en sa famille, en même temps que sa tolérance des gens différents.

Bien sûr qu'à neuf, dix ans un enfant ne dit plus tout ce qu'il pense ni fait à ses parents, mais ce n'est pas pour se cacher d'eux, c'est prendre ses responsabilités. Et si les parents ne se montrent pas curieux et frustrés, s'il a besoin d'aide dans un moment d'épreuve, il saura prendre à part, son père si c'est un garçon, sa mère si c'est une fille pour se confier, d'autant plus qu'il sera certain que rien de ce qui est dit à l'un des parents n'est répété derrière son dos à l'autre (autre règle d'or en éducation). Tout au plus un « tu devrais aussi en parler à ta mère, elle serait de bon conseil », ou « tu devrais aussi en parler à ton père, tu peux lui faire confiance... ». Jamais soutenu par un parent contre l'autre, jamais de cachotteries pour des choses importantes. Et puis aussi, inciter le jeune à faire confiance à plusieurs adultes de bon conseil, afin de découvrir lui-même la décision à prendre sans jamais s'inféoder au conseil (désir) d'un seul de ses interlocuteurs, fût-il son père ou sa mère. À partir de dix ans chaque enfant est — ainsi élevé — apte à se tracer à lui-même une certaine ligne de vie à laquelle il réfère ses projets et ses actes.

Quel que soit l'âge d'un enfant ou d'un préadolescent, nous avons à nous demander souvent — sans pouvoir hélas toujours y trouver la réponse juste — ce que je lui ai dit là, ou répondu ici, ou incité ou obligé à faire dans telle situation, était-ce vraiment pour lui (ou pour elle), ou n'était-ce pas pour moi-même en me mettant à son âge, à sa place, attitude imaginaire souvent irrépressible chez des parents, mais non réaliste et non éducative.

Aucune éducation n'est sans problème. L'important est de le savoir et de ne jamais culpabiliser nos enfants des difficultés qu'ils éprouvent ni de celles qu'ils nous donnent, ou nous ont données. Eux-mêmes ont tant à nous pardonner les difficultés que nous avons inutilement surajoutées aux leurs !

Situation actuelle
de la famille

Jeunes femmes,
août-septembre-octobre 1961

Vous communiquer un peu de mon expérience pour aborder le problème de la famille ? C'est mon plus cher désir. Toutefois, il est vrai que l'expérience du psychanalyste est toujours « en chambre », et se conclut par quelques dires, à certaines personnes précises, relatifs à leur cas tout à fait particulier ; mais, à force de voir quantité de cas particuliers, nous avons certainement une nouvelle manière d'entrevoir les questions familiales, et je suis sûre que, malgré ma déformation professionnelle, je serai amenée à vous dire des choses qui vous feront réfléchir...

Ne croyez pas que le psychanalyste soit un psychiatre. Il est parfois concerné par des problèmes psychiatriques, mais aussi par des problèmes d'éducation courante ; par des problèmes humains, tout simplement, qui sont, dans la vie des individus, à la racine de traumatismes graves, du fait de hasards successifs ou concomitants mal combinés : par exemple, durant la guerre. Le psychanalyste est là pour aider les gens qui ne peuvent se guérir tout seuls. Non qu'il agisse par suggestion : il n'est pas un orienteur, au sens de « conseiller ». Il essaie de faire en sorte que chacun de ceux qui le consultent soit capable d'assumer la reconnaissance de son propre désir pour tout ce qu'il désire, et apprenne à résoudre par lui-même ses propres conflits. Cependant, il y a des conseils d'éducation générale qui découlent de l'observation de beaucoup des moments critiques que tout être humain doit traverser au cours de son évolution.

La famille se transforme

Venons-en au problème de la famille, qui préoccupe tant de parents — préoccupation qui est peut-être le signe d'un manque de confiance dans l'avenir, d'une perte d'espérance. C'est vrai que l'on assiste à un éclatement des structures traditionnelles. Les parents n'ont plus de prestige et leur autorité est ressentie comme un autoritarisme. Appartenir à une famille n'apporte plus comme autrefois un sentiment de sécurité. Ce fait m'a paru très souvent lié à une moindre insertion de la famille dans un cadre préexistant.

La famille n'est plus valorisée en elle-même par les autres familles, c'est-à-dire par le reste du grand groupe. Elle s'installe n'importe où, personne ne la connaît, et on ne va la juger que sur les signes actuels de son comportement apparent. On ne sait qui est la famille, puisque le lieu change tout le temps ; lieu qui est généralement un petit appartement où il ne reste plus rien des souvenirs traditionnels, des fétiches auxquels s'accroche quelquefois, et avec bonheur, la famille. La famille n'a plus de racines telluriques ; ou, si elle en a, ces racines, au lieu d'être nourrissantes, sont plutôt éprouvantes : ainsi cette famille où l'on a transporté le mobilier d'un appartement provincial de dix pièces dans quatre pièces à Paris, où les enfants ne peuvent plus remuer. Dans ces conditions, les ancêtres, au lieu d'apaiser les tensions et d'aider comme autrefois à l'enracinement de l'esprit de famille, ne sont plus que meubles-personnes que l'on transporte dans des logements déjà trop petits, des vieillards dont la seule possession est un poste de télévision, des « casse-pieds » qui ont des manies ou des revendications.

Or, cette mobilité est devenue, dans la conscience de nos contemporains, preuve de vitalité ; elle a été survalorisée. Nous souffrons d'une espèce de « dromomanie », d'instabilité. Tout le monde court toujours, dans les grandes villes ; et vous voyez des gens qui fuient des « trous » infâmes de trois ou quatre pièces, habités par dix personnes, pour aller en voiture n'importe où. Et, pourtant, la famille ne devrait pas être du bougeant-tout-le-temps. Autrefois, c'était du stable dans les manières de vivre et de penser.

Notons aussi que, maintenant, pénètrent à l'intérieur des foyers des notions qu'il fallait autrefois chercher dans les livres, ou en se déplaçant au théâtre, aux variétés. Avec la télévision, il entre dans la famille une ambiance tout à fait étrangère, des vedettes, des gens qui parlent de n'importe quoi et qui deviennent le centre de la vie des adultes et des enfants. Le cinéma, la radio imposent des fantasmes perturbants, qui parasitent la famille et qui sont souvent semés par les personnes les moins intéressantes de la société. À part quelques émissions amusantes, combien d'imbécillités n'écoute-t-on pas, et comme on les écoute parce qu'on ne sait pas s'il ne va pas y avoir après quelque chose d'intéressant, il n'y a même plus de conversation dans les familles. Or, c'est par la conversation que les gens se connaissent. Ce mouvement attractif, ce « hors-de-soi » permettent une apparence d'ajustement au monde, mais superficiellement, et finalement chaque être humain est tout seul, beaucoup plus qu'avant. On cherche à « paraître » tous de la même façon, à parler le même langage avec le même accent, à jouer avec le même cerceau, à ressembler à Brigitte Bardot... Mais qu'y a-t-il derrière ce paraître ? Le désir d'avoir audience. Au fond, on cherche à s'identifier à ceux qui ont audience dans la société ; car chacun veut avoir audience, surtout les jeunes. Des fillettes de quatorze ans se mettent des cils comme ci, des fards comme ça. Lorsque la famille en fait un drame, on arrive à de telles tensions que les jeunes deviennent semi-délinquants. Au contraire, quand on laisse libre tout ce paraître et quand on parle à la jeune fille de ce qu'elle pense et ressent, le style Brigitte Bardot disparaît très vite. Ce n'est pas au déguisement qu'il faut donner de l'importance, mais à la réalité dont il est le signe. Il faut passer par les souliers pointus de ces garçons qui ont l'air d'homosexuels sans le savoir, si l'on ne veut pas que cette mode soit valorisée par l'opposition des parents.

L'être et le paraître

Sachons-le : nous sommes dans un style nouveau, mais ce qui est profond reste. Ce qui est profond n'est pas le paraître, et cela l'est de moins en moins. Ce qui est profond, c'est justement ce qui est muet, si on ne lui donne pas audience. Et tous ces aspects que l'adolescent se donne, c'est pour essayer de trouver un être qui soit son double, son compagnon ou son complémentaire sexuel. Dans les foyers chrétiens, on ne devrait faire aucune attention aux mœurs d'apparence et s'occuper de ce qu'il y a au fond des êtres. Car, en dessous des apparences mimées, il existe une personne qu'il faut soutenir, et aider à se connaître à travers ce qu'elle exprime ou n'arrive pas à exprimer.

La continuité du sujet existe toujours, même dans le sommeil. Toutefois, il y a une discontinuité due aux poussées du désir, à la recherche du complément qui, à partir de douze, treize ans, devient le complémentaire sexuel, mais qui, dès l'âge de dix-huit mois, apparaît comme un vis-à-vis dans l'échange des émois parlés. Or, il faut savoir que chaque fois qu'un être humain est animé d'un désir, il éprouve le sentiment du risque, sinon il ne ressentirait pas un vrai désir. Désir implique risque, qui implique angoisse ; au contraire du besoin et de sa satisfaction, qui ne sont pas accompagnés d'angoisse.

Chaque fois qu'il y a doute et angoisse, c'est qu'il y a, camouflé, un désir qui cherche à se manifester en vue d'un complément. Nous ne pourrons jamais changer cela à la nature humaine, et nous ne pouvons pas espérer apaiser toutes les angoisses. Dès qu'un être est conscient, il est le théâtre de contradictions, en particulier entre le désir de se conserver et celui de se hausser vers une expression plus totale de lui-même. Or, il peut se faire que personne ne l'aide à vivre cette angoisse. Il risque alors de perdre l'estime de soi si on ne répond pas à sa demande. D'où la transformation de l'angoisse en culpabilité, processus que l'éducation doit tendre à éviter. L'enfant doit être élevé, tout petit, à concevoir ses propres conflits comme normaux, comme signes de bonne vitalité. Il faut que les jeunes sentent qu'une tension entre l'attachement à la famille et le désir de lui échapper est un signe de vitalité. Cela ne devient pathologique qu'en cas d'incompréhension familiale ; c'est à ce moment que la « bande » est dangereuse.

Les images mentales du père et de la mère

Dans l'état actuel des choses, qu'est-ce que la famille peut représenter pour un enfant ?

La famille existe encore ; les gens sont encore mariés, même si ce n'est pas pour très longtemps. L'enfant est donc généralement élevé initialement par un couple. Il est rare qu'il n'y ait pas au départ trois personnes, et cette triade dès le début de l'éducation est indispensable. Il faut être trois pour qu'un enfant soit conçu : le père, la mère et le sujet qui s'incarne dans la première cellule due à la conjonction de deux cellules initiales. Si l'on oublie que l'on est trois, l'enfant, lui, ne l'oublie jamais. S'il n'y a pas une éducation à trois, il y a le germe d'une psychose. Mais, heureusement, tous les germes ne se développent pas !

C'est pourquoi l'enfant qui parasite sa mère a besoin que celle-ci lutte contre ce parasitage en s'occupant aussi d'un rival, de cette sorte d'entité verticale « se baladant » (le père), qui donne un support à l'idée paternante qu'il portait en lui.

Car chaque être humain a en lui une idée de ce qu'est la mère et de ce qu'est le père, même s'il n'en a pas eu « pour de vrai ». C'est une loi psychologique, à laquelle nous ne pouvons rien, qui existerait même dans une société où il n'y aurait plus du tout de famille, où les enfants seraient élevés en groupes d'enfants. Pour un enfant, le père est ce qui correspond à l'aspect discontinu, éprouvant, de sa psychologie. Un père, c'est quelqu'un auquel on s'identifie quand on est un garçon, quelqu'un qui vous signale vos infractions à l'égard de la loi, qui vous soutient dans votre évolution sociale et qui vous donne une monnaie d'échange, l'argent. Un père, c'est celui qui vous introduit à la loi des échanges en société, échanges de comportement et échanges de puissance symbolisés par l'argent. C'est aussi lui qui donne (ou ne donne pas) son nom au sujet et le marque ainsi de cette reconnaissance (ou non-reconnaissance), préalablement à tout contact social.

La mère, pour l'enfant, c'est l'être qui vous donne à manger et vous soigne. C'est une entité qui satisfait les besoins et trouve toujours le moyen de vous « ramasser à la cuillère ». Quand, ayant rencontré l'instance paternante (peut-être l'école), l'enfant se sent brisé, il rencontre l'idée de mère. Dans les films de western, il y a toujours une femme maternelle. Donc, la mère, c'est l'infirmière qui vous soigne quand vous êtes infirme, et qui, le reste du temps, est objet de convoitise pour tous les bien portants de l'autre sexe. Mais l'enfant a également besoin d'une mère qui lui échappe par d'autres activités que celles de la maison ; sinon, il n'a pas de soutien à son désir d'évolution (il faut se méfier, à ce sujet, de l'envahissement, dans notre société, de l'instance maternante : par exemple, une Sécurité sociale mal organisée, couvrant trop de risques).

Grâce à cette idée de mère consolatrice et de

père directeur qu'ils portent en eux, les adolescents peuvent résoudre la plupart de leurs problèmes ; par exemple, jouer les uns pour les autres, dans une bande, l'idéal viril et paternant.

Lorsque l'enfant subit une épreuve, il a besoin d'une réparation par le contact corporel avec sa mère, ou avec la personne qui lui est associée. Il faut absolument que l'enfant ait des contacts corps à corps, au moins jusqu'à la période de chute des dents de lait, vers sept ans. Donc, il ne faut pas, au nom de notions psychanalytiques mal comprises, repousser un enfant, sous prétexte que l'on favoriserait, autrement, une sensualité malsaine, car l'enfant recherchera un corps à corps avec d'autres enfants et passera alors sur le plan d'une sensualité un peu morbide.

Les périodes difficiles du sevrage et du touche-à-tout

Il y a dans l'enfance deux périodes difficiles : celle du sevrage et celle du touche-à-tout. Lorsqu'elles se sont bien passées, rien ne sera plus jamais grave dans la vie de l'adulte.

Le sevrage, qui est un sevrage du corps à corps avec la mère, dans l'odeur de la mère, doit s'accompagner d'une plus-value de paroles et d'échanges gestuels. Si cette période est bien vécue, l'enfant se développe vers la motricité acrobatique, qui doit se passer avant l'éducation sphinctérienne. Si l'âge acrobatique s'accompagne de l'éducation sphinctérienne, c'est-à-dire du blâme si l'enfant est sale, l'enfant ne peut être « au four et au moulin ». Il ne peut contrôler ses sphincters et devenir adroit de ses mains. Au contraire, quand il est capable de monter et de descendre tout seul une échelle de ménage, en vingt-quatre heures vous obtenez la propreté qui est déjà souhaitée depuis trois mois par l'enfant. Autrement dit, quand on met un enfant au monde, il faut savoir que l'on aura pour vingt-six mois de couches à laver.

L'âge du touche-à-tout est très important. L'enfant de quatorze à dix-huit mois apprend alors, assisté par sa mère (et Dieu sait que c'est fatigant, surtout quand elle est enceinte du suivant !), à connaître les choses. À ce moment, il ne faut pas que l'enfant se sente dans un monde où « le père-est-dans-tous-les-meubles ». Le père, en effet, représente pour l'enfant la loi à laquelle se heurtent ses désirs. C'est la personne qui lui retire *maman*, c'est-à-dire la sécurité du contact avec lui-même. Si l'enfant met le doigt dans la prise électrique et se brûle, vous l'entendez dire : « Papa est là ? », « Papa-va-brûler ». C'est que l'instance paternante est associée aux expériences discontinues de sécurité. Quand se brise cette sécurité, c'est que *l'autre* est là pour vous la prendre. Donc, si la mère est présente, ou une personne substitut de la mère, et qu'elle verbalise constamment les expériences faites par l'enfant (par exemple : « une théière chaude ou un fer à repasser, il faut les prendre comme ça pour ne pas se brûler »), si, pour toutes les tâches dangereuses, l'enfant est accompagné de la parole et du geste, vous le verrez devenir extrêmement prudent, très industrieux en famille et ne presque plus avoir d'accidents. Notre éducation devant avoir pour fin l'autonomie de la personne, l'enfant doit savoir que, s'il lui arrive malheur, il ne sera pas grondé pour cela, puisque la cause est une mauvaise exécution et que l'adulte aurait pu aussi manquer ce mouvement. L'important est que l'enfant se sente, devant les éléments, les choses, les animaux, les personnes, les lois, du même côté que les autres humains ; et non pas lui d'un côté de la barrière, et les adultes du côté du Bon Dieu, c'est-à-dire de l'instance paternante suprême.

L'âge du touche-à-tout dure un mois, un mois et demi — deux mois chez les enfants qui ont besoin de plusieurs expériences pour comprendre la loi du comportement à l'égard de telle ou telle chose. Après cet âge, qu'est-ce qui est défendu ? Presque rien dans la famille, mais il y a un interdit inexorable, du moins momentanément, puisqu'il sera dit à l'enfant : « C'est défendu jusqu'à ce que tu sois plus habile, plus grand. » Une mère peut prendre une heure de son temps, tous les jours, pour que l'exploration de la maison soit permise à l'enfant. On prend une pièce et on peut toucher à tout, je dis à *tout*, dans certaines conditions, qui, non respectées, provoqueraient une catastrophe pour l'adulte également. Si vous procédez ainsi, vous pouvez être tranquille : votre enfant n'aura presque plus de désobéissance à trois ans. Pourquoi ? Parce qu'un enfant à qui il arrive malheur chaque fois qu'il essaye de s'identifier au comportement des adultes se met à être angoissé, à se sentir coupable et à provoquer une punition pour apaiser son sentiment de culpabilité. C'est ainsi que nous fabriquons des désobéissants parce que nous ne les avons pas formés, à l'âge du touche-à-tout, à la connaissance de la mesure de leurs possibilités de « petits-devenant-grands », d'êtres de la même espèce que nous.

L'enfant et la Loi

Je crois que très tôt les enfants doivent être mis au courant des lois vraies. Il ne faut pas dire à un enfant, même si c'est commode pour la mère, que l'école est obligatoire à quatre ans. Faisons bien attention, quand nous donnons une loi à l'enfant, qu'il s'agisse d'une véritable loi, d'une loi supra-familiale qui régit les humains du groupe civique dont il fait partie. Il en est des lois sociales comme des lois du comportement à l'égard des objets. Certaines choses sont tout à fait défendues : toucher le stylo de papa, parce qu'on l'abîmerait (un adulte aussi), manquer l'école sans raison... Si l'enfant a transgressé une loi, il se sent coupable, sentiment qui est apaisé par une punition, mais une punition qui était prévue par lui. Une infraction à la loi, cela se paie. « Est-ce que cela valait le coup de risquer la punition ? » doit-on demander à l'enfant. « Oui ? Alors, tu as eu raison de le faire ! » C'est cela, l'éducation de l'enfant vers l'autonomie. Quand des enfants sont constamment « collés » à l'école, les parents sont furieux. L'enfant déclare : « Je m'en fiche », ce qui n'est pas vrai, son air le montre bien. Seulement, il est content d'embêter ses parents. À partir du moment où on lui demande : « Est-ce que cela valait le coup ? Qu'est-ce que tu as fait pour mériter cette colle ? — J'ai bavardé cinq minutes. — Est-ce que cela valait le coup ? — Oh ! non. — Tu vois : c'est comme cela, on achète le droit de bavarder. Tu l'as acheté trop cher. » Une autre fois, l'enfant fera ce raisonnement tout seul.

Quand l'enfant est aux prises avec les lois du groupe, de la société, de l'école, ne vous mêlez pas de commenter en bien ou en mal ce qui est arrivé. Et, face à une infraction, ne faites jamais céder un règlement. Jamais ! C'est ainsi que vous aiderez un enfant à introjecter l'instance paternante. Mais les modifications de règlements doivent être apportées au fur et à mesure du développement en âge de l'enfant. Ces allégements doivent être décrétés, mais en dehors du moment d'une infraction.

Vous le voyez, cette éducation par la famille, au départ, ou par les substituts de la famille, sous forme de *triade* (c'est-à-dire le sujet au milieu d'une instance maternante et d'une instance paternante qui ne réagissent pas de la même façon aux événements) est indispensable. Elle est nécessaire à la nature humaine, et toutes les transformations sociales actuelles n'y peuvent rien.

Dans l'état actuel des choses, ce que peuvent surtout donner les parents, c'est le fait exemplaire d'avoir des amis de leur âge, des intérêts extra-muros, de concilier les intérêts de leur groupe social et les intérêts de vie personnelle du foyer, d'échanger leur créativité avec *autrui*. C'est cela qui rendra l'enfant sain en société et qui lui permettra de rester attaché à sa cellule familiale, en même temps qu'il se sentira appelé vers ces groupes de jeunes et ces bandes d'une façon qui ne sera pas du tout délinquante.

La générosité

Un mot à des chrétiens sur l'éducation de la générosité. On est souvent affolé de voir des enfants égoïstes garder tout pour eux... Mais ce sont généralement ceux qui seront les plus généreux plus tard. Quand un enfant n'est pas généreux, c'est qu'il n'a pas compris qu'il a tout ce qu'il lui faut. Il y a un âge de la générosité. Il faut d'abord que l'enfant ait eu le sens de la possessivité ; car il ne faut pas prendre l'absence de sens de la possession ni le fait de se laisser, dans la douleur, déposséder, pour de la générosité. Il ne faut pas oublier que l'enfant qui donne le fait souvent pour faire plaisir à l'adulte qui lui commande de donner, et ne sait pas que le don, c'est l'identification à celui qui va posséder. Tant que le sujet n'a pas sa suffisance, il ne peut pas donner sans regretter après coup. Pour arriver à l'âge du don, il faut passer par l'âge du troc.

L'époque du troc est mal connue des parents et elle est souvent blâmée. Pourquoi ? Parce que le troc que pratique l'enfant ne se fait pas à valeur égale d'argent selon les parents. Un enfant échangera une bille de 0,10 nouveau franc contre un stylo de 20 nouveaux francs. Ne nous mêlons pas trop au troc des enfants, ou, en tout cas, d'un peu loin. Parlons-en avec eux, mais laissons-le s'établir, car après vient la connaissance de la valeur de l'argent, vers sept, huit ans. Alors, on peut parler de générosité.

La pudeur

Je voudrais encore vous parler de la pudeur. Il est tout à fait faux de croire que cela fait du bien aux enfants de se promener tout nus devant eux. Nous devrions toujours considérer nos enfants comme des hôtes de marque. Or, on ne se promène pas tout nus devant tout le monde... L'enfant ne peut désirer ce qu'il regarde sans le toucher. Ne lui permettons donc pas de voir ce que nous lui défendrions — avec raison — de toucher. Laissons-le dans l'ignorance, sauf de ce qu'il cherchera, lui tout seul, à regarder, par exemple, par le trou de la serrure. Un enfant a parfois besoin de connaître le corps de l'adulte. Lorsqu'il a acquis cette connaissance et qu'il en parle, il ne faut pas l'en blâmer mais lui dire : « Tu deviendras, toi aussi, comme cela. » C'est ainsi que nous respectons sa pudeur et sa liberté. N'allons pas assister à la toilette de l'enfant au-delà du moment où il n'a plus besoin de notre aide. Laissons-le fermer sa porte à clé. Respectons cette pudeur du corps, et respectons aussi les initiatives sentimentales. Il n'y a rien de plus fâcheux pour les élans d'un enfant que de dire devant lui, à son propos : « Il a regardé la petite Une Telle. Elle lui plaît ! » Rien n'est plus démoralisant pour un enfant, et plus encore pour un adolescent, que de souligner ses émois de désir.

Activités féminines et activités masculines

Une remarque sur les activités féminines et les activités viriles. Si un enfant est élevé comme je vous l'ai proposé, vous le verrez, après l'époque du touche-à-tout, désirer s'identifier dans les besognes domestiques à sa mère, qu'il soit garçon ou fille, et dans les besognes difficiles au père. Il ne faut jamais blâmer un enfant garçon qui se met à raccommoder ou à repasser, sous prétexte que ce sont des choses de filles. Pas plus qu'il ne faut blâmer une fille qui se met à clouer. Toutes ces activités sont, pour l'enfant qui imite ses parents, un accès à la rivalité avec ses parents. Cette rivalité le structure et lui permet d'acquérir une connaissance de ses possibilités. Ce n'est pas en disant à l'enfant : « Fais ceci, fais cela ! » que vous le développerez. Il faut que l'enfant ait fait, à la maison et avant l'âge de huit ans, l'expérience de ce qui le valorisait ; car, après neuf ans, c'est dans les autres familles que l'on va chercher une valorisation : en portant le charbon d'une dame, en gardant un bébé. Quand vous avez des familles amies, faites ces chassés-croisés : cela donne aux enfants énormément de confiance en eux.

La première éducation est ineffaçable

Revue Notre Dame[1], Québec,
avril 1988.

REVUE NOTRE DAME : *On dit souvent que l'éducation première, celle des premiers mois et des premières années, est très importante.*

FRANÇOISE DOLTO : C'est vrai, c'est absolument
vrai. Mais quand on dit cela, il ne s'agit pas de
l'éducation que les parents essaient de donner
consciemment. Cela n'a rien à voir avec le dressage, avec les comportements que l'on s'efforce
d'imposer à l'enfant. En fait, il s'agit du respect que
l'on inculque à l'enfant vis-à-vis de lui-même et
qui vient du respect que l'adulte a pour l'enfant.
C'est une éducation qui vient de celle que le parent
a lui-même reçue. Quelqu'un qui entendrait seulement ce que les parents disent à l'enfant n'aurait
pas idée de ce qu'est cette éducation. Car cette
éducation n'est pas d'abord un discours. Elle est
avant tout une façon d'être qui inspire à l'enfant
confiance en lui ou méfiance de lui-même, qui lui
inculque la fierté de son sexe et de ses initiatives,
qui lui donne l'assurance que quoi qu'il fasse il est
toujours aimé, même s'il est parfois grondé.

Au fond, l'éducation, au sens fondamental où j'en

parle ici, est une question de sécurité ou d'insécurité. C'est ce qui permet au dynamisme de l'enfant de s'exprimer ou, au contraire, qui le paralyse. C'est autour de cela que tout se joue, et c'est pour cette raison que la première éducation est ineffaçable. Quand je dis ineffaçable, je n'entends pas par là que l'éducation première ne peut apporter que du mauvais. Je veux dire qu'elle va structurer la personnalité de l'enfant, sa façon d'être dans la vie. Et cette personnalité ne pourra pas être modifiée. C'est un peu comme un tronc d'arbre. Un arbre qui commence, c'est une pousse toute petite et fragile. Mais déjà on sait s'il aura trois ou quatre branches maîtresses. Par la suite, l'arbre pourra développer sa ramure, le tronc pourra avoir deux pieds de diamètre, mais il aura toujours ses trois ou quatre branches maîtresses qui ont constitué sa structure de départ.

R.N.D. : *Le fait d'insister sur l'importance de l'éducation première ne risque-t-il pas de rendre les jeunes parents anxieux, insécures et de les amener ainsi à faire des erreurs ?*

F.D. : Il se peut en effet que les jeunes parents soient anxieux, tout simplement parce qu'ils n'ont pas compris ce qu'on veut dire quand on affirme que l'éducation première est très importante, en bien ou en mal. Il arrive aussi qu'ils ne s'inquiètent pas de ce qui devrait les inquiéter. Quand les parents sont vivants, heureux, joyeux et qu'ils traitent leur enfant comme une personne humaine, ils font ce qu'il faut et ils n'ont pas à être anxieux ou insécures. Mais il ne faut pas non plus se payer de mots. L'enfant doit être intégré de plein droit dans la vie du couple, comme un être humain, comme garçon ou fille, dans une relation de dignité avec ses parents. On ne traite pas un enfant comme on traite une poupée ou un animal domestique. Ce n'est même pas suffisant d'être gentil avec un enfant. Il faut respecter pleinement l'enfant. Il faut le respecter jusque dans ses regards. On ne fait pas devant un enfant ce qu'on ne ferait pas devant un hôte de marque. Éduquer un enfant, c'est donc le traiter en être humain. C'est l'amener à développer ses dynamismes, c'est l'aider à se sentir un être humain de plein droit parmi d'autres humains. Et cela doit se faire dans une situation que j'appelle triangulaire, qui comprend le père, la mère et l'enfant. L'enfant doit se sentir l'un des trois pôles. Autrement, si l'on n'a que deux pôles, c'est-à-dire la mère et l'enfant, on a une situation duelle, une situation de « miroir », et il n'y a rien de plus mauvais, car cela paralyse pour l'avenir les possibilités dynamiques de l'enfant. Comme vous le voyez, nous ne sommes pas ici au niveau des bonnes habitudes à inculquer à un enfant mais bien au niveau de la dynamique de l'inconscient. Ainsi, même si le père est physiquement absent, la mère doit faire sans cesse référence au père pour assurer une situation triangulaire. Elle doit dire au jeune enfant : « Si ton père n'avait pas été là, tu ne serais pas né. Tu as un père comme tout le monde et plus tard, tu le rechercheras. Actuellement, je suis fâchée avec lui, mais quand tu es venu au monde je l'aimais. Et comme je t'aime, cela prouve qu'il y avait en lui des choses très bien. » Malheureusement, ce n'est pas toujours ce qui se passe. Il est alors très important que cette réconciliation entre la mère et l'enfant à propos du père puisse se faire le plus tôt possible.

R.N.D. : *Il y a de plus en plus de mères qui travaillent à l'extérieur du foyer, même lorsque leur enfant est très jeune. Est-il possible de parer à cette absence de la mère ?*

F.D. : Il arrive en effet que la mère ait vraiment besoin de travailler à l'extérieur, pour des raisons d'argent, ou encore pour des raisons de santé. Ce qu'il faut dire à ce sujet, c'est que l'enfant n'a pas besoin de sa mère vingt-quatre heures par jour. Il n'a surtout pas besoin d'une mère dépressive, qui le serait parce qu'elle doit rester à la maison. Ce dont l'enfant a besoin, c'est d'être en tout temps en sécurité auprès d'une personne fiable et de savoir que sa mère est sa mère et que l'autre personne est un substitut payé par sa mère et responsable par procuration. Que l'enfant ait quinze jours, trois mois ou deux ans, ce qui est important, c'est qu'on lui dise la vérité sur ce qui se passe autour de lui et qui le concerne : « Je te confie à telle personne. Je reviendrai tout à l'heure. » Et il faut laisser pleurer l'enfant s'il est triste de la séparation, au lieu de se cacher pour s'en aller de peur qu'il ait du chagrin. Quand un enfant souffre ou qu'il est heureux, il faut plutôt mettre des mots sur ce qu'il ressent et ainsi humaniser ses sentiments.

Ainsi, le jeune enfant a besoin qu'une personne s'occupe sans cesse de lui, mais ce n'est pas nécessaire que ce soit toujours la même personne. Par contre, il faut qu'il sache qu'il sera toujours, irrévocablement, l'enfant de sa mère et de son père, et que cela ne pourra jamais être changé. Car ce que je dis de la mère est vrai du père aussi. On sait bien que, souvent, le père qui a engendré un enfant n'est pas son « papa » par la suite. Il est remplacé par un père adoptif, ou encore par celui qui devient le mari de sa mère, ou parfois par la mère elle-même qui doit assumer seule l'éducation de l'enfant. Il est alors très important que l'enfant sache qu'il a un père qui l'a engendré, même s'il ne porte pas son nom parce qu'il a été adopté par un autre. Quant à celui qui vit avec sa mère, il est le « papa », c'est-à-dire celui qui lui barre le lit de maman. Il faut que l'enfant sente que la femme adulte et l'homme adulte qui vivent ensemble ont des prérogatives qui ne sont pas de son niveau à lui.

Pour revenir à la question du jeune enfant que l'on confie à quelqu'un d'autre, il est bien évident que certaines mères hésitent à le faire parce que au fond elles veulent prendre toute la place auprès de leur enfant. Mais ce n'est pas bon qu'il en soit ainsi, et de toute façon la mère n'y arrivera pas. À six ans, l'enfant va tourner le dos à sa mère et s'attacher à sa maîtresse d'école. La mère qui confie son enfant à une autre femme doit plutôt faire en sorte que celle-ci soit vraiment la « maman » de son enfant, celle qui s'occupe de lui, celle qui dit oui ou non à ses demandes. Et cette femme ne remplacera jamais la mère de naissance, celle qui axe l'enfant par rapport au père naturel que l'enfant porte en lui. Il est nécessaire que l'enfant sache qu'il a une mère de naissance. Mais il est mauvais que cette mère accapare son enfant pour elle seule. Ce serait même de la per-version et l'enfant risquerait alors de devenir homosexuel avant l'âge de quatre ans. Il faut abso-lument qu'il y ait une situation triangulaire et que la mère réponde aux exigences de quelqu'un d'autre que son enfant. C'est essentiel. C'est la clef d'une saine éducation.

R.N.D. : *Les enfants vont aujourd'hui très jeunes à la garderie ou à la maternelle. Y a-t-il là pour eux un choc qu'il ne faut pas négliger ? N'est-ce pas aussi une chance ?*

F.D. : C'est certain qu'un enfant a besoin d'être en contact avec la collectivité dès sa sortie de la maternité, après les quelques jours ou quelques semaines qu'il y a passés. Mais cela doit se faire avec sa mère et même avec son père, dans une certaine mesure. Par conséquent, avant de confier l'enfant à une institution qui le prend en charge et où les parents sont absents, il faut absolument qu'il y ait une expérience intermédiaire, et si possible un lieu intermédiaire où l'enfant s'habitue à vivre avec d'autres enfants. Car un enfant a besoin des autres enfants pour se vacciner contre l'agressivité de la vie en communauté, et pour se structurer. Mais cette expérience doit se faire en présence de la mère ou du père, qui reste sur place, et qui rassure l'enfant sur son identité. Car ce qui est dramatique pour un enfant, c'est d'être au milieu d'autres enfants sans plus savoir qui il est.

Dans bien des cas, la transition entre le milieu familial et le milieu extérieur est loin de se faire harmonieusement. C'est pour cela que nous avons créé ici ce que nous appelons *la Maison verte*. L'enfant y vient avec son père ou sa mère, et tout ce qui se passe avec ses petits camarades est « parlé » et discuté avec le père ou la mère. L'enfant n'est jamais jugé. Par exemple, l'enfant plus grand a battu l'enfant plus petit. Parce que les grands sont plus forts que les petits. C'est la réalité. Celui qui a été battu est amené à sa mère qui le console. L'enfant peut alors retourner vers son agresseur, et ainsi l'expérience, peu à peu, se révèle positive. Avec le temps, l'enfant acquiert une réelle sécurité. À tel point qu'à un moment donné il dit à sa mère qu'elle peut s'en aller. Cela veut dire que l'enfant est alors prêt à aller dans une garderie ordinaire où les parents ne restent pas. Ainsi, un lieu intermédiaire entre la famille et la garderie, où il affronte les autres en présence de sa mère, permet à l'enfant de se structurer au contact de ses petits camarades. Il acquiert aussi la connaissance de son identité et la certitude d'être aimé par ceux dont il est issu. À ce moment-là, il n'a pas besoin que sa mère ou son père soit tout le temps à côté de lui extérieurement. Il a, si je puis dire, un père et une mère intérieurs à lui-même qui l'aiment toujours, même quand il est meurtri, même quand il fait des bêtises. Il sait qu'il est toujours compris et pardonné quoi qu'il arrive, parce qu'il en a eu l'expérience quand il affrontait le monde extérieur avec son père ou sa mère. Et cela peut se faire dans les premiers mois ou les toutes premières années de l'existence. Très tôt, l'enfant doit savoir que ses parents sont là, pour lui et en lui, d'une façon irrévocable, et qu'ils ne céderont leur place à personne d'autre, parce que leur amour lui est acquis une fois pour toutes.

Maintenant, qu'est-ce qui se passe lorsque cette transition dont nous venons de parler ne se fait pas, d'une façon ou d'une autre ? Le danger, c'est que l'enfant ait une double identité. Dans la garderie, il n'est qu'une partie dans un vaste ensemble. Et à la maison, il est l'enfant qui reste collé à la mère ou au père et qui est incapable d'autonomie. Cela veut dire qu'il n'a pas acquis son identité, car l'enfant qui a son identité est le même partout où il va. Cette identité vient de la certitude et de la confiance qu'il a d'être lui-même, de la conscience qu'il a de la valeur de son sexe et de son âge et de la place qu'il est en droit d'occuper dans le monde. Il a une place qui lui revient et que personne ne peut prendre, comme lui ne doit pas prendre la place du voisin. Lorsqu'il n'y a pas de transition, l'enfant est, en outre, soumis, dans son idée, au pouvoir discrétionnaire des responsables de la garderie. Il a l'impression que la maîtresse a tous les droits. Alors que s'il y a transition, l'enfant sait que la maîtresse est payée par ses parents pour s'occuper de lui. Elle n'a donc pas tous les droits. Elle n'a pas, par exemple, le droit de battre l'enfant, et celui-ci le sait. Et si cela arrive, c'est peut-être parce qu'il l'a poussée à bout et l'a amenée à faire ce qu'elle n'a pas le droit de faire. Une fois qu'on a expliqué cela à un enfant, la simplicité de vivre qu'il éprouve est incroyable. Il sait qu'il est capable de mettre les autres dans leur tort, mais il sait aussi qu'il va alors payer pour les pots cassés. Quand on agace trop le chien, on risque de se faire mordre un peu. Et puis, ça vaut le coup aussi de se faire punir de temps en temps !

R.N.D. : *Les familles d'aujourd'hui ont souvent un enfant unique. Comment peut-on remédier à cette situation difficile à vivre pour le jeune enfant ?*

F.D. : Il n'y a pas de remède, parce que ce n'est pas une maladie d'être un enfant unique. Mais ce qui est certain, c'est que l'enfant unique est différent des autres enfants. Il est un peu comme le premier ou le dernier d'une famille nombreuse, le dernier surtout, qui est fortement handicapé par le fait qu'il n'a pas vraiment de rival parmi ses frères et sœurs. En fait, le premier vrai rival de l'enfant unique, c'est l'enfant que lui-même aura après son mariage. C'est d'ailleurs ce qui fait que certains couples éclatent. L'époux qui a été fils unique est jaloux de son fils, ou l'épouse qui a été fille unique est jalouse de sa fille. On a l'impression que l'enfant prend trop de place, surtout si le conjoint a l'air de l'aimer plus que soi.

Ainsi, on sait que l'enfant unique a un comportement différent. Mais cela ne veut pas dire qu'on sait d'avance en quoi il va différer de celui des autres. On a quand même fait un certain nombre de constatations. On a découvert par exemple que les volontaires pour les commandos suicides étaient en très grande majorité des enfants uniques. Alors que leurs parents avaient d'autant plus tremblé pour leur sécurité qu'ils étaient les seuls représentants de la lignée. Mais à vingt ou vingt-deux ans, ils avaient envie de tout risquer. Sans doute parce qu'ils ne s'étaient jamais sentis responsables de quelqu'un d'autre. Dans leur vie d'enfant unique, il n'y a eu que le petit moi. Alors, pour une fois, ils veulent courir un grand risque et se sentir formidables. Et ce n'est pas du tout de la générosité, comme les gens le croient souvent. C'est par goût de l'exploit, comme c'est le cas des alpinistes de haut risque, qui sont souvent, d'ailleurs, des enfants uniques. Au fond, ces enfants ont été couvés par leurs parents, et ils essaient de réagir. Comme ils peuvent tout aussi bien devenir, à l'inverse, des fonctionnaires sans initiative. C'est le danger de la surprotection, et il est évident qu'un enfant unique est plus exposé qu'un autre à être surprotégé par ses parents.

R.N.D. : *Il y a les mères célibataires et aussi toutes les mères qui, après une séparation, se retrouvent seules avec de jeunes enfants. L'absence du père est-elle une carence sérieuse pour l'enfant ? Est-il possible de compenser cette absence ?*

F.D. : J'ai déjà abordé ce problème à propos d'une question précédente, mais il est important d'y revenir. Pour compenser l'absence du père, il ne faut pas faire comme si le père était mort ou n'avait jamais existé. Car il importe au plus haut point d'éviter que l'enfant pense qu'il remplace son père auprès de sa mère. Si la mère se console de la perte de son mari avec son fils ou sa fille, comme elle le ferait avec une poupée ou un ours en peluche, elle pervertit son enfant. Alors qu'une mère ne devrait pas avoir honte de dire qu'elle regrette de ne pas avoir d'homme dans sa vie et ne devrait pas hésiter à bien manifester que ce n'est pas l'enfant qui peut prendre cette place. Malheureusement, il y a des femmes qui, sous prétexte qu'elles n'ont pas d'homme, ne sortent plus, ne laissent jamais leur enfant à quelqu'un d'autre et n'ont plus de vie sociale. Alors qu'une mère qui n'a pas d'homme doit avoir des couples d'amis, des occupations qu'elle aime, des sports, des loisirs, des choses qu'elle fait pour son plaisir et pas seulement pour gagner sa vie. Il faut que la mère laisse son enfant, pour elle-même. Ainsi, l'enfant est éduqué comme s'il y avait un père, d'une certaine façon, parce qu'il y a cette situation que j'ai appelée triangulaire. À côté de l'enfant, il y a le plaisir et la vie sociale de la mère. Ce qui est néfaste, c'est lorsque la mère se replie sur son enfant et que plus tard elle lui dit : « Je me suis sacrifiée pour toi. » À ce moment-là, les choses tournent de travers pour deux générations.

Il est bon, d'ailleurs, de noter que cet accaparement de la mère par l'enfant peut se produire même s'il y a un homme physiquement présent dans la maison. Car il ne suffit pas que la mère ait un conjoint. Il faut qu'elle s'occupe de son conjoint, qu'elle le désire, qu'elle ait son travail, ses loisirs, ses relations, de façon que l'enfant ne prenne pas toute la place et qu'il se rende compte que, quoi qu'il fasse, il n'y arrivera pas et qu'il doit plutôt s'ouvrir sur un horizon plus vaste que celui constitué par la mère seule. Et ce que je dis là n'est pas seulement une question de rôle. C'est une question d'être. Sans doute l'enfant a-t-il besoin de son père et de sa mère. Mais par eux, c'est de deux lignées qu'il tire son origine et il a besoin de ces deux lignées et y a droit. Une mère seule devrait toujours pouvoir dire à son enfant : « Personnellement, je ne suis plus en rapport avec ton père, mais, quand tu voudras, tu pourras prendre contact avec lui. Et la famille de ton père, c'est ta famille à toi. » Une femme qui fait cela, elle le fait pour la santé de son enfant. Même si ce n'est pas toujours facile. Peut-être que cela ne lui plaît pas que sa belle-mère soit effectivement la grand-mère de son enfant. Peut-être le mari est-il parti par sa faute à lui, sans que la femme n'y soit pour rien, et la famille du mari lui en a-t-elle pourtant tenu rigueur. Mais à un moment ou l'autre, quand l'enfant aura sept ou huit ans, il est important que la mère le laisse aller vers la famille de son père, si cette famille-là veut bien le recevoir. Car, pour être pleinement lui-même, l'enfant a besoin, au-delà de sa mère et de son père, de puiser à ses deux lignées.

R.N.D. : *On dit qu'il est très important de prendre un jeune enfant dans ses bras, de le presser contre soi, de le caresser.*

F.D. : Je dirais tout d'abord qu'il faut le faire parce qu'on en a réellement envie, et non pas parce que cela a été recommandé par tel ou tel pédiatre. Autrement, cela reviendrait à administrer à l'enfant sa « pilule » de caresses chaque jour, ce qui n'a absolument aucun sens. Il ne faut pas non plus que cela se fasse par érotisme de la part des parents, car on serait alors en pleine perversion. Il faut le faire par amour chaste de l'enfant, comme on a soi-même été aimé chastement par ses parents. Ceci dit, il est bien clair qu'il est tout à fait naturel de signifier à un enfant qu'on l'aime par des caresses, et l'enfant a besoin de cela. On utilise alors le langage corporel pour communiquer avec l'enfant. Mais chez l'être humain, ce langage corporel doit se doubler de la parole. On ne caresse pas un enfant comme on caresse un chien. La mère n'est pas une guenon qui frotte son petit. La mère doit parler à son enfant, lui dire qui il est, quelle est sa relation avec elle, lui chanter des chansons. Cela donne une autre dimension aux caresses elles-mêmes.

R.N.D. : *Est-ce important d'expliquer à un très jeune enfant ce qui lui arrive, les décisions qu'on prend à son sujet ? Même s'il ne comprend pas la moitié de ce qu'on lui dit ?*

F.D. : C'est indispensable, je dis bien indispensable d'expliquer à un jeune enfant ce qui lui arrive et ce qu'on fait qui le concerne. On n'a pas à parler à l'enfant de ses soucis à soi et des problèmes qu'on a eus à prendre telle ou telle décision. Mais il faut lui signifier les conclusions. On dira : « Il ne comprend pas la moitié de ce qu'on lui dit. » Mais non ! Il comprend tout. Et ce qu'il ne comprend pas au moment où on le lui dit, il le comprend au moment où il le vit. Par exemple, si je confie mon enfant à telle personne, je dois lui expliquer : « Voilà, je te confie à Une Telle pour deux ou trois jours. Voilà ce qui va se passer. Moi, j'ai des choses à faire. Je te retrouverai bientôt. » Il n'est pas nécessaire de raconter à l'enfant ce qu'on va faire pendant ces trois jours. Mais ce que l'enfant va vivre, il faut le lui dire. Bien sûr, quand l'enfant est tout petit et qu'on lui dit pour la première fois : « Je te prépare ton biberon », il ne sait pas ce que c'est. Mais quand cela fait deux ou trois fois qu'il a eu son biberon et que cela est associé à sa faim, le mot biberon prend son sens pour lui. Et c'est toujours ainsi que cela se passe. Tous les mots nous sont dits avant qu'on en sache le sens. C'est quand on vit les choses et que les mots ont été justes que l'on comprend leur sens et que l'on réalise la justesse de ce qui a été dit. C'est pour cela qu'il est essentiel, pour des rapports de confiance entre parents et enfants, que les choses soient dites par les parents et que ce soit la vérité qu'ils disent.

R.N.D. : *Les parents sont parfois portés à utiliser une certaine violence vis-à-vis de leur jeune enfant, par la fessée ou autrement. Doivent-ils s'en abstenir à tout prix ?*

F.D. : À tout prix, parce que c'est une honte que de battre un enfant. À ce propos, il y a une chose qu'il faut que je vous dise. Mon mari, qui était russe, m'a dit qu'en Russie, avant la guerre, la violence envers les enfants était quelque chose qui n'existait pas. Jamais il n'a vu un homme ou une femme battre son enfant, même lorsqu'ils étaient sous l'influence de l'alcool. Cela s'enracinait dans leur foi, parce que pour eux, un enfant était le lieu où habitait le Saint-Esprit. Et cela lui a fait beaucoup de peine lorsqu'il a appris que dans son pays les parents avaient commencé à user de violence envers leurs enfants. Il disait : « Ces parents n'ont pas le sentiment de la dignité humaine et ils ne l'enseignent plus à leurs enfants. » Il y avait quelque chose de très juste dans cette réflexion.

Au fond, ce qu'il faut bien voir, c'est que la violence physique faite à un enfant n'a rien à voir avec l'éducation. C'est animal de battre un enfant. Les animaux usent de violence envers leurs petits parce qu'ils n'ont pas la parole. Mais comment une personne humaine déciderait-elle de battre un enfant à moins d'être refoulée dans sa libido ? Maintenant, qu'un père ou une mère donne la fessée à son enfant parce qu'elle est à bout de nerfs, cela peut se comprendre. Mais ce n'est pas de l'éducation. Il faut que les parents le sachent. Et si cela arrive que le père ou la mère use de violence, on ne doit pas hésiter à dire : « Je m'excuse. Tu m'as fait sortir de mes gonds. » Sur ce point de la fessée donnée par des mères excédées, j'en ai aidé plus d'une en leur disant de se garder des coussins à portée de la main et de taper dessus en disant à leur enfant : « Voilà ce que tu me donnes envie de faire sur toi, quand tu agis de telle façon. » Et dans tous les cas, cela a amélioré la relation entre la mère et l'enfant. Car l'enfant voit ce qui se passe exactement. Quand il est battu, au contraire, l'enfant ne comprend pas, parce que l'enfant, malheureusement, jouit d'être battu par sa mère. C'est cela le drame. Quand il reçoit une paire de claques, il est humilié et poussé vers le masochisme. Mais quand il reçoit la fessée, il a des sensations génitales, une jouissance orgastique. L'enfant n'a pas la même sexualité que l'adulte et pour lui toute sensation forte est jouissance. En sorte que l'enfant qui est battu va faire tout ce qu'il faut pour être battu de nouveau, et cela devient un cercle vicieux. La mère doit donc résister à son enfant qui exerce un certain pouvoir sur elle en la faisant sortir de ses gonds. Elle peut lui dire : « Tu voudrais que je te donne la fessée, mais tu ne l'auras pas. Tu n'es pas une bête, tu es mon fils. »

R.N.D. : *Il est facile pour des parents d'humilier un jeune enfant, de se moquer de lui. Comment cela est-il ressenti par l'enfant ?*

F.D. : Lorsque cela se produit, c'est terrible pour l'enfant. C'est comme s'il n'avait pas de parents, comme s'il était complètement orphelin. Il perd toute sécurité. En effet, lorsque l'enfant est humilié par ses parents, c'est comme si le père en lui était tué. Car il y a un père dans l'enfant, il y a en lui quelque chose du père. C'est ce père en lui qui est humilié par son propre père. L'enfant se sent donc honteux d'avoir un père qui se dévalorise lui-même. C'est cela qui se passe dans l'inconscient de l'enfant. On voit à quel point cela le touche d'être ainsi rabaissé. Ce n'est d'ailleurs pas normal qu'un parent humilie son enfant. Il faut qu'il ait une névrose, un sentiment d'infériorité. Il faut que son propre père l'ait humilié. En ce sens, cette névrose qui conduit à se moquer de son enfant est une névrose familiale. Il faut dire aussi qu'il est très mauvais, à l'inverse, de faire parader son enfant devant tout le monde, de le faire monter sur la table pour qu'on l'applaudisse. C'est humiliant pour l'enfant, parce qu'il en conclut que son père manque de fierté, qu'il doit se servir de son enfant pour épater les autres parce que lui-même n'y arrive pas. L'enfant sent qu'il y a là une sorte de prostitution à essayer d'impressionner les autres à la place de son père qui s'en pense incapable. Ou encore à essayer de plaire à la place de sa mère qui n'y arrive pas.

Il arrive aussi qu'un enfant soit humilié par une personne autre que ses parents. Et souvent, c'est en tant qu'enfant de telle personne qu'il est humilié, parce qu'il est le fils d'Un Tel ou la fille d'Une Telle. Quand on s'en rend compte, il faut dire à l'enfant : « Si telle personne t'a dit cela, c'est parce qu'elle est jalouse de ta maman, qui est jolie ou qui réussit bien. » Et c'est encore mieux si on peut le lui dire en présence de la personne qui l'a humilié. Il faut dire aux enfants les choses telles qu'elles sont et leur dire la vérité sur les personnes. Ce n'est pas vrai que tout le monde est gentil. Il y a des gens qui sont méchants, ou maladroits, ou peu sympathiques. Cela ne donne rien de dire à un enfant : « Tu vas voir, ta maîtresse est gentille. » Car il se peut qu'elle ne le soit pas. Elle n'est pas enseignante parce qu'elle est gentille, mais parce qu'elle connaît son métier. Comme on ne fait pas garder son enfant par une personne parce qu'elle est aimable, mais parce qu'elle est qualifiée. C'est très important de dire la vérité aux enfants sur les relations qu'ils sont appelés à avoir avec les adultes. Les adultes font d'abord des métiers, et quel que soit le métier, cela ne les empêche pas d'avoir des inimitiés spontanées pour tel ou tel enfant. Il faut alors dire aux enfants ce qui se passe. Par exemple : « Peut-être que cette personne a connu un enfant qui te ressemblait et qui a été méchant avec elle. Montre-lui que tu n'es pas méchant. » On voit cela souvent après les premières journées de classe, un enfant qui se rend compte qu'il n'a pas d'affinités avec la maîtresse. Il faut dire à l'enfant : « C'est clair que cette maîtresse-là ne t'aime pas. Essaie quand même de faire de ton mieux. Et il y a au moins un avantage. Tu n'auras pas envie de rester dans la même classe mais plutôt de monter d'année. Et puis, peut-être que la maîtresse va être épatée quand elle verra que tu es son meilleur élève. »

R.N.D. : *Vous insistez beaucoup pour qu'on dise la vérité aux enfants.*

F.D. : Absolument, parce que la vérité, c'est le tremplin qui permet à l'enfant d'avancer dans la vie, le point d'appui du levier qui lui permet d'affronter la réalité. Il ne s'agit donc pas de déblatérer contre qui que ce soit ou de prévenir un enfant de ce qui ne se produira peut-être jamais. Il faut, au contraire, partir de l'expérience de l'enfant et mettre sur son expérience un mot vrai, de telle sorte que l'enfant réalise qu'il ne s'est pas trompé. Supposons qu'un enfant se rende compte que sa mère ne l'aime pas, ou encore qu'elle ne l'aime pas autant qu'il le voudrait, ou encore qu'elle aime son frère ou sa sœur plus que lui. Si c'est vraiment la vérité, il faut être d'accord avec l'enfant, et essayer de lui faire voir qu'il peut tirer profit de la situation. On peut lui dire par exemple : « C'est sûr que c'est plus agréable pour ton frère à l'heure actuelle, mais ce qui se passe ne t'empêchera pas de devenir un garçon très bien. Et le fait que tu te sentes moins bien à la maison t'aidera peut-être à faire des études à l'étranger. Il ne faut pas que tu regrettes ce qui est. »

C'est sûr que ça fait mal à un enfant de voir confirmer ses appréhensions. Mais de toute façon, ce qu'il vit lui fait mal tous les jours, et, en plus, on l'entretient dans le mensonge : « Mais voyons donc ! Tu sais bien que ta mère t'aime, qu'elle t'aime autant que ton frère... » Il est beaucoup mieux qu'un enfant soit confronté à la vérité, à la vérité vraie, et qu'il essaie de tirer de la situation réelle le meilleur parti possible. Je crois qu'il est préférable, même pour un enfant, de voir les choses telles qu'elles sont plutôt que de les voir telles qu'il voudrait qu'elles soient.

R.N.D. : *Faut-il éduquer les jeunes enfants aux valeurs comme la générosité ou la justice ? Quand les parents sont croyants, peuvent-ils leur parler de Dieu ? Est-ce que tout cela ne risque pas de les traumatiser ?*

F.D. : C'est certain qu'on n'éduque pas de jeunes enfants aux valeurs par des discours mais bien par des exemples. Et comme je l'ai dit dès le point de départ, les parents ne peuvent pas ne pas agir devant leurs enfants. En sorte que les enfants, inévitablement, vont poser des questions : « Pourquoi est-ce que tu fais ça ? » À ce moment-là, il faut dire la vérité : « Parce que cela me semble juste. » L'enfant va discuter cela, le critiquer, et peu à peu il va former son jugement. À vrai dire, on n'« inculque » pas des valeurs comme si on les injectait dans les enfants. On leur donne plutôt des exemples de vie, et les enfants en font leur profit.

C'est la même chose pour Dieu. C'est une question de vie. On ne parle pas de Dieu parce qu'il faut en parler. On en parle parce qu'on est croyant. Être croyant, en effet, c'est aimer Dieu parce qu'on est aimé de lui. À ce moment-là, c'est tout naturel qu'on en parle, parce qu'il est naturel de parler de ceux qu'on aime. L'enfant dira peut-être : « Tu me rebats les oreilles avec ton Jésus. » Il faut alors lui dire la vérité, que pour croire vraiment il faut être un peu fou. Et cela ne risque pas de traumatiser l'enfant. Ce qui traumatise, c'est le mensonge. Cela ne nuira pas à l'enfant de lui dire qu'on assume sa foi au risque de passer pour un peu curieux ou attardé aux yeux du voisin. De toute façon, si les parents croient vraiment, si leur foi est réelle et que leur religion n'est pas une singerie, les enfants vont s'apercevoir que leurs parents sont croyants. La croyance vraie, cela sort par les pores de la peau. Et une foi authentique des parents ne peut être que bénéfique pour les enfants. Un croyant, en effet, doit faire confiance à tout être humain et donc à son enfant, quoi qu'il arrive, même s'il est drogué, criminel, prisonnier. C'est cela la foi, croire qu'en chaque personne, quelle qu'elle soit, il y a une étincelle de Dieu. Une foi qui ne débouche pas sur plus de bonté, ce n'est pas de la foi.

R.N.D. : *Vous employez souvent les mots « pervers » et « perversion ». Qu'entendez-vous au juste par là ?*

F.D. : Si je parle souvent de perversion, c'est que malheureusement elle existe, et plus souvent qu'on ne le pense. Littéralement, le mot « pervertir » signifie « renverser ». Par perversion, j'entends en fait ce qui va dans le sens contraire de la croissance. Si vous voulez bien, je vais partir de deux exemples terre à terre. Vous avez un enfant qui pleure. C'est sa manière de s'exprimer. Normalement, il faut alors lui parler, même à distance, et il se taira, parce qu'il sentira qu'on s'intéresse à lui, bien qu'on ne puisse pas le toucher ou le remuer pour le moment. Mais on peut aussi lui clore le bec avec une tétine. Et cela est pervers, parce que, alors, on lui laisse croire qu'il pourra toujours dans sa vie trouver des tétines de remplacement. Plus tard, cela le poussera peut-être vers la drogue ou l'alcool. Parce qu'on lui a inculqué qu'il ne faut surtout pas se plaindre lorsqu'on est malheureux. Il faut plutôt se remplir la bouche de nourriture, de boisson ou d'un objet fétiche. Je parle alors de perversion parce qu'on n'est pas allé dans le sens du développement de l'enfant. Je prends un autre exemple. Tous les mammifères sont continents une fois que leur terminaison nerveuse est complète. Chez les animaux, cela prend à peine quelques jours, mais chez les humains, c'est beaucoup plus long, parce que cette terminaison nerveuse met plus de temps à se faire. Bien plus, avant de renoncer au plaisir de l'anus, l'enfant doit développer le plaisir des mains qui ont appris à manipuler des objets, comme la pâte à modeler, le sable, la boue, etc. En sorte que les mères qui essaient de rendre leur enfant continent avant le temps sont des mères perverses, parce qu'elles ne respectent pas le développement normal de leur enfant. Or, pour dire les choses autrement, on a alors une éducation perverse de ce qu'on appelle en psychanalyse le stade anal.

À partir de ces deux exemples, on peut aborder la question de la perversion dans tout le champ de l'éducation. Il y a perversion lorsqu'on ne va plus dans la ligne de la croissance de l'enfant. Et c'est ce qui arrive lorsqu'on élève un enfant pour soi-même au lieu de l'élever pour lui, pour son avenir à lui, que d'ailleurs nous ne connaissons pas et qu'il devra construire. L'éducation perverse ramène sans cesse au passé au lieu d'ouvrir constamment sur l'avenir. Ainsi, quand on élève un enfant pour qu'il nous plaise à nous, on ne l'éduque pas, parce qu'il faut plutôt l'aider à découvrir les personnes qui vont lui plaire et à qui il plaira. C'est pervers d'axer l'éducation sur le plaisir que les enfants pourraient faire à leurs parents. Le père et la mère ont à se faire plaisir mutuellement. Mais l'enfant, lui, doit se construire pour ensuite quitter sa famille et fonder la sienne à son tour. Il y a une grande vérité dans la formulation du commandement qui dit : « Honore ton père et ta mère. » Il ne dit pas : « Aime-les. » Car les parents ne sont pas d'abord là pour être aimés. Comme parents, ils sont là pour être efficaces et pour pourvoir au développement harmonieux de leurs enfants. Je ne dis pas que les enfants ne doivent pas aimer leurs parents. Tant mieux s'il y a de l'amour en plus. Ce que je veux dire, c'est que les humains ne sont pas faits pour s'agglutiner les uns aux autres, dans un cercle fermé. Ils sont faits pour progresser en développant des solidarités sans cesse renouvelées. Quand je parle de perversion, je parle de tout ce qui, en éducation, ne va pas dans le sens du progrès et du développement de l'enfant.

Problèmes de la petite enfance

Avec l'aimable autorisation
de Francis Martens et Rachel Kramerman,
février 1949.

Attitude intérieure générale vis-à-vis de l'enfant

Il est extrêmement difficile de parler de l'enfant comme d'une entité abstraite — car il n'y a que des cas particuliers, et, dans chaque cas, il faut considérer la nature de l'enfant, le milieu où il vit, ses possibilités propres, et celles qui lui sont laissées par la nature des parents, etc.

Cependant, on peut définir l'attitude intérieure générale à adopter vis-à-vis de l'enfant, quel qu'il soit, et qui que l'on soit. Le livre de Mme Pikler a précisément pour objet de faire prendre conscience aux parents de cette attitude. Mais Mme Pikler met surtout l'accent sur la conduite à tenir vis-à-vis de l'enfant qui en est au stade de l'expression motrice. Elle ne parle pas des interférences familiales. Or, il y a toujours un milieu familial (naissance d'un cadet, belle-mère, logement exigu, silence exigé par le travail de l'un, etc.) et l'on ne peut pas toujours observer les consignes qu'on s'est données... Mais, il faut bien se dire que la vitalité d'un enfant est inouïe ; il possède une richesse de vie qui, coûte que coûte, veut arriver à s'exprimer — même s'il n'est pas dans des conditions idéales. Et voici cette loi, absolument générale, qui doit dicter l'attitude des parents : il faut laisser l'enfant libre de s'exprimer, tel qu'il est, où il en est. Sans jamais ni forcer, ni contrecarrer son développement.

Comment donner un sens positif même aux conduites « négatives » (échecs, refus de l'enfant) ?

De zéro à deux ans, l'enfant s'exprime par des gazouillis, des jeux dans son berceau ou avec des coussins, dans son parc : il va courir des risques, mais il faut le laisser vivre, le laisser avoir ses épreuves. Beaucoup de parents ont peur de traumatiser leurs enfants et, sous prétexte d'éviter le traumatisme, se mettent dans des situations désastreuses. Voici un exemple récent, qui montre le danger que présente une interprétation erronée de la psychanalyse :

Un enfant de dix-huit mois attend le biberon que sa maman, légèrement en retard, lui prépare. Indisposé par ce retard, l'enfant se met à crier, trépigner, et refuse le biberon au moment où il lui est présenté. Que faire ? Le simple bon sens demandait qu'on laissât l'enfant crier — et libre de refuser son biberon. C'est d'ailleurs l'époque où l'enfant commence à refuser le lait, parce qu'il préfère la « nourriture d'adulte ». La suppression d'un biberon n'aurait d'autre part aucune conséquence sur sa santé. Mais la maman n'est pas seule : atmosphère d'énervement. De plus, une des personnes présentes est un expert en psychanalyse : « Si vous le laissez refuser son biberon, vous ne serez plus maître de cet enfant, c'est lui qui vous dominera. »

La mère, subjuguée, entreprend une lutte inutile avec l'enfant pour le forcer à prendre son biberon. Finalement, l'expert asperge d'eau froide la tête du bébé, qui crie de plus belle, suffoque, a besoin d'un refuge, et se calme dans les bras de sa mère, qui réussit alors à lui faire avaler son biberon.

Que s'est-il passé ? Sous prétexte d'éviter que la colère initiale ne traumatise l'enfant et ne marque définitivement son comportement vis-à-vis de sa mère, on a produit un traumatisme infiniment plus violent. Mettre la tête de l'enfant sous le robinet a provoqué une sorte d'asphyxie qui a réitéré le traumatisme de la naissance (établissement de la respiration). Il s'est produit une « régression » chez l'enfant : ramené à l'état de petit bébé, il a besoin de l'enveloppement maternel, et ne se calme que bercé, comme un tout-petit, par sa maman. C'est donc au prix d'une régression dans son développement qu'on a obtenu qu'il ne refuse pas son lait.

En réalité, cet enfant se trouvait à l'âge oral où l'on a beaucoup de peine à s'exprimer. Il attendait son biberon, ce qui créait en lui un état intense de tension affective qu'il ne pouvait exprimer qu'en criant. Il fallait qu'il supprimât cette tension en l'exprimant pour se calmer, et pouvoir ensuite avaler. Car de toute évidence, il ne pouvait à la fois hurler et ingurgiter. Il était donc nécessaire d'attendre qu'il ait exprimé cette tension, nécessaire de le laisser crier, nécessaire de le laisser libre de dire non. C'était la seule façon de lui permettre de dire « oui » par la suite. Comme va le confirmer cet autre cas. Il y a, en effet, possibilité de donner un sens positif à l'attitude de refus d'un enfant.

Il s'agit ici d'un petit garçon de trois ans qui avait

été invité à assister à la fête de Noël dans une école maternelle parce que ses parents connaissaient le directeur. Il y eut une distribution de jouets et, naturellement, le petit invité ne figurait pas sur la liste des enfants de l'école qu'on appelait à tour de rôle. Le petit, entre son père et sa mère, applaudissait comme tout le monde chaque fois qu'un enfant recevait son jouet, mais ses parents sentaient bien à quel point il se tendait de plus en plus au fur et à mesure que la distribution s'avançait. C'est un enfant plein de volonté et il « se tenait » pour rester digne et calme. À la fin de la distribution, le directeur ami intervint : « Comment, tu n'as pas eu de jouet ? On va réparer ça. Tiens, ce pingouin te plaît-il ? » L'enfant, qui jusqu'ici n'avait rien dit, éclate en pleurant : « Tu es méchant, méchant. Non, je n'en veux pas. » Et il donne un coup de poing qui envoie promener le jouet.

C'est exactement la même attitude que dans le premier cas : lui aussi avait trop attendu. Seulement son père a eu alors une réaction tout à fait compréhensive à son égard, et, au lieu de dire comme la plupart des parents : « Voyez comme il est vilain, on veut lui faire plaisir et il se met en colère », il lui a dit très gentiment : « C'est très bien. Tu as été très courageux, tu as attendu jusqu'à la fin sans rien dire » — prouvant ainsi à l'enfant qu'il avait pris part à l'angoisse montante de celui-ci. Les parents emmenèrent le petit, sans autre commentaire. Mais le soir, sa maman lui dit : « Tu sais, je l'ai quand même pris, le pingouin. Tu en as envie ? » Le petit fut cette fois tout joyeux en recevant ce jouet qu'il avait, on peut le dire, héroïquement gagné, et qui prit aussitôt une place privilégiée parmi ses autres joujoux.

Que s'est-il passé ? Quelque chose de très fréquent. L'enfant était à un âge où ses émotions, tout ce qu'il ressent, s'expriment par une tension motrice. Il désirait un jouet, mais le moment arriva où il fut trop tendu pour pouvoir le recevoir. Il fallait que cette hypertension s'exprimât, et s'exprimât violemment — d'où son refus — pour qu'il pût, ensuite, recevoir l'objet convoité. Il fallait laisser à l'enfant la liberté de refuser, pour qu'il ait celle de recevoir. C'est d'ailleurs une loi générale.

Pour apprécier une pareille attitude de tension, on ne doit pas faire intervenir les notions de bien et de mal, mais cette simple constatation : c'est humain. Et l'on doit bien savoir que, si l'on n'a pas pu exprimer dans son enfance la liberté de refuser, on n'aura jamais, non plus, celle de recevoir.

Les vérités psychologiques de cet ordre que l'on découvre ont quelquefois l'air de heurter le bon sens. Mais le heurtent-elles en fait ? Prenons un exemple : on veut que l'enfant soit bien élevé et l'on exige — de trop bonne heure — qu'il prenne de « bonnes habitudes ». Qu'arrive-t-il ? On obtient par dressage l'acquisition d'habitudes de vie civilisée chez l'enfant — et l'on en fait un singe savant. Si bien que, dans les cas les plus favorables, on assiste vers sept ou huit ans à une véritable réaction de l'enfant qui cherche à retrouver sa liberté en rejetant (inconsciemment souvent) tout ce qu'on lui a appris. Exemple : l'enfant qui a été dressé à la propreté se met inopinément à mouiller son lit.

C'est que la vie est plus forte que toute éducation : les instincts sont là, on ne peut aller contre.

La véritable éducation est précisément celle qui permettra à la vie de se développer sans obstacle et à l'enfant de connaître ses instincts pour s'en rendre maître, et non pas pour être leur prisonnier, ni celui de l'opinion d'autrui.

Faire confiance à la nature

J'ai eu l'occasion de constater que, dès huit ou dix jours, le nouveau-né est capable de choisir la nourriture qui lui convient le mieux. C'était pendant une période de grosse chaleur. L'enfant était nourri au lait de vache coupé d'eau et, comme le coupage ne lui convenait pas, il refusait le lait pour préférer l'eau claire — jusqu'au jour où l'on sut trouver la proportion qui lui assurait la boisson plus légère que son organisme demandait.

Éviter les chocs émotifs

Mais prenons l'exemple de l'enfant qui jusqu'à six mois n'a pas eu d'anicroches et s'est élevé tout seul. Tout normalement vers six mois apparaît la difficulté de s'exprimer. L'enfant s'agite pour qu'on vienne à lui dans son berceau, commence à vouloir se faire comprendre — et pleure fréquemment. L'attitude de la mère est ici très importante. Elle ne doit pas « tenter » le bébé et l'épuiser par des chocs émotifs réitérés. Par exemple : l'enfant est calme dans son berceau. La maman vient le voir. Le bébé pleure dès qu'elle s'en va. Mais il ne pleurait pas lorsqu'il ne la voyait pas. C'est la venue de la mère qui a favorisé la formation de cette « onde de rupture » et la crise de larmes qui s'en est suivie.

Il faut donc apprendre à laisser l'enfant se distraire seul — le surveiller de loin (à travers une porte vitrée, par exemple) mais sans lui imposer le passage de la joie de notre présence à l'épreuve de l'absence. À la rigueur, lorsque autour du berceau s'agitent grand-mères et parents, savoir associer la présence de la personne à un joujou : on vient, on joue avec le bébé, on lui donne un amusement, une occasion de s'occuper (jouet, chiffon, papier de couleur, etc.) et on peut le quitter sans provoquer de déception. Chacun a eu sa compensation.

Le signe que l'enfant développe harmonieusement ses possibilités dans le sens de la vie, ce n'est pas son « savoir » de bébé que l'on a dressé à faire les marionnettes ou à dire son nom, mais bien sa mimique, son expression ouverte, vivante, mobile.

Que faire pour assurer cette liberté d'expression ?

Le lit à barreaux

On voit des enfants qui, même très petits, se concentrent sur quelque chose qu'ils mettent dans leur bouche et sucent (pouce, joujou, drap, sucette...). Pourquoi ? C'est, bien souvent, que le bébé s'ennuie. Les bébés ne doivent pas avoir un tissu opaque autour de leur lit. L'enfant a besoin de lumière, de mouvement autour de lui, de distraction. Un lit à barreaux au travers desquels il voit « bouger » dans la pièce est tout à fait préférable et cela très tôt, car dès trois mois l'enfant est apte à s'intéresser aux choses, et il faut, dès lors, lui permettre de suivre l'objet, la lumière, etc. Il n'aura pas, dans ces conditions, un sentiment d'abandon lorsqu'on le quittera.

La gymnastique libre

Lorsqu'il est un peu plus grand, on doit laisser l'enfant exercer librement son corps : rouler, ramper, s'arc-bouter, se dresser avec appui, etc. Assez vite, l'enfant se fera mal, mais ce qui donnera à l'échec un signe positif ou négatif, c'est l'attitude de la mère vis-à-vis de l'enfant. Ne jamais dire : « C'est mal. » Dire : « C'est maladroit. Mais ce n'est pas défendu : c'est plus risqué. » Et aider l'enfant à faire lui-même mieux qu'il n'avait réussi à faire au premier essai. Mais surtout, bien savoir que, pour le mouvement comme pour la faim, l'enfant se règle lui-même. Le mieux est de le laisser faire lui-même ses expériences, ce qui d'ailleurs le rendra extrêmement prudent. Si, au contraire, on ne le laisse pas subir les échecs légers et progressifs qu'il doit rencontrer normalement, il sera incapable d'une conduite adaptée lorsqu'il se trouvera d'un seul coup devant une expérience difficile car il n'y aura pas été préparé. Par exemple, l'enfant qui apprend à marcher doit être passé, auparavant, par différentes étapes (se rouler, ramper, tomber...). Bien des parents ont tellement pris de précautions pour l'empêcher de tomber qu'une chute brutale et inattendue — maladroite parce que l'enfant n'aura pas pris progressivement possession de son corps — peut provoquer un traumatisme, et empêcher l'enfant de faire des essais et des progrès pendant quelque temps.

La découverte du corps libre, et les problèmes qu'elle pose pour les mamans

L'enfant aime être nu. Sans doute parce que c'est la nature du petit d'homme d'être tout nu. Les mamans s'inquiètent toujours de voir les enfants découvrir leurs propres formes (risque de masturbation, etc.). C'est bien inutile : l'enfant découvre ses organes génitaux comme il a découvert son nez ou ses oreilles. S'il se met à poser des questions, il faut lui répondre franchement, en lui permettant d'exprimer son intuition. S'il pose une question, c'est que son attention a été éveillée, et qu'il a plus ou moins déjà l'idée d'une réponse : favoriser l'expression de ce qu'il a senti, vu, deviné, l'amener à dire ce qu'il pense lui-même, telle doit être l'attitude de la maman. C'est ainsi qu'il fera peu à peu la découverte de la vie sexuelle au rythme de son propre développement et non d'après ce qu'en pensent les adultes, souvent en avance ou en retard pour suivre l'évolution de l'enfant dans ce domaine.

Pour les petites filles, il y a souvent une blessure d'amour-propre — qui s'accompagne d'admiration pour l'autre sexe — quand elles s'aperçoivent qu'elles n'ont pas « autant » que les garçons. Il faut en parler aux petites filles : leur faire comprendre que toutes les petites filles et toutes les femmes (« nous, les femmes... ») sont ainsi faites, leur accorder que « c'est très ennuyeux », si elles le jugent de cette manière, mais que c'est un fait. La fillette accepte d'ailleurs très vite cette « anomalie », et c'est au moment même de ce complexe de castration phallique que l'on voit naître chez elles le goût des poupées. Désormais, la petite fille ne s'inquiète plus de ce problème.

C'est au même moment qu'apparaît chez certains enfants un goût plus prononcé pour leurs excréments — surtout chez les filles. Ne pas s'inquiéter si l'enfant se met à crier, dans un moment d'excitation ou d'émotion : « caca, caca », pour extérioriser la tension heureuse ou malheureuse qu'il éprouve. On peut d'ailleurs remarquer qu'une expression analogue, devenue célèbre à Waterloo — et héroïque ce jour-là —, permet en temps ordinaire à l'adulte d'extérioriser lui aussi une trop grande tension difficile à exprimer autrement.

Le mieux est de savoir donner à l'enfant des « activités de compensation » qui canalisent son énergie, tout en lui laissant la possibilité de l'exprimer : piquage, collage, découpages, gribouillage, modelage, coloriage, constructions, guignols (voir album du Père Castor), créativité, méthodes nouvelles et participation libre aux activités des adultes dans la mesure de ses moyens.

La question de la propreté de l'enfant

Elle est à l'origine de bien des malentendus entre le tout-petit et l'adulte. Beaucoup de mamans exigent que l'enfant aille à la selle à heures fixes, ce qui demande une contention forcée dont l'enfant n'est pas toujours capable — surtout si son attention est attirée ailleurs. Il ne faut surtout pas exagérer la valeur accordée à l'évacuation excrémentielle, et il faut bien savoir qu'avant deux ans l'enfant, d'une part, ne possède pas un contrôle musculaire suffisant de son corps pour assurer définitivement sa discipline sphinctérienne et, d'autre part, n'est pas de taille à fixer simultanément son attention sur deux tâches à la fois. Un objet l'intéresse, son corps ne l'intéresse plus : l'attention dont il usait pour penser à être propre passe immédiatement au service du nouveau centre d'intérêt, au détriment du premier... On peut considérer qu'un enfant est capable d'être à la fois au four et au moulin, au moment où il est suffisamment maître de son corps pour monter une échelle de cinq marches : dès lors le contrôle des muscles — et des sphincters — est acquis.

Mais encore faut-il que cette discipline soit acquise « librement »... et combien de parents n'attendent pas le moment favorable physiologiquement pour imposer des règles de propreté à l'enfant ! Une propreté précoce est toujours louche, et sujette à des « accidents » ultérieurs. Comme en témoigne l'exemple, entre mille, de cet enfant propre dès douze mois. À quatre ans, émerveillé en arrivant en classe, à l'école maternelle, il inonde le plancher. La mère furieuse insiste auprès de la maîtresse : « Vous serez très sévère s'il recommence ! » Conduite désastreuse, qui accentuait le trouble de l'enfant. Dans un cas de ce genre, il faut surtout éviter que l'enfant ne se sente coupable, afin qu'il redevienne propre très vite à nouveau — et lui dire par exemple, à cet effet : « Tu faisais tellement attention à ce que tu voyais, tu as oublié... et tu ne l'as pas fait exprès. »

Cette éducation des sphincters est d'autant plus importante, qu'elle met en jeu toute l'agressivité liée à la sexualité. Aussi faut-il absolument attendre d'être sûr que l'enfant est capable d'une discrimination parfaite de ses muscles et de son corps dans ses autres jeux (adresse manuelle, contrôle de ses gestes) pour exiger de lui qu'il tente l'effort vers la propreté.

Cette période est souvent celle où l'enfant aime faire quelque chose pour quelqu'un. Il faut en profiter — mais non pour exiger de lui qu'il aille à la selle pour faire plaisir à l'adulte. C'est un malentendu fondamental de considérer que la propreté est la chose essentielle à cet âge. Il faut, au contraire, utiliser dans un sens positif le désir de l'enfant de faire quelque chose pour l'adulte (faire une commission, fermer une porte, apporter un livre, etc.). Approuver dès qu'il y a apparence de quelque chose de valable pour l'adulte. Il faut entrer dans le jeu, aider l'enfant à se construire, en lui apprenant à s'associer au rythme de la vie de l'adulte qu'il aime, par tous les moyens ; la propreté est un de ces moyens et pas plus. C'est également le début de l'industrie... C'est à l'âge de deux ans qu'apparaît ce goût qui permet toute la créativité valable de l'apprenti civilisé en se servant de son énergie musculaire à condition que l'exercice libre de la motricité ait été assez longtemps laissé au bon plaisir de l'enfant.

Le début de l'éducation sexuelle

Passons enfin à une dernière difficulté : le stade où l'enfant se touche dans son lit. C'est le moment où il découvre que la région uro-génitale n'est pas seulement au service des besoins excrémentiels, mais aussi au service du plaisir. Il est très dangereux alors que l'adulte se mêle de la vie sexuelle de l'enfant pour désapprouver, blâmer, interdire. Il risque en effet de provoquer un traumatisme qui peut avoir des répercussions sur toute la vie sexuelle ou affective de l'enfant, même devenu adulte. Surtout, il oblige l'enfant à attacher de l'importance à des gestes qui pour lui sont encore sans signification : c'est de la vie animale et pas autre chose. Y introduire une interdiction, un tabou, c'est faire du mal à l'enfant — souvent le faire passer du sain au malsain, du normal au pathologique.

C'est également avec cette idée d'une chose saine, normale, que l'on pourra, sans ambages, parler de la naissance aux enfants. Partir de l'exemple du poussin sorti de l'œuf pondu et couvé ensuite par la poule, pour passer au petit enfant, né de la fusion de deux demi-graines, l'une venue du père (« plus tard tu sauras comment »), l'autre venue de la mère, formant un petit œuf humain qui pousse dans le ventre de sa mère. Il se chauffe dans le corps de la maman avant de naître. Expliquer clairement, sans faire un cours d'obstétrique hors de la portée de l'enfant. (Certains enfants, par exemple, livrés à leur propre imagination, font de l'angoisse à l'idée qu'il faut que le cœur de la mère éclate pour que le bébé puisse naître, ou envisagent les opérations les plus sadiques.)

Naturellement, il ne faut pas devancer l'enfant dans la façon dont il se pose les problèmes. Et l'on peut terminer sur cette loi générale : il faut prendre l'habitude de ne pas imposer un avis à l'enfant. Là encore, le laisser libre. Même lorsque son attitude est liée à une fonction vitale. Ne pas lui dire, par exemple : « C'est bon, il faut manger », mais se fier au besoin que l'enfant a d'imiter la grande personne pour s'accomplir : « Si tu as faim, mange : moi je trouve cela bon ; ce serait plus agréable si tu l'aimais. » La loi se complète donc ainsi : « Laissez votre enfant libre, mais soyez libre aussi. Empêchez votre enfant de vous gêner dans votre activité, mais ne le gênez pas dans la sienne. »

La nourriture des tout-petits et le sevrage

L'Enfant et nous, 1950.

Le lait de sa propre mère est le seul aliment parfaitement adéquat à la nutrition et à la croissance du nouveau-né. On l'a dit, déjà, mais on ne le dira jamais assez. Après l'intimité d'échanges vitaux communs entre la mère et l'enfant que représentent les neuf mois de la vie intra-utérine, la naissance — qui fait de l'enfant une créature autonome par la respiration et la circulation — le laisse misérablement fragile. La présence de sa mère, le lait de sa mère, l'amour de sa mère lui appartiennent et ne doivent pas lui être ôtés.

On peut invoquer de nombreuses considérations physico-chimiques, mais elles ne font qu'appuyer le bon sens des empiriques. Ce nourrisson fragile a non seulement besoin de soins maternels, de chaleur, de calme, de protection — que quiconque pourrait lui donner — mais il a besoin du climat sensoriel et psychoaffectif de celle qui est pour lui la première nourriture, qui est sa terre vivante. Les progrès de la technique ont permis de sauver la vie à des milliers de nourrissons qui, privés du lait de leur mère pour des raisons diverses, ne pouvaient survivre autrefois. Mais, si parfaitement préparé qu'il soit, aucun lait frais ou conservé ne vaut pour le bébé le sein de sa mère.

Quant aux quantités à donner, on sait que pour le bébé au sein, il n'est pas d'autre règle que son appétit et son propre rythme.

Lorsque la mère a du lait en quantité suffisante, il n'est donc plus de problème, sauf le choix du moment où le sevrage devra commencer. Les récentes recherches de psychologie ont fait découvrir des troubles névrotiques des enfants ou des adultes qu'on a pu rattacher à un sevrage mal vécu. Le sevrage, en effet, est une étape du développement comparable à une seconde naissance. On a malheureusement souvent exagéré les ravages du complexe de sevrage, et j'ai vu des futures mères décidées à ne pas nourrir leur enfant pour ne pas avoir à le sevrer et ainsi, pensaient-elles, échapper au risque d'un complexe de sevrage. Cette attitude absurde est comparable à celle de ces parents, que j'ai vus, qui évitent à leurs enfants toute allusion à la mort afin qu'ils n'aient pas peur d'elle.

Le sevrage est une étape physiologique et psychologique importante ; il s'agit de la vivre au bon moment, c'est-à-dire quand le besoin d'une nourriture plus substantielle se fait sentir, au moment où l'apparition des dents et la faculté de mettre des objets à la bouche est acquise. C'est-à-dire vers sept à huit mois. Il s'agit de passer cette épreuve en bonne intelligence avec la mère. Pour la commodité des mères, dans notre société, et pour leur santé, car la mère n'est pas seulement nourrice — elle est aussi chargée de besognes —, on admet que les premières bouillies au lait de vache sont bienvenues à quatre mois. Pour l'enfant au sein, il

y a plusieurs étapes au sevrage : le premier biberon de lait de vache, avec une tétine en caoutchouc, la première bouillie, à la cuiller — et enfin
la nourriture variée, consommée sans le secours
de la mère. Il y a des enfants qui n'acceptent
jamais la tétine artificielle et qui passent directement du sein à la cuiller et à la timbale, conservant
encore le sein une ou deux fois par jour si leur
mère a du lait. De toute façon, le sevrage sera progressif. Nous en reparlerons plus loin.

Pour les enfants qui, pour une raison ou une
autre, doivent être à l'allaitement artificiel, se
posent dès le début pour les mères les problèmes
de qualité, de quantité, de rythme des repas. On
aura toujours raison de suivre les conseils éclairés
du médecin ou de la sage-femme, mais, si les
normes sont bonnes à connaître, elles ne doivent
pas non plus être suivies obsessionnellement.
Combien de fois n'entendons-nous pas les mères
de superbes bébés se plaindre de ce qu'ils n'ont pas
« leur » poids, ou qu'ils ne mangent pas tout ce
qu'ils « devraient », ou d'autres les laisser crier la
faim ou la soif, par souci des barêmes. N'oublions
pas qu'un être humain en bonne santé mange
parce qu'il est en bonne santé, et non parce qu'il
« doit » manger. Un dicton populaire veut que le
bébé demande son repas : c'est-à-dire qu'on
attende le cri qui traduit la faim avant de le nourrir. On a, aux États-Unis, fait une expérience portant sur deux cents enfants d'une bourgade qui,
dès leur naissance, ont été laissés sans qu'aucun
réglage a priori soit prévu pour les heures de
tétées. On attendait le réveil et le cri de faim.
L'expérience a montré que le rythme de l'espacement variait entre deux heures trois quarts et

quatre heures et demie, dans les cas extrêmes ; en moyenne, les enfants réclament spontanément leur repas après des intervalles de trois heures quinze à trois heures quarante-cinq.

Tel est l'espacement à peu près régulier de l'enfant sain. Quant aux doses que l'enfant a besoin de prendre, elles dépendent de la qualité du lait. L'appréciation de la bonne santé, des échanges suffisants et physiologiques d'un nourrisson — qu'il soit au sein ou au biberon — se fait sur la qualité des tissus, peau, muqueuse et chairs, leur couleur et leur turgescence, leur élasticité, le poids comparé à l'âge et à la taille, ainsi que sur la régularité des rythmes du sommeil et de la veille, la régularité et la saine apparence des évacuations excrémentielles, la tonicité du bébé et l'état de sa fontanelle, la vivacité de ses mouvements, la qualité de son regard et de son cri.

Si l'enfant a besoin d'une nourriture adéquate, reçue au rythme qui lui convient, il a besoin aussi, pour être en bonne santé, d'un climat affectif harmonieux : les moments consacrés à la nourriture sont les moments les plus importants des rapports de l'enfant avec la mère, parce que ce sont pour lui des moments de satisfaction organique. Si la mère est anxieuse, pressée, tendue, obsédée de mille détails, au lieu d'être calme et affectueusement attentive à son enfant, l'enfant sensible peut subir par contagion le climat nerveux que répand sa mère. Il boit l'angoisse avec le lait. Il y a une influence directe de la mère sur l'enfant qui ne s'explique pas, mais que l'on constate dans les films de plus en plus nombreux que l'on peut voir sur l'observation des nourrissons, de leurs rapports avec leur mère et de leurs conséquences dans la formation de leur personnalité. Je connais une maternité où, de quatre mois en quatre mois, les enfants changent de berceuse. Chacune des jeunes élèves a la charge de quelques nourrissons. Puéricultrices et bébés sont en uniforme. À la visite du médecin, le jeu est de reconnaître le groupe de bébés appartenant à chaque jeune fille : les bébés se mettent, disent-elles, à « ressembler » à leur berceuse. Il ne s'agit pas, bien entendu, d'une ressemblance de traits, mais bien d'un climat expressif, d'une qualité de vitalité que, quelles que soient son hérédité et sa santé, chaque bébé reçoit, tel un aliment affectif de celle qui s'occupe de lui.

Autant que de nourriture matérielle, l'enfant très petit, plus encore que le grand bébé qui, lui, a déjà d'autres moyens de contacter le monde, a besoin d'une nourrice gaie, patiente, aux mouvements sans brusquerie. La sécurité — sécurité végétative que la présence de sa mère ou, à défaut, d'une femme maternelle, stable et qui ne change pas pendant le courant de la première année —, voilà la condition psychique et sociale qui est favorable à l'équilibre de l'enfant dans l'avenir.

Le docteur Spitz, éminent psychanalyste de New York, a montré dans des films inoubliables le traumatisme indélébile qui marque le petit humain séparé de sa mère pendant le courant de la première année.

Or, dans le complexe de sevrage, il s'agit non seulement de troubles dus à ce que l'enfant est frustré de la nourriture liquide tiède arrivant dans la bouche par succion du sein ou d'une tétine — mais aussi de l'épreuve de frustration de présence de la mère, laquelle souvent profite du changement de nourriture pour être moins présente au petit, qui aurait justement à ce moment un plus grand besoin d'elle en dehors des heures des repas, pour cette nourriture affective et sensorielle que sont pour un bébé la présence et les menus échanges de jeux, de caresses, de sourires et de voix qu'il a avec sa mère.

Le sevrage doit être progressif. Si l'enfant est au sein, il y a intérêt à ce qu'il soit tout à fait terminé à dix mois, un an au plus tard. Afin d'éviter les morsures du sein, au moment des poussées dentaires, incidents pénibles pour la mère et qui peuvent avoir de fâcheuses conséquences pour l'enfant, à cause de l'angoisse que réveillent en lui la gronderie et la douleur de sa mère, on a intérêt à parer au risque de morsure par un baume dentaire dont on frictionne les gencives avant la tétée, les jours de douleur. À part cet inconvénient, la continuation d'une tétée par jour, si la mère a encore un peu de lait, n'a rien de mauvais pour l'enfant tant que mère et enfant y trouvent satisfaction.

Quant aux enfants élevés au biberon, ne soyons pas non plus sectaires. L'âge du sevrage de tout biberon ne doit pas être précoce. Un grand enfant de cinq ou six ans qui boit encore à la bouteille avec une tétine est un arriéré affectif, mais ce symptôme régressif est peut-être pour lui dans sa journée une consolation importante dans une situation générale familiale qui lui rend impossible, par ailleurs, l'accès aux conquêtes des enfants adaptés de son âge. D'autre part, certains enfants très réellement adaptés, qui prennent aux repas, comme père et mère, une nourriture variée, aiment parfois retrouver leur biberon au repas qui suit leur sommeil, ou à la fin d'un repas quelconque, ou encore après quelques semaines

d'oubli complet du biberon, à l'occasion d'un flé-
chissement de santé. Il n'y a aucune raison de leur
supprimer ce « biberon vestige ». Bien sûr, il ne
faut pas le favoriser systématiquement, mais il faut
se garder aussi de l'attitude contraire normali-
sante. Le bon sevrage est celui que l'enfant fait tout
seul et librement. Le sevrage imposé est toujours
mauvais et source de conflits inconscients.

Pour terminer, voici quelques exemples qui
feront comprendre mieux que de grands discours
le rôle psycho-affectif de l'alimentation par succion
dans la structure de la personnalité chez l'enfant.
C'est le cas de ce petit Robert, nourri au sein pendant huit mois par sa mère, puis gardé et soigné
par elle jusqu'à l'âge de cinq ans sans jamais présenter de difficultés de sevrage, ni d'alimentation,
ni de caractère. À l'âge de cinq ans, il fut confié à
ses grands-parents à la campagne et resta deux ans
sans voir sa mère. Son attachement à celle-ci semblait sans conflit, il ne paraissait pas souffrir de son
éloignement. Quand il eut sept ans, sa mère vint le
voir. Du plus loin qu'il la vit, il courut vers elle et,
se précipitant dans ses bras, lui ouvrit son corsage
et chercha la tétée.

Une autre enfant de cinq ans et demi que j'eus à
soigner, abandonnée vers l'âge de un an par sa
mère, mise à l'Assistance publique, adoptée à cinq
ans environ par une bonne mère adoptive qui
l'avait nourrie artificiellement, ne trouvait pas de
contact réel avec elle, pas plus qu'avec l'entourage
(c'était la raison pour laquelle on la faisait soigner). Après quelques séances de psychothérapie,
le premier geste d'amour, sans paroles, qu'elle eut
pour sa mère adoptive fut d'ouvrir son corsage et
de la téter avec tendresse.

Je citerai aussi le cas d'un garçon de trois ans et demi, nourri au lait de vache dès la naissance et sevré progressivement à partir de six mois, qui avait pris son dernier biberon vers dix-sept mois. Il était très adapté au point de vue moteur et verbal. À trois ans et demi, il fut opéré d'urgence pour une appendicite grave. Au réveil, pas de soif. Le lendemain, malgré une fièvre à 40° C, pas de soif. Le troisième jour, l'enfant, pressé de boire et refusant toujours, demanda son biberon. Il ne savait plus téter ; mais la jubilation muette qu'il mit à boire passivement le biberon, yeux mi-clos, interrompant sa rêverie d'un regard reconnaissant accompagné d'un « c'est bon », lui permit de récupérer d'un coup son tonus. Le soir, la température était tombée. Plus jamais, le biberon étant pourtant là, il ne le désira.

Ne faites pas du plus jeune le « petit dernier »

Femmes françaises[1],
27 avril 1946.

On entend dire couramment : « Deux filles ou deux garçons rapprochés, c'est commode, cela s'élève plus facilement. » Peut-être, mais attention ! Attention à ne pas freiner le développement ni l'émancipation de l'un d'eux sous prétexte de leur âge rapproché. Ces deux enfants peuvent avoir des natures et des besoins très différents. Ne cédez pas à la tentation de les élever en paire, en jumeaux. Ne retardez pas l'aîné pour qu'il « attende son frère » dans la vie : école, pension, distractions. N'avancez pas le second pour qu'il soit avec son frère. Plus les enfants sont rapprochés, plus il faut veiller à agir avec eux de façon très différente, sinon des troubles de la personnalité surgiront chez l'un ou chez l'autre tôt ou tard. Dans ce cas plus encore que dans le cas d'enfants d'âges éloignés, ne cédez pas à la tentation d'agir de la même façon vis-à-vis de chacun d'eux. Traitez-les chacun comme vous jugez qu'ils doivent l'être, mais ne cédez pas aux revendications qui résultent de comparaisons au désavantage de l'un ou de l'autre. S'il le faut, vous décrétez que vous êtes injuste et qu'ils n'ont pas de chance d'avoir une mère pareille, mais vous n'entamez pas la discussion, vous acceptez les reproches qui vous sont faits.

Le dernier de la famille : vous savez combien souvent cette place est réputée pour être celle de l'enfant gâté. Être gâté, ce n'est pas drôle. Cela signifie que le dernier se doit de rester enfant le plus longtemps possible, afin de donner l'illusion à sa mère qu'elle reste jeune. Si sa nature peut s'en accommoder, les épreuves seront pour plus tard. Dans la vie, il aura toujours l'impression d'être frustré, car il n'est pas armé pour lutter et il a besoin de protection. Si sa nature s'accommode difficilement de ce puérilisme imposé, il présentera des troubles psychiques, des troubles de caractère ou même des troubles de santé. Par tous les moyens, luttez contre l'habitude des aînés et la vôtre de surnommer le dernier le « petit » frère ou la « petite » sœur, surnom qui leur reste péniblement.

De toute façon et quels que soient les âges de vos enfants, ne cédez pas au désir de les habiller de la même façon ; c'est heureusement un peu plus difficile actuellement qu'autrefois, mais c'est une tentation néfaste à laquelle beaucoup de mères cèdent. Combien d'enfants souffrent de cette sujétion. « C'est plus gentil ! » disent les mamans. C'est leur instinct de possession qui parle, elles sont heureuses de voir leurs enfants en uniforme, avec leur « marque de fabrique », pourrait-on dire. Vanité puérile. C'est un détail de la toilette, mais si c'est un détail qui souligne systématiquement encore la dépendance des enfants les uns à l'égard des autres, c'est un détail destructeur de personnalité. Bien entendu, n'évitez pas non plus systématiquement de les habiller pareillement, il y a parfois des occasions de tissu ou de vêtements en série dont il est avantageux de profiter mais que ce soit par occasion et non par choix chaque fois que cela vous est possible ; laissez l'enfant choisir ce que vous lui achetez, à moins que l'enfant ne vous dise lui-même que cela lui est indifférent, mais cela est rare.

De même pour la coiffure de vos filles et de vos fils. À condition qu'ils aient les cheveux propres, toutes les coiffures doivent leur être permises. C'est souvent le premier signe de la naissance du sentiment de sa personnalité qui se manifeste dans le choix d'une coiffure à l'imitation de tel ou telle camarade, dans la recherche du changement. Donnez votre avis, mais, en même temps, laissez l'enfant libre d'en avoir un autre.

Vous me direz que ce sont de bien petites choses, mais la vie est faite de ces petites choses qui peuvent gâcher ou épanouir la jeunesse parce qu'elles sont des symboles de contrainte ou de liberté, du droit à se sentir soi ou de l'obligation à être un jouet du bon plaisir de maman.

Conflits entre les enfants d'une même famille

Femmes françaises,
30 mars et 6 avril 1946

Une lectrice nous écrit, pour nous demander des conseils sur l'attitude à prendre devant les conflits entre les jeunes enfants d'une même famille. Cette même lectrice nous demande aussi des conseils sur ces questions de bonne harmonie entre frères et sœurs à l'âge individualiste. Ces deux questions n'en font qu'une, car la différence d'âge ne fait rien aux raisons profondes des conflits.

Je crois que ces questions ont une portée générale, c'est pourquoi nous répondons ici. Comme dans tous les troubles de l'harmonie familiale, il y a deux aspects au moins dans l'attitude à prendre :

— comment prévenir cet état de choses ;
— comment y remédier.

Comment prévenir les rivalités entre enfants d'une même famille ?

Tout le monde sait que c'est l'arrivée d'un petit frère ou d'une petite sœur qui amène le désarroi dans la vie de l'aîné jusque-là sans rival. Ordinairement, devant l'attitude hostile de l'aîné devant le nouveau venu, on le gronde, on le raisonne, on essaie de lui prouver doucement ou rudement que son comportement est égoïste, laid et déplaît à l'adulte.

Quelle grosse faute !

Dans les cas dits « favorables », l'aîné, après une période difficile de caprices, de perte d'appétit, de petits malaises, parfois de reprise de pipi au lit et même dans la culotte, semble se désintéresser de cette rivalité. Il supporte le nouveau venu, puisque c'est à ce prix qu'on ne le gronde plus, mais la jalousie qui ne se montre plus n'en est que plus sourde et plus profonde, et elle rend l'enfant vulnérable pour de longues années aux moindres inégalités de comportement de l'adulte, surtout quand l'inégalité semble être à son désavantage.

Au contraire, la manière de prévenir cette jalousie des aînés dans la petite et la grande enfance est de permettre à l'enfant d'exprimer tout son dépit de voir venir puis grandir un rival ; de ne jamais l'en gronder, mais de le plaindre toujours quand il se plaint d'être moins aimé ou de risquer de l'être à cause du nouveau venu. Lui seul connaît son épreuve, vous ne pouvez pas la diminuer par persuasion, vous ne pouvez que lui affirmer que vous le comprenez et que c'est en effet très pénible. À la grande surprise des parents à qui j'ai conseillé cette attitude, l'aîné, après avoir touché le fond du désespoir, sans camoufler, sans truquer, se met très vite à justifier le nouveau venu : « Mais non, c'est pas vrai, qu'il est assommant, il est très mignon ! » Que la mère ne pousse pas encore l'enfant dans ce sens, qu'elle dise : « Crois-tu ? », à la rigueur : « Tu as peut-être raison ! » Quelques jours après, le nouveau venu sera définitivement adopté, et pour la vie entière. Parce qu'on a laissé l'aîné traduire sa souffrance sans lui ôter l'estime de soi (ce qui est le cas lorsqu'on blâme l'enfant de se montrer jaloux). Si c'est le plus petit qui, en grandissant, se montre jaloux de l'aîné ou des aînés, on peut prévenir l'aggravation de cet état de la même façon : permettre l'expression de cette jalousie, ne jamais essayer de compenser par une attitude affectueuse, câline (qui serait en effet la preuve qu'il est un petit à consoler), la souffrance de n'être pas un grand.

Cette consolation momentanée aggraverait le mal et, à votre surprise, l'enfant serait de plus en plus jaloux et, en même temps, de plus en plus bébé.

L'attitude secourable est d'écouter l'enfant se plaindre et de lui dire qu'il a raison, que les inégalités sont bien dures à supporter et que vous le comprenez. Si vous-même ou son père avez été enfants avec un frère ou une sœur plus âgés, vous pouvez dire que vous avez connu la même situation pénible et que, maintenant que vous êtes devenus adultes, la différence n'existe plus. Prenez des exemples semblables dans la nature pour faire sentir à l'enfant d'une façon détournée que, dans le temps, les êtres créés se succèdent et ne sont jamais exactement égaux entre eux. Il n'y a pas d'infériorité de valeur, mais seulement de taille ou d'âge.

Comment agir quand la rivalité est déclarée et que les enfants d'une même famille sont constamment à se disputer ?

Surtout ne jamais intervenir pour en protéger un, sous prétexte qu'il est le plus petit ou le plus faible, ou que c'est la fille et qu'il est honteux de l'attaquer.

Si un enfant vient se plaindre des autres, ne jamais le renvoyer durement en lui disant : « C'est bien fait. » Écouter ses doléances, le plaindre au contraire mais ne jamais oublier que cela ne doit pas entraîner le blâme du soi-disant (ou réel) attaquant. Plaindre l'éclopé suffit, et plaindre ne veut pas dire estimer. Ne dites pas non plus : « Tu n'as qu'à ne pas aller avec les grands puisqu'ils te font du mal. » Toutes ces déductions de comportement, laissez à l'enfant lui-même le soin de les faire ou non. Contentez-vous de soigner, de plaindre, d'encourager et de ne jamais vous mêler de juger les belligérants.

Si un enfant se plaint que tel est avantagé au repas ou autrement, ne cherchez surtout pas à nier le fait. La justice n'est pas de ce monde. Si vous essayez de vous justifier auprès de vos enfants, en protestant de votre saine équité, vous ne les aidez pas et vous envenimez la situation. Quoi que vous fassiez, ils ne se sentiront jamais traités avec équité, car l'équité pour eux serait d'être traités selon leurs désirs et leurs appétits et non d'après les mêmes poids et mesures.

Admettez donc toujours que vous n'êtes pas juste, que le monde n'est pas juste et que vous êtes du monde. Laissez vos enfants vous accuser d'injustice, mais plaignez-les d'en souffrir. Les conflits de jalousie entre eux s'estomperont jusqu'à disparaître, car ils trouveront « normalement » à les surmonter.

Quand je dis « normalement », cela veut dire que, devant une difficulté réelle, l'enfant doit trouver sa solution personnelle, qui est toujours de compensation. Laissez vos enfants trouver leur moyen personnel de surmonter leurs sentiments d'infériorité,

dus à leur place dans leur famille, à leurs déficiences relatives et à leurs déficiences réelles. Plaignez-les tant qu'ils n'y sont pas arrivés en les
encourageant à trouver d'eux-mêmes à s'accommoder de l'inévitable, sans votre secours, dont ils
n'ont pas besoin.

Vous craignez peut-être que l'un d'eux ne se
montre trop brutal ? Il le deviendra certainement si
vous intervenez en lui donnant tort. S'il est brutal,
c'est peut-être qu'il ne croit pas avoir d'autres
moyens de lutte. Si c'est vraiment le cas, donnez-
lui l'occasion de faire beaucoup de jeux en plein
air. Ce n'est peut-être que par sentiment d'infériorité devant la forme d'intelligence d'un frère ou
d'une sœur.

Faites-lui comprendre que toutes les natures
sont nécessaires à l'ensemble de la société comme
de la famille. Donnez-lui les moyens de se montrer
utilement pratique, adroit pour telle ou telle activité et aussi de se donner confiance en lui.

Bref, dans les conflits entre vos enfants :

1° Ne faites jamais la police et ne rendez jamais
la justice.

2° Plaignez toujours la victime (sans blâmer
l'attaquant), et encouragez-la, pour l'avenir, à
savoir mieux se tirer des difficultés.

3° S'il y a eu un dommage causé par une
bagarre, pas de punition au sens vengeur du
terme, mais que tous les participants contribuent à
la réparation (à moins que l'un d'eux se déclare
librement seul responsable et capable à lui seul de
réparer).

4° Enfin, si les disputes deviennent trop
bruyantes, séparez les participants, non par punition, mais en leur proposant à chacun une idée
pour s'occuper autrement qu'à se disputer.

Ma petite fille
dit toujours non !

Femmes françaises,
18 et 25 mai 1946.

Une maman nous écrit :

« J'ai deux filles, l'une a quinze mois, l'autre quinze jours. Nous nous en occupons beaucoup. L'aînée commence à parler et dit constamment : "Non !" Il suffit que nous lui disions : "Veux-tu dire bonjour ?" pour qu'elle réponde : "Non !" d'un air bien décidé. J'ai peur que persiste plus tard cette habitude de contrarier ceux qui l'entourent.

« Jamais nous ne pouvons lui faire donner ce qu'elle tient en main. Je lui prends parfois l'objet en m'exclamant : "Merci, comme tu es gentille !" et je le lui rends ensuite pour lui montrer que je ne voulais pas me l'approprier définitivement.

« Je suis heureuse qu'une petite sœur soit née : elle apprendra peut-être ainsi à partager plus facilement car, dans la vie, il faut savoir le faire. D'ailleurs, elle adore sa petite sœur, mais pouvez-vous me donner un conseil pour lui faire acquérir l'habitude de donner ? »

Le comportement de votre fille aînée est très typique : elle « *se refuse* », elle *refuse* de faire comme les adultes, de dire « bonjour » sans que cela réponde à un besoin profond de traduire l'affection. Elle *refuse* de se dessaisir d'un objet qui est entre ses mains, c'est-à-dire qui a pour elle un intérêt momentané que rien ne peut remplacer.

Nous savons comment font les enfants; ils serrent jalousement ce qui les intéresse..., quitte à le laisser tomber d'une minute à l'autre si leur intérêt est attiré par autre chose. Ils sont absolus : « prêter » n'a pas de sens pour eux; « prendre » satisfait un vrai besoin. La durée pour eux n'existe pas : tant qu'ils ont besoin (à leurs yeux) de quelque chose, ils le gardent. L'objet est alors comme faisant partie intégrante d'eux-mêmes : refuser de le donner, c'est donc encore « se refuser ».

Je ne crois pas me tromper en disant que l'entourage a cru bien faire, certes, mais s'est trop occupé de votre enfant, et qu'instinctivement cette enfant se défend de l'intrusion constante des adultes dans sa vie, intrusion qu'elle sent comme une menace. Il faut laisser l'enfant vivre son âge individualiste et égoïste sans exiger, ni même solliciter de lui des sacrifices sans compensation.

Tant que l'enfant n'a pas l'âge social, il ne cherche pas à s'identifier à ses pareils, dans les gestes qu'ils ont vis-à-vis des autres gens, surtout quand ces gestes ne lui rapportent rien d'immédiat ni de tangible.

Un enfant est beaucoup plus sincère que nous. Pour nous, dire « bonjour » n'a aucune valeur affective, de même que dire « pardon ». Qui de nous n'a pas dit « oh pardon !... » en se cognant à un réverbère ? Pour l'enfant, les mots ont leur sens plein. Il a raison — instinctivement parlant — de ne pas dire « bonjour » à un être qui lui est indifférent. Au contraire, s'il aime quelqu'un, il viendra à lui avec confiance, quelquefois avec un de ses jouets préférés, qu'il lui montrera sans parler ; d'autres fois, il viendra faire l'avantageux pour qu'on le remarque. Cela en dit bien plus sur son affection et son estime pour l'adulte qu'un « bonjour » de chien savant !

Ce n'est qu'après une période assez longue où les gens qu'il aime, d'abord, et les autres, aussi, lui diront « bonjour » qu'il fera comme eux afin d'imiter ceux qu'il aime.

Actuellement, votre fillette est sur la défensive. Cette situation, en effet, peut entraîner un négativisme systématique en grandissant. Comment y remédier ?

Voici ce que je vous conseille pour amener votre enfant à quitter son attitude de refus :

1° Ne lui demandez plus jamais de dire bonjour ; n'attachez pas d'importance à ce qu'elle fait, sauf en ce qui concerne ses besoins stricts. De votre côté, vous lui direz bonjour, vos amies aussi, si elles le veulent, mais ne lui demandez pas de répondre. Cela représente, je le sais, un peu de courage de votre part, car vous avez peur que vos amies la croient « mal élevée ». Mais que vaut-il mieux ? Une enfant mal « stylée » jusqu'à deux ou trois ans et qui se développe ensuite de son plein gré quand vient l'âge social, ou bien une enfant « chien savant » qui minaude des bonjours et imite les adultes non point naturellement, mais pour leur faire plaisir ?

Pour ma part, j'opte pour la première formule : en tant que mère, j'estime qu'un enfant sain et ouvert ne peut pas être en même temps un petit singe des adultes ; en tant que médecin, je sais ce qui se cache de déjà gravement malade dans une personnalité de deux ans qu'on dresse à se soucier de l'effet qu'elle produit sur l'entourage.

2° Ne demandez jamais à l'enfant de vous prêter ou de vous donner un objet auquel elle tient. Si vous voulez que votre enfant devienne prêteuse, donneuse, généreuse, soyez généreuse avec elle, et surtout ne vous occupez d'elle que lorsqu'elle le sollicite ; soyez prêteuse et donneuse devant elle vis-à-vis de vos amies : en grandissant, elle fera tout naturellement comme vous.

3° Quant aux sentiments de cette enfant pour sa petite sœur, sa maman nous dit qu'elle l'adore. À l'époque de la lettre, la petite sœur n'avait que quinze jours. Je serais étonnée que ce « beau fixe » continuât : ce ne serait pas « naturel » et entraînerait pour plus tard une période plus ou moins longue de mésentente, de rivalité et d'hostilité entre les deux sœurs.

Je consacrerai d'ailleurs un prochain article aux problèmes, si importants, qu'entraîne la « naissance du second enfant ».

Un point de vue inattendu sur la propreté

Femmes françaises,
15 et 22 février 1947.

Les découvertes de la psychologie et surtout de la psychanalyse ont fait comprendre que beaucoup de névroses de l'adulte et de troubles de caractère de l'enfant ont leurs racines dans l'éducation de zéro à trois ans.

En effet, quand l'enfant a trois ou quatre ans, et que l'on commence son éducation morale, cette éducation n'arrive pas sur un terrain vierge, mais sur un terrain psychologique qui est déjà formé à la notion de bien et de mal, alors que l'adulte croit que l'enfant n'en sait rien encore.

Évidemment, ce bien et ce mal de l'enfant ne ressemblent pas du tout à ce que nous, adultes, nous entendons par ces termes. Nous oublions que l'attitude que nous avons vis-à-vis des besoins primordiaux de la vie d'un enfant lui fait sentir les exigences de ces besoins par rapport au bien ou au mal, et cela d'après l'attitude de l'adulte éducateur. Il est fréquent, sinon habituel, d'entendre une mère dire à un enfant, de quelque chose : « C'est caca. » Caca devient, dans le langage que les adultes emploient vis-à-vis des enfants, synonyme de mal, et cette identification — laid, sale, mal —

fait pour certains enfants toute la base d'un sens moral erroné, et quelquefois gravement mutilateur.

Il est vrai que certains adultes, à notre époque, en sont encore à cette conception-là du bien et du mal. Est « mal » ce qui est dit laid et sale par l'adulte, ou bien un acte non conforme à ce que « les gens » font d'ordinaire, et non pas ce qui dans l'intention est nuisible aux autres ou à soi-même, et ce qui dans ses effets lèse soi-même ou autrui dans ses forces vives.

Ainsi, toute une déformation du sens moral prend source dans l'éducation du petit âge.

Le dressage à la propreté des enfants est dans notre société la plus grande faute que l'on puisse commettre vis-à-vis de la personnalité future. En clinique et en pédagogie, on s'aperçoit que plus un enfant a été propre tôt, plus il grandit mal à l'aise et plus il a de difficultés pour son épanouissement ultérieur.

Je vois d'ici la surprise que j'éveille chez beaucoup de mes lectrices : « Alors, faut-il laisser les enfants vivre en sauvages ? » Et, puisque nous parlons de sauvages, il y a, m'a-t-on appris, des tribus dites « primitives », où le dressage des évacuations corporelles des enfants n'est pas un souci. Or, il n'y a pas, dans ces tribus, d'enfants présentant d'incontinence excrémentielle après trois ans ou trois ans et demi.

L'être humain non éduqué à la discipline des excréments (urines et selles) devient discipliné par nécessité. Au contraire, l'être humain qui a eu une discipline imposée sur ce point plus tôt qu'il n'en a ressenti la nécessité présente des troubles de caractère, parfois même de vraies névroses obsessionnelles.

Il n'y a aucun avantage éducatif, il n'y a que des avantages d'économie de travail pour l'adulte et de vanité mal placée à ce qu'un enfant soit discipliné pour faire ses excréments plus tôt qu'il ne le serait naturellement sans interventions limitatrices des adultes.

Il y a, au contraire, beaucoup d'inconvénients, car cette éducation demande que l'adulte attire l'attention de l'enfant sur l'anus et le méat urinaire et leur donne ainsi une valeur esthétique et morale — « beau », « bien » si l'enfant ne se souille pas, « mal » s'il n'y prend pas garde —, si bien qu'en fait ces régions deviennent occasions d'agrément ou de désagrément pour l'enfant, suivant les réactions de l'entourage.

Le système nerveux d'un petit d'homme n'est pas complet à sa naissance. Il continue à se développer et n'est vraiment terminé que vers dix-huit mois. On peut dire qu'un enfant possède la maîtrise de ses muscles volontaires quand il peut monter et descendre seul un escalier, une échelle. Tant qu'un enfant ne sait pas monter et descendre seul un escalier, une échelle, il est dangereux qu'il croie bien faire de retenir ses matières et son urine pour faire plaisir à l'adulte. Il faut inculquer à nos enfants, très tôt, qu'on ne vit pas, qu'on ne grandit pas, qu'on ne mange pas, qu'on ne maîtrise pas son corps pour faire plaisir à l'adulte, mais pour un plaisir de conquête personnelle. Il faut qu'il comprenne que pipi et caca font partie des preuves du fonctionnement de la vie à travers son corps et que ce n'est pas cela l'important, mais ce qu'il fait de cette force vitale.

Si l'on pense que dans ce qu'on appelle l'éducation des petits actuellement, la plupart des conflits avec les adultes viennent de ce qu'ils leur refusent ou leur imposent ; autour des excréments que l'enfant veut donner ou ne veut pas donner à l'adulte qui les exige ou qui blâme leur émission, on se rendra compte que la suppression de ce souci chez l'adulte détendra beaucoup les relations affectives entre la mère et l'enfant.

Mais alors, demanderez-vous, comment faire ?

C'est très simple (n'oubliez pas que c'est une mère qui vous parle, qui a elle-même trois enfants, qu'elle élève selon ces principes nouveaux). L'enfant est garni de couches, que l'on change cinq fois par jour, cela jusqu'à l'âge de la marche.

À l'âge où l'enfant marche, l'épaisseur des couches le gênerait et contribuerait à arquer les cuisses. Aussi, quand l'enfant a un an, j'emploie de petites bandes de tissu ou de tissu éponge, maintenues à l'entre-jambe par une bande de tissu ou de tissu caoutchouté, large de quatre doigts, qui s'évase devant et derrière et s'attache avec deux boutons à des bretelles de tricot ou de tissu terminées par quelques centimètres de caoutchouc à trous. Ainsi, l'enfant est toujours maintenu, n'est jamais gêné dans ses mouvements, et il suffit de changer la bande de tissu éponge ou les chiffons cinq ou six fois par jour.

Vers dix-huit mois ou deux ans, ou deux ans et demi, selon les enfants, on verra apparaître chez le petit le désir de faire ses excréments comme il voit les autres ou les adultes le faire. Dans les villes, l'enfant demandera à aller au water, et désirera savoir ce que l'adulte fait au water. À ce moment-là, on le lui expliquera. Si l'enfant demande à faire comme l'adulte, ce qui arrivera obligatoirement un jour, il est très facile de lui permettre d'aller sur un pot qui sera au water à sa disposition.

Si l'enfant demande, on le lui fera faire, si l'enfant ne demande pas, on continuera à changer ses couches.

Ce qui est très important, c'est de ne jamais dire à l'enfant : « Comme c'est sale ! » Quand il s'agira d'une selle que l'enfant aura faite dans ses couches, il est bien évident que l'adulte s'en apercevra à l'odeur. Si l'enfant n'en parle pas, on n'y fait pas allusion ; si l'enfant fait remarquer, et ceci arrive toujours vers quatorze, quinze mois, au plus tard dix-huit mois, qu'il y a une différence entre pipi et caca, on en parlera, et on dira : « Il a fait caca, il a fait pipi. »

Si l'enfant parle de l'odeur, on en parlera avec lui, mais tout cela, jamais avec une nuance de condamnation, jamais avec un jugement de valeur morale ou esthétique. Il faut tout simplement faire comprendre à l'enfant que cela ne sert plus à rien, et que c'est parce que ça ne sert plus à rien qu'on jette les excréments : mais ce n'est pas parce qu'on trouve cela laid, c'est parce que ça ne sert plus à rien.

Pendant toute cette période, qui dure deux ans et pendant laquelle il n'y a plus aucun incident au sujet des excréments, il y a, par contre, toute une éducation de la musculature volontaire de l'enfant qui est à faire. J'ai parlé précédemment d'un escalier ou d'une échelle à monter ou à descendre, des objets fragiles à poser, de vases d'abord à demi pleins, puis pleins, à transporter d'une pièce à l'autre, d'un ballon à lancer avec le pied dans une direction donnée, du jet d'une pierre dans telle ou telle direction, avec précision, de pousser sa voiture en mesurant les élans, d'ouvrir et de fermer une boîte, de boutonner et déboutonner des boutons, de plier une table pliante, transporter un fauteuil, faire le ménage, éplucher les légumes, apprendre à découper, apprendre à allumer et à éteindre des allumettes. Tout ceci, qui doit être fait avec l'attention et les conseils secourables de l'adulte, et son estime quand l'enfant a bien réussi, prouve toute une éducation de la musculature, de la maîtrise, de l'équilibre du corps, de la force des muscles, des membres, de la direction, de la mesure, de la force et, finalement, de l'adresse des mains.

Tout cela est beaucoup plus important que l'éducation du pipi-caca et, sans en avoir l'air, vise à la maîtrise du corps de l'enfant, qui est ce que les mères croient obtenir quand elles font ce qu'on appelle « un dressage de propreté ».

Elles ont fait un singe savant, impuissant par dépendance complète de son sens moral, un enfant qui est sensibilisé d'avance à toutes les influences de l'entourage, dans la suite un enfant qui sentira toujours un danger caché dans les manifestations naturelles de sa vie, surtout quand ces manifestations se préciseront dans la région uro-génitale. Tous les troubles de la sexualité se compliquent de sentiments d'infériorité liés à la laideur présumée des régions génitales : or, ces sentiments chez tous les sujets chez qui on peut l'étudier en profondeur sont liés à une répugnance tirée de leur voisinage avec l'anus et le méat urinaire.

En réaction à l'article « *Un point de vue inattendu sur la propreté* », *le comité de rédaction de* Femmes françaises *jugera bon de publier la réponse du docteur A.C.*

« *Nous avons reçu de Mme A.C., également médecin et mère de famille, une lettre sur cette fameuse question de la propreté chez les jeunes enfants. Comme son point de vue est radicalement opposé à celui du docteur Dolto, nous avons pensé que nos lectrices aimeraient en prendre connaissance.*

Et maintenant, mamans, à vous de choisir entre ces opinions différentes !

    Chères amies,
    C'est avec un bien vif intérêt que je lis depuis fort longtemps Femmes françaises. *En tant que médecin je me permets cependant de vous apporter mon point de vue au sujet des articles du docteur Françoise Dolto, dans vos numéros 123 et 124, articles qui sont vraiment surprenants.*
    Il est évident qu'il est parfaitement stupide et blâmable d'employer à tout bout de champ l'expression "C'est caca" pour qualifier quelque chose d'interdit. Mais véritablement prétendre pompeusement que "le dressage à la propreté des enfants est dans notre société la plus grande faute que l'on puisse connaître vis-à-vis de la personnalité future", c'est exagéré.

Quant à vouloir prendre modèle sur les "sauvages", comme le préconise mon confrère, c'est oublier qu'il y a une petite différence entre la brousse et le deux-pièces-cuisine de nos malheureux "civilisés" ! Aucun avantage éducatif ? Voire : La fatigue en moins pour la mère, c'est un caractère plus calme, donc un meilleur milieu. Pour la santé de l'enfant, ce sont des risques de refroidissement en moins, un siège sans rougeurs ni démangeaisons et l'inutilité des culottes en caoutchouc, si nocives.

Croyez-vous vraiment qu'un bébé que l'on dresse de bonne heure pense à son anus et à son méat urinaire ? Que d'honneur vous lui faites ! Les névroses, vous les observerez chez les enfants dressés trop tard, alors que c'est très difficile, et trop brutalement. En tout cas, je ne vois pas en quoi éveiller le sentiment "faire plaisir à l'adulte" est à blâmer. C'est une bonne manière d'éveiller le sens social de l'enfant et de lutter contre l'égoïsme naturel.

Mais, chères amies, à la crèche, à la maternelle, votre enfant non dressé sera un poison, et le jour où il aura la fièvre, il faudra que vous lui mettiez deux fois (ou plus) par jour le thermomètre dans ce terrible anus, et je ne pense tout de même pas que cela le rende vicieux !

Dressez-le, mais très précocement, voilà l'important : à partir de trois semaines ou un mois, mettez-le à heures fixes sur le pot. Pour les selles, vous constaterez vous-même la ou les heures auxquelles il se souille, pour les urines un quart d'heure, après la tétée, une heure après ensuite, quand il est réveillé naturellement. Vous verrez ainsi que tout doucement, avec de la patience et sans heurts, vous aurez un beau bébé bien propre et bien équilibré si vous savez maintenir autour de lui le calme indispensable à une bonne éducation.

Il est, bien entendu, des enfants incontinents, ceux-là il ne faut pas leur en vouloir et surtout ne pas les battre ou les gronder exagérément, c'est là que serait le danger. Mais il faut les maintenir très propres car l'irritation presque inévitable provoquerait des démangeaisons pénibles, susceptibles d'amener justement certaines mauvaises habitudes. Lorsque l'incontinence persiste trop longtemps, il faut consulter un médecin.

J'ajoute que j'ai deux enfants élevés ainsi. Pour éviter le fameux "C'est caca", ils demandent à faire la "commission". Croyez-moi, les découvertes de la psychanalyse sont très intéressantes, mais il ne faut pas que ce soit parole d'évangile et il faut surtout que les déductions en matière d'éducation soient pratiques et sociales !

Excusez la longueur de cette mise au point, mais elle m'a paru nécessaire. Bien amicalement à vous.

A.C. »

L'article « Un point de vue inattendu sur la propreté » devait être l'introduction à une série d'articles demandée sur l'éducation sexuelle. Françoise Dolto ne les publiera pas et s'en expliquera ainsi :

Trouvant la réponse très intéressante, comme reflétant l'attitude de beaucoup de lectrices, j'ai répondu par un article non paru. Je n'ai pas voulu donner la suite prévue des articles sur l'éducation sexuelle, la réaction des lectrices au premier ayant déjà montré un tel esprit bourgeois et conservateur de « bonnes manières ».

La doctoresse « A.C. » est hautement protégée au parti communiste et le journal *Femmes françaises* est obligé de suivre ses directives. Ma réponse à la doctoresse A.C. ne sera donc pas insérée, cela m'est dit avec beaucoup d'excuses et de regrets par Mme Langevin. Mes articles d'éducation sexuelle devraient plaire à la doctoresse A.C. J'arrête donc ma collaboration à *Femmes françaises*. On voit *l'idéal bourgeois* des milieux dits « de gauche ».

Les troubles du sommeil

L'École des parents,
avril 1952[1].

Je parlerai surtout des troubles du sommeil tels qu'on les rencontre chez des enfants qui ne sont pas malades, c'est-à-dire chez des enfants qui n'ont ni fièvre, ni une encéphalopathie à son début. Nous ne sommes pas ici pour nous occuper des débuts de l'encéphalite léthargique, par exemple. Il s'agit des troubles de tout enfant en bonne santé, qui vit comme tout le monde, mais qui rend néanmoins la vie difficile à son entourage par sa nervosité dans le sommeil.

QU'EST-CE QUE LE SOMMEIL ?

Arrêt ou activité ?

Définir le sommeil n'est pas chose facile car les théories sur le sommeil sont très variées. Les uns en font un arrêt, les autres, au contraire, une activité.

Ce qu'il y a de sûr, c'est qu'il existe un centre du sommeil, situé à la base du cerveau. Ce fait semble prouver que le sommeil n'est pas aussi passif que certains peuvent le croire.

D'autre part, on reconnaît qu'il y a toute une activité spéciale, nécessaire pour entrer dans le sommeil. C'est encore un argument contre la passivité du sommeil.

Enfin, il existe des sommeils superficiels et relatifs et le sommeil profond, auquel les Asiatiques ont consacré une attention clinique toute spéciale. Ce sommeil profond, bien qu'il ne dure que quelques minutes, est aussi réparateur que des heures de notre sommeil habituel. Nous le connaissons tous, c'est celui dont nous disons avec béatitude au réveil : « Comme j'ai bien dormi ! » Chez les Asiatiques, une technique millénaire permet de parvenir à cet état de sommeil profond et d'y conserver la conscience. L'on atteint ainsi un degré très élevé dans la puissance de méditation.

Tout cela semble montrer que le sommeil n'est pas une attitude purement négative, mais peut-être bien une attitude active et positive.

Le sommeil comme fuite et refuge

La nouveauté apportée par Freud réside dans cette idée que le monde où nous vivons est difficile à supporter et que nous nous servons du sommeil pour le fuir. Pour lui, le sommeil présente donc l'aspect d'une régression quotidienne par laquelle nous allons nous retremper à l'intérieur de nous-mêmes, dans une sorte de « rerythmage », de « resécurité » qu'il croit, non sans raison, semble-t-il, pouvoir associer à la sécurité intra-utérine.

Pendant la guerre, on pouvait remarquer que dans le métro, tout le monde dormait. Ce fait se produisit dès avant les restrictions, dès le début de l'occupation allemande. Ce sommeil était un moyen de fuir, de se défendre contre la situation qu'il fallait subir.

De même, si on fait promener un nourrisson de douze à quinze mois par une personne qu'il n'aime pas ou simplement indifférente, une promeneuse qu'il ne connaît pas, il dort. En rentrant, la promeneuse dit à la mère : « C'est drôle, il a dormi d'un bout à l'autre de la promenade. » C'est déjà là une petite réaction névropathique, qui se présente sous la forme d'une inhibition. C'est un sommeil passivement agressif contre le milieu extérieur, auquel on se ferme parce qu'on croit sentir qu'il n'en viendrait rien de bon. Un tel sommeil apparaît comme un refuge, doublé de mécanisme de défense.

Le besoin de sommeil

On a fait des expériences destinées à mettre en valeur les effets de l'absence de sommeil sur l'organisme. On a enfermé un chien pendant douze jours dans un tambour tournant. Il n'a absolument pas pu dormir pendant douze jours. Lorsqu'on l'en a sorti, ce chien tombait de sommeil, d'un sommeil pathologique. À l'autopsie, on a pu constater chez les chiens soumis à cette épreuve des lésions cérébrales. Et le sang de l'un de ces chiens, injecté à un chien sain, produisit chez ce dernier le même sommeil pathologique et les mêmes lésions cérébrales.

D'autre part, il y a différents états d'équilibre et de déséquilibre ionique ou chimique. L'état de sommeil normal correspond à un certain équilibre qui accompagne la fatigue nerveuse. Certains degrés d'une intoxication peuvent provoquer le sommeil sans qu'il y ait fatigue, alors qu'un autre degré de cette même intoxication peut l'empêcher même s'il y a fatigue. Certains produits agissent sur le centre du sommeil en l'excitant, certains produits en l'inhibant.

Il y a donc un sommeil qui répond à une condition physiologique pour l'organisme, un sommeil pathologique et une absence de sommeil, qui est pathologique également.

Retenons de tout cela que le sommeil est un besoin, autant que la nutrition. Cela est si vrai qu'un très jeune enfant dort comme il mange ; il dort bien s'il mange bien, et inversement. C'est pourquoi on règle maintenant les tétées d'après le besoin qu'en montre le nourrisson réveillé. Ainsi, les tétées sont mieux réglées que par les heures de l'horloge. En effet, ce qui se produit pour l'enfant jeune est la même chose que ce qu'on observe chez l'adulte : chacun a son rythme propre. Ce besoin de sommeil, que l'on vient de voir chez le nourrisson, durera toute la vie, et le rythme et la durée du sommeil seront différents suivant les époques et suivant les individus.

Le sommeil réalise une détente, qui est visible aussi bien après le sommeil que dans la mimique du dormeur, qui est une mimique de récupération.

Les caractères du sommeil étant ainsi définis, nous allons étudier successivement les conditions nécessaires pour qu'il se produise, pour qu'il se conserve, pour qu'il se termine. Ce faisant, nous rencontrerons tous les troubles par lesquels l'enfant gêne sa famille et, réciproquement, ceux par lesquels la famille gêne le sommeil de l'enfant.

LES CONDITIONS DE
L'ENDORMISSEMENT

Le calme de l'entourage

L'état de sommeil rend l'individu beaucoup plus dépendant, nerveusement, du monde qui l'entoure. C'est pourquoi, en particulier, l'hypnose est plus facile à réaliser chez un sujet qui dort.

Il en est de même pour l'enfant : se disputer quand un enfant dort et qu'il ne comprend pas les raisons des différends qui provoquent ces disputes est plus grave que le faire lorsqu'il est réveillé. En effet, il n'a pas alors la possibilité de s'occuper à autre chose ou, s'il est plus grand, de comprendre à sa façon, de s'en donner sa propre explication. Endormi, il ne fait que subir cette ambiance de dispute, et il la subit beaucoup plus qu'éveillé, surtout avant l'âge de trois ans, et surtout si les personnes qui se disputent sont les adultes desquels sa propre vie est dépendante matériellement et affectivement, je veux dire sa mère et son père ou la personne qui en a la charge.

Ainsi se présentait, par exemple, le cas d'un enfant, âgé de dix jours, qui ne pouvait s'endormir profondément en présence d'une certaine personne qui le gardait. Par contre, il retrouvait son profond sommeil les jours où elle sortait. Or, on s'est aperçu que cette personne était une femme qui vivait dans la plus grande angoisse, hantée par des idées de type obsessionnel tournant autour du vol. Mis en contact avec les allées et venues bruyantes de la famille, il n'en était nullement gêné et dormait d'un sommeil calme et profond, tandis qu'auprès de cette seule personne, anxieuse et obsédée par un sentiment de frustration, l'enfant se sentait lui-même anxieux, comme greffé sur elle, et subissait son contact nerveux. Quand elle est partie, l'enfant a immédiatement repris son sommeil normal.

Il y a, bien entendu, des enfants plus ou moins sensibles à l'ambiance et au contact nerveux avec l'entourage. Mais lorsqu'on voit un enfant mal dormir, il faut d'abord chercher qui est anxieux autour de lui, et lui éviter autant que possible le contact de cette personne anxieuse. Mais, si c'est la mère de l'enfant elle-même qui est anxieuse, il faut le mettre le plus possible au calme pendant qu'il dort, dans une autre pièce. Il faut noter que le bruit de l'activité bourdonnante des enfants ou d'une famille ne gêne pas le nourrisson ; les nourrissons qui sont gênés le sont parce que quelqu'un est anxieux et que c'est cela qui les gêne.

Surtout, il ne faut pas mettre l'enfant de cet âge dans la chambre conjugale, parce qu'il est incapable de supporter cette tension nerveuse. Le nourrisson est greffé comme un véritable pseudopode sur sa maman. Il a besoin d'une mère bonne nourrice qui s'occupe exclusivement de lui. Il est donc jaloux du père ; et cette jalousie, il la ressent avant même qu'il ne la comprenne, et d'autant plus qu'il ne peut la comprendre. Il faut donc mettre l'enfant, sinon dans sa chambre, ce qui n'est pas toujours possible, au moins dans la chambre des grands ; il dormira beaucoup mieux dans la chambre de ses frères et sœurs. Si cette solution non plus n'est pas possible, il faudra, en tout cas, rouler le berceau à l'extérieur au moment où les parents veulent avoir de l'intimité. Si, néanmoins, cela est impossible et que les enfants doivent être les témoins endormis ou éveillés de la vie conjugale de leurs parents, il faut savoir que ces enfants doivent être plus encore que les autres respectés dans leurs activités rythmées consolatrices, et éclairés plus tôt que les autres sur le sens réel et la validité de la sensualité et de la sexualité. Je veux dire que l'éducation, chez eux, doit être beaucoup plus permissive que pour les enfants élevés au calme, dans une ambiance où il ne leur est pas imposé de partager, sous hypnose, des émois qui en intensité nerveuse dépassent leurs possibilités de résonance, et qui, artificiellement, les excitent nerveusement au plan du développement affectif et sensuel où ils se trouvent par leur âge.

La sécurité

La première condition pour entrer dans le sommeil est d'être en sécurité avec soi-même. Et, pour le tout-petit, c'est être en sécurité avec maman. Pour trouver cette sécurité, l'enfant doit s'habituer assez vite au fait que, la nuit, la mère n'est pas à lui, elle est au père ; et le jour, elle est à lui. Comme nous ne sommes pas dans une société polygame, où la mère peut être tout entière centrée sur son enfant pendant les premières années de sa vie, elle doit se partager entre son époux et son enfant. Ce partage fait partie des lois affectives qui régissent la vie de l'enfant dans notre société. L'enfant admet d'ailleurs très facilement, si sa mère est une femme sans angoisse, que d'autres personnes l'entourent. Car toute personne bonne nerveusement pour sa mère est ressentie par lui comme bonne également.

Une trop grande sensibilité aux actions extérieures rend l'enfant distrait : les enfants qui sont très distraits pour manger le sont aussi pour dormir. Ils ont besoin de calme. Leur cas n'est nullement pathologique : ils sont à l'affût de tout ce qui se passe dans la maison. Et cela vient de la mère : si la mère est tout à son enfant pendant qu'il mange, celui-ci n'est pas distrait. La même chose peut se passer pour l'endormir. On peut observer la nécessité de la présence attentive de la mère, occupée à lui donner la sécurité nécessaire à la venue du sommeil et à son installation.

Quand l'enfant souffre du ventre, des dents, ou a n'importe quel mal, il est « moi-mauvaise-mère », il est « moi-insécurité ». Il faut alors que sa mère fasse elle-même, et par l'extérieur, les frais de la sécurité. Que maman à ces moments-là l'entoure particulièrement, lui parle un peu, ou chantonne une berceuse ; qu'elle donne — il n'y a pas d'inconvénient à cela — un petit geste rythmé au lit ou au berceau, si elle a les mains libres. Tout cela est nécessaire et humain, et éternel, et il n'est pas de science pour contredire la nature et l'affection entre les êtres. L'enfant qui éprouve un malaise ou une souffrance a besoin de se sentir réuni par un lien affectif, physique et sensoriel comme ce petit bercement rythmé par la voix maternelle, qui lui rend plus accessible le retour à la sécurité intra-utérine dont il sent le besoin. On ne peut au nom de la science priver l'enfant de ces caresses supplémentaires qui doivent le « resécuriser ».

Certains enfants risquent peut-être, à la suite de cela, de faire le chantage à leur mère, mais cela n'arrive que si la mère est elle-même anxieuse, et ne supporte pas d'entendre un peu pleurer ses enfants, alors qu'elle sait très bien qu'il n'a plus mal. Cela n'arrive pas aux mères non anxieuses qui sont capables d'agir raisonnablement, d'être mères et femmes, et non esclaves.

Il est bien entendu qu'il ne faut pas toujours bercer l'enfant, mais il serait inhumain de le laisser souffrir et pleurer, ou même de se fâcher contre lui, sous prétexte de le sécuriser, ou de l'empêcher de traduire son besoin de sécurité ou son envie bien naturelle de faire venir sa mère. On ne ferait au contraire qu'aggraver son sentiment d'insécurité en le grondant, et des troubles graves peuvent apparaître, plus tard, chez des enfants qui ont été complètement dérythmés par trop de danger physiologique sans le secours de caresses maternelles ; ou bien grondés et battus parce que la mère, n'ayant pas le temps de s'occuper d'eux, ne pouvait pas supporter la peine qu'elle ressentait à les entendre pleurer.

Il faut attendre que l'enfant ait dix ou onze mois pour lui faire comprendre que maman ne se dérangera plus.

Il est d'ailleurs rare, quand l'enfant est élevé en sécurité pendant la journée, que la mère ait besoin de se déranger pendant la nuit. Après quatre ou cinq mois (ou six ou sept mois, suivant les cas), il n'est plus obligatoire que la mère elle-même aille sécuriser l'enfant. Le père peut le faire, ou une autre personne que l'enfant connaît et dont la présence le rassure. C'est au moins vrai pour tout enfant normalement élevé qui, pendant la journée, n'est pas un « suçoir » de sa mère. Il peut être nécessaire, après une petite maladie ou une poussée dentaire qui a dérythmé l'enfant, lorsqu'il semble garder la mauvaise habitude du besoin de présence au-delà d'une insécurité due à la douleur, de recourir pour une ou deux nuits à deux ou trois centigrammes de gardénal ou tout autre petit hypnotique doux spécial pour les nourrissons. Ce sont des cas assez rares mais pas du tout pathologiques.

Permettre le sommeil diurne

Il faut rythmer le sommeil selon les besoins de l'enfant. Le besoin de sommeil, par périodes courtes, à deux ou trois reprises au cours de la journée, est plus fréquent qu'on ne le croit d'habitude, où l'on admet seulement une sieste pour les enfants au-delà de douze à quatorze mois.

On a guéri une fillette de quatre ans qui semblait un peu retardée en la laissant dormir quand elle en avait besoin et autant qu'elle le voulait. Dans un cas semblable, il faut avant tout mettre l'enfant dans une atmosphère où le sommeil est valable. Il doit comprendre que ce n'est pas à l'heure où maman le dit qu'il faut dormir, mais quand on a sommeil. Certains enfants ont besoin d'un somme réparateur au milieu de la matinée, et l'heure habituelle de la sieste est trop tardive pour eux. La mère de cette fillette l'a laissée jouer dans sa chambre en lui disant : « Si tu es fatiguée, tu peux te mettre sur ton lit et dormir. » À ce rythme de sommeil dont cet enfant avait besoin s'ajoutait une rivalité avec un petit frère nouvellement arrivé : le petit bébé, lui, avait la permission de dormir. En donnant à la grande sœur la possibilité de dormir aussi pendant la journée, on lui permettait de s'identifier de cette façon avec le petit bébé et de résoudre cette rivalité. Elle a énormément dormi pendant les six premiers mois, ce qui prouve qu'il y avait bien dans son cas un manque de sommeil. Puis son retard apparent a été très vite rattrapé et elle s'est même révélée d'une intelligence très vive et supérieure à la moyenne.

Dans d'autres cas, le repos, étendu avec des images, suffit sans dormir, même à l'heure de la sieste, dont il est toujours bon de conserver l'usage comme repos chez les enfants d'âge préscolaire.

Valoriser le sommeil

À l'âge où l'activité musculaire domine la vie de l'enfant, à partir de la marche et jusqu'à l'âge de la pensée réfléchie (cinq à sept ans), le sommeil peut être pris comme un arrêt d'activité auquel l'enfant tente de se dérober. Il y a des enfants qui, à ce moment-là, *ne veulent plus dormir* ou craignent la chute dans le sommeil. Il leur semble que dormir, ce n'est pas bien, ce n'est pas « noble ». Si l'enfant pense ainsi, ce n'est pas toujours parce que l'adulte le dit. Il peut se trouver dans un état de frustration quand on lui dit : « Dors ! » Nombreux sont les enfants excellents dormeurs qui déclarent à qui veut l'entendre qu'ils ne dorment jamais et ajoutent avec fierté : « Et puis moi, si je dors, c'est les yeux ouverts ! »

Pour surmonter ce sentiment de frustration ou de culpabilité, l'enfant invente alors toute une technique de sécurisation. Il se livre à ces rites de l'endormissement dont Gesell dit qu'ils sont bons et qu'il faut s'y plier ; mais peu de mamans en auraient le temps. Il est donc préférable de préparer l'enfant au sommeil, de l'habiller pour la nuit, puis de lui dire bonsoir, plusieurs fois s'il le faut, en le laissant jouer et en lui disant : « Quand tu seras fatigué, tu te mettras sur ton lit et tu te reposeras tranquillement. » Quelquefois, il s'endort avec ses jeux. Si toutefois le sommeil est trop long à venir, c'est papa qui vient et qui dit : « Maintenant c'est fini, maman a besoin de repos. » Cette identification à l'adulte qui dort aide l'enfant à valoriser le sommeil et à s'endormir en toute sécurité.

Ainsi l'enfant passe l'étape où le sommeil est redouté comme une cessation de l'activité.

La peur de la nuit

La peur de l'obscurité nocturne est souvent reconnue comme une des raisons qui empêchent les enfants de s'endormir. Pour parer à ce trouble, il faut l'aider à surmonter sa crainte de la nuit en l'habituant à l'obscurité. Pendant la journée, il faut le faire jouer à colin-maillard avec maman : en lui cachant les yeux, on va dans toutes les pièces de la maison. Ainsi l'enfant assimilera la nuit à sa maman sécurisante.

S'il a besoin de lumière pour s'endormir, on peut lui laisser une petite lumière pour se sécuriser. Il n'aura bientôt plus besoin de la laisser allumée, la sachant à sa portée.

La présence d'un objet animal, d'une poupée, aide aussi l'enfant à se sécuriser. Avec sa poupée, il recrée la situation mère-enfant : on se protège mutuellement. C'est un objet de transfert qui fait qu'on ne se sent pas seul.

Les jeux rythmés

Les jeux rythmés qui précèdent le sommeil, et dont fait partie la masturbation, représentent une technique de sécurisation.

Cette technique réapparaît d'ailleurs à des moments de grand danger, même chez les adultes : c'est un geste instinctif, chez des sujets menacés, de se cramponner à leurs organes génitaux. L'enfant, comme l'adulte en danger, se referme sur lui-même pour se mettre à l'abri. Il n'y a rien de pire pour l'avenir que la conduite de la mère qui recommande toujours à son enfant : « Mets bien tes mains au-dessus de ton drap ! », ou de celle qui flaire les doigts de l'enfant pour le punir si elle constate qu'il a mis ses mains là où elle le lui défend. À cet âge, l'enfant ne se rend pas compte, mais, plus tard, cette interdiction maternelle peut causer des troubles de caractère obsessionnel à cause de la puissance magique de toutes les habitudes prises entre deux et cinq ans, avant qu'il y ait aucune raison sensible, intuitivement, pour l'enfant de valoriser ce barrage.

Toutefois, si ces jeux rythmés durent trop longtemps, c'est que l'enfant n'avait pas sommeil. Il faut alors valoriser le repos et non pas imposer le « retrait de conscience » et, pour cela, mettre l'enfant dans sa chambre, en tenue de nuit, ou dans son lit avec des images ou un petit jeu, ou des occupations à sa portée. Quand il est tranquille, maman chantonne une petite chanson et on lui raconte une histoire simple et apaisante. Car c'est toujours la sécurité qu'il faut procurer à l'enfant, pour qu'il puisse s'endormir.

Certains enfants élevés chrétiennement sont habitués à faire leur prière avant le coucher Il faut alors profiter de ce moment pour que l'enfant ne garde aucun sentiment de culpabilité des menues bêtises de la journée. Gare au danger des mères, sadiques sans le savoir, qui récapitulent les causes de désarroi de l'enfant, ses échecs, ses difficultés caractérielles. C'est de la culture d'angoisse, car l'enfant, avant sept ou huit ans, est incapable d'assumer la responsabilité de ses comportements qui, il faut le dire, incombent, à cet âge, aux circonstances et au climat créé par les adultes. La prière doit être un colloque d'amour et de sécurité totale : si maman est fâchée, Jésus et le saint patron ne le sont jamais.

LA CONSERVATION DU SOMMEIL

Les bruits

C'est la première chose qui empêche le sommeil. Les bruits ne sont jamais bons, même lorsqu'on dit que l'enfant n'y fait pas attention. Je veux dire : les bruits tels que T.S.F., sonneries, éclats de voix. Le bruit de la vie bourdonnante des autres enfants, ou des activités du soir qui vont en se calmant, si l'ambiance affective est bonne, sont sans aucun inconvénient, et l'enfant qui y est habitué n'en est absolument pas gêné dans sa vie psychique inconsciente, excepté de très rares enfants qui ont besoin du silence absolu.

Les lumières

Une petite fille ne pouvait jamais s'endormir avant minuit. Les parents mirent très longtemps à s'apercevoir que cette insomnie était due à une vitrine située en face de sa fenêtre et qui ne s'éteignait qu'à minuit. Cet éclairage était d'autant plus gênant qu'il était intermittent et que ces variations continuelles rendaient à l'enfant tout sommeil impossible. Elle inventait, sur les fantasmes suscités par ces lumières, des histoires qu'elle se racontait d'abord toute seule, puis qu'elle racontait tout haut à son petit frère, qu'elle empêchait aussi de dormir. Dans un tel cas, il a suffi de mettre des doubles rideaux aux fenêtres pour que l'enfant trouve enfin son sommeil. D'autres enfants s'y seraient accoutumés, cette enfant-là n'y était pas arrivée.

Les dérangements

On a beaucoup incriminé les dérangements pour faire pipi la nuit et imaginé à ce sujet les conseils les plus invraisemblables. Telles les recommandations, données dans un article, de passer une éponge mouillée sur la figure de l'enfant, de lui mettre les pieds sur le carreau froid pour le réveiller tout à fait, cela afin qu'il ne prenne pas l'habitude de faire pipi endormi. Dans tout cela, il n'y a pas une ombre de bon sens. Au contraire, il faut entourer l'enfant, dont le siège est largement pommadé et poudré, de langes épais recouverts d'une culotte de caoutchouc, et le laisser dormir. Si on a absolument besoin de le lever (à l'hôtel, par exemple, ou parce que l'enfant n'est pas dans son lit, ou pour des raisons de peau très sensible à une urine très corrosive), il faut le faire avec le plus de ménagement possible et tâcher de changer l'enfant sans le réveiller. Il est inutile de chercher à habituer l'enfant à la propreté la nuit : quand il a besoin d'être propre, il est propre tout seul. Il y a toujours trois ou quatre mois de décalage entre la propreté diurne et la propreté nocturne. Ce qui est alors important, c'est de l'avoir habitué à la nuit, par les jeux de l'obscurité qu'on lui a fait faire dans sa chambre. Il doit avoir un vase de nuit près de lui, dans cet îlot de sécurité qu'on l'a aidé à se créer. Et s'il n'est pas propre, c'est qu'il n'en a pas encore besoin ; il faut le laisser tranquille.

Les réveils dans la nuit

En somme, il ne faut pas de réveil la nuit, et si l'on est obligé de le faire, qu'il soit le moins « vulnérant » possible. Il faut savoir que l'enfant urine en dormant. À vingt mois, les filles sont généralement propres, plus tôt que les garçons. Il est physiologique pour un garçon de faire pipi au lit jusqu'à au moins quatre ou cinq ans, et il ne faut pas exiger la propreté diurne avant que l'enfant ne soit devenu un habile petit acrobate. La propreté nocturne s'installe peu après la propreté diurne, librement et spontanément acquise. Ce n'est pas « bien » de ne pas mouiller ses culottes ou son lit, c'est commode.

L'enfant qui se réveille spontanément au milieu de la nuit éprouve de l'insécurité parce qu'on lui a dit qu'il ne fallait pas se réveiller. Il se sent coupable et cela constitue un danger qui s'ajoute à ceux qu'il imagine dans ce qu'il ne voit pas. Pour qu'il ne se sente pas coupable, il ne faut pas lui faire croire qu'il ne doit pas se réveiller, mais lui dire qu'il peut allumer sa lumière et reprendre son petit jeu, mais sans réveiller personne. Puis, à l'occasion d'un petit changement, pendant les vacances, par exemple, il oubliera et en perdra l'habitude. Cela passera : tout passe très vite dans la vie de l'enfant, parce qu'il évolue très vite.

L'important est que l'enfant laisse dormir ses

parents et les adultes de son entourage. Bien des enfants ont besoin de boire au cours de la nuit. Une timbale d'eau froide tout ordinaire, mise à sa portée, sera prévue comme la petite lampe. Rappelons ici le très néfaste système qui prive les énurétiques de boisson le soir et qui, les assoiffant, leur apporte une raison de plus d'insécurité, c'est-à-dire une raison de plus de relâcher leur vessie, moins pleine, peut-être, mais tout autant sinon plus incontinente que dans le cas de soif satisfaite à volonté.

Les terreurs nocturnes

Les terreurs nocturnes sont physiologiques. Quand l'enfant passe par des périodes de frustration, telles que les périodes œdipiennes — qui se situent entre l'âge de quatre ans et de sept ans, selon les enfants — pleines de difficultés pour lui, il est impossible qu'il n'ait pas quelques cauchemars. L'important pour les parents est de n'avoir pas peur eux-mêmes : il y a des moyens de sécuriser l'enfant. D'abord, respecter les conditions d'endormissement et l'isolement du couple parental, comme je l'ai dit plus haut. Quand un enfant a des cauchemars, c'est que l'activité de la journée l'a laissé dans un état de tension ; l'activité continue pendant le sommeil et comme elle n'a plus de limites, elle prend des formes très fantasmatiques. Ce sont des projections de l'agressivité orale (loups, lions, etc.) quand l'enfant est petit, puis des projections de l'agressivité captatrice (voleurs d'enfants) et phallique (revolvers, fusils, etc.) à la période suivante ; au moment du complexe d'Œdipe et plus tard, à la puberté, ce sont les dangers pour les personnes parentales, ou des rêves de mort, des dangers de meurtre ou de viol, ou de crimes dont on est à tort accusé.

La dernière chose à faire à propos de ces cauchemars est de traiter de fou l'enfant qui les raconte. Il faut au contraire lui dire que tout le monde en a, quand on est petit. Le meilleur moyen, pour l'en délivrer, est de laisser à sa portée, la nuit, un petit bloc et un crayon, en lui disant, s'il est réveillé par un cauchemar, d'allumer sa lumière, de prendre son papier et de dessiner ce qui lui a fait peur, quand il est petit, et de l'écrire en le romançant à son gré, quand il est grand. Ceci constitue une activité sécurisante par laquelle il peut donner un nom et une forme à son angoisse. En dessinant ses cauchemars, il les maîtrise.

Il peut être bon aussi que l'enfant raconte ses cauchemars et que la maman les écoute sans jamais les juger. Si l'enfant propose lui-même un jugement, il n'y a qu'à l'accepter : « Oui, je crois que tu as raison. » Raconter ses cauchemars, c'est pour l'enfant savoir qu'on peut en parler. Comme dans le dessin, il y a là un moyen de maîtriser les fantasmes effrayants. Et, surtout, le fait de raconter est sécurisant, parce que bien des rêves donnent des sentiments de culpabilité. Si votre enfant vous raconte : « J'ai rêvé que tu étais morte, que papa était mort », ne vous indignez pas, mais répondez par exemple : « Il paraît que c'est très bon signe de rêver que quelqu'un est mort. » Et, en effet, il faut que l'enfant ait passé par des rêves d'absence de ses parents pour arriver à se passer d'eux.

Lorsqu'un enfant est agité par des terreurs nocturnes, il est inutile de le réveiller. C'est pendant la journée qu'il faut faire le travail sécurisant.

On devra, en particulier, augmenter les contacts avec l'eau. Que la maman installe l'enfant dans la salle de bains, devant le lavabo ou simplement une cuvette, en lui donnant des objets pour s'amuser dans l'eau : des bouts de bois, des bouts de fer, un tuyau à l'aide duquel il puisse barboter en soufflant dans l'eau. Un enfant citadin nerveux a parfois besoin de deux à trois heures par jour de jeux d'eau. Il faut lui donner une liberté totale, dans des conditions données, c'est-à-dire que l'enfant fasse toujours ses jeux d'eau salissants dans des conditions qui ne puissent pas gêner l'adulte. On l'équipera d'un tablier très simple, formé d'un rectangle de caoutchouc et de petits souliers qu'il pourra mouiller et qu'on lui ôtera quand il aura fini. Quand l'enfant est assez grand, on lui dit de tout remettre en ordre quand il aura fini. Tant qu'il est petit, on lui dit d'appeler maman quand il aura fini de jouer avec l'eau. Maman enlève le tablier et les souliers humides qui empêchent l'enfant de circuler dans le reste de l'appartement. Au début, il faut s'attendre à ce que toutes les cinq minutes il déclare avoir fini, et à ce que cinq minutes plus tard il veuille recommencer. Car les mamans doivent le savoir, lorsqu'on joue avec l'eau, on éprouve une volupté telle qu'on mouille sa culotte : ceci éveille un sentiment de culpabilité et on veut s'arrêter de jouer. L'important, c'est que l'enfant sache bien que c'est prévu et permis.

L'enfant a besoin d'eau et de terre, de saleté, de végétaux. Si l'on est à la campagne ou si on peut mener l'enfant dans un jardin public, ses jeux libèrent tous les fantasmes qui, sans cela, provoquent des cauchemars. Les parents doivent savoir aussi qu'à sept ou huit ans le pistolet à eau est indispensable. En limiter l'usage en posant certaines conditions pour protéger les vêtements et le mobilier est très éducatif, l'interdire est nuisible.

La balnéation, si elle est possible, a aussi de très bons résultats. Les enfants sont calmés par le bain avant de se coucher, à condition toutefois que ce bain ne se transforme pas en une corrida avec maman qui veut vous en faire sortir. Il faut, pour que l'effet soit salutaire, savoir qu'on est là pour s'amuser et non pour faire plaisir à maman ou seulement pour se laver. L'enfant a besoin de cette demi-heure de plaisir gratuit, sans raison utilitaire. Ce n'est pas à sa mère de lui dire qu'il aura froid s'il reste dans le bain. C'est lui qui s'en apercevra, à condition d'être en bonne intelligence avec la mère.

Qu'il s'agisse du dessin, des jeux d'eau, des jeux avec de la terre ou bien du bain, les fantasmes qui les accompagnent sont tels qu'ils libèrent l'enfant des terreurs nocturnes. Les jeux plus ou moins pudiques des jeunes enfants baignés ensemble, entre garçons ou entre garçons et filles d'âge voisin, n'ont aucune importance. Laissez-les s'amuser et rire, ne vous en mêlez pas. Vers dix ans la pudeur vient aux filles : respectez leurs desiderata, même si cela vient plus tôt, mais ne provoquez pas trop tôt cette pudeur qui n'a pas de sens avant la conscience de l'éveil génital.

Un mot reste à dire à propos du cinéma et de son rôle dans les cauchemars des enfants. Tous les films sont mauvais pour les enfants, même ceux que les parents croient bons. Et ce sont surtout les gros plans qui causent le plus de troubles. De simples vers de terre vus en gros plan dans un film documentaire provoquent des terreurs nocturnes, parce qu'ils modifient la situation de l'enfant par rapport à l'espace et au monde extérieur. Lorsqu'il dort, il devient la proie des images qu'il avait refoulées.

En somme, le conseil à donner est le suivant : pas de cinéma avant neuf ou dix ans. Ou bien il faudrait avoir des Pathé-babies et que les parents d'un quartier se réunissent pour faire des courts métrages dans lesquels il n'y aurait pas de gros plans ; entre chacune des projections, on laisserait les enfants libres de refaire ce qu'ils ont vu sur l'écran : ramper, s'ils ont vu des vers de terre, etc. Par cette activité d'imitation, ils pourraient se libérer des images susceptibles de les avoir impressionnés.

LE RÉVEIL

Chez beaucoup d'enfants, les réveils sont pénibles et c'est à cause de ces difficultés que les parents suppriment volontiers la sieste, même si elle est nécessaire. Et les troubles vont s'aggravant car l'enfant manque de sommeil, et en manque de plus en plus. Quand on ne dort pas assez, on se réveille trop tôt. Si on réveille l'enfant à contre-rythme, on l'empêche de s'endormir. Des réveils normaux ont donc une grande importance.

Les réveils prématurés

Il y a les enfants dont on a brisé le rythme normal en les réveillant trop tôt ou en ne les faisant pas assez dormir.

Il y a aussi les enfants petits qui ont un prurit d'être grands. Ils se réveillent en même temps que les grands qui vont à l'école, pour faire comme eux, pour être grands, eux aussi. Les parents doivent bien se garder de développer trop tôt chez leur enfant l'idéal de grandir, car il peut arriver que cela aboutisse, vers dix ou douze ans, à des états obsessionnels. Il faut certes avoir à cœur que l'enfant fasse ce qu'il doit comme performances et conquêtes, celles qui conviennent à son âge, à sa taille et à sa force, mais que ces conquêtes ne se fassent pas trop tôt et surtout pas pour « singer » les autres. Ne valorisons pas éducativement l'imitation, à laquelle l'enfant est déjà très porté. Chacun doit suivre son rythme et laisser les autres suivre le leur sans chercher à les gêner.

Les réveils lents et maussades

Ce sont ceux qui ennuient le plus les mères. Nous autres mères, nous sommes toujours trop pressées. Ces états de demi-réveil maussade ne sont pas de la veille, mais du sommeil : l'enfant met dix minutes à se réveiller. Et ce délai dont se prolonge le réveil est d'autant plus long que l'enfant redoute ce qui l'attend lorsqu'il sera éveillé. Certaines ritournelles que l'on chante aux enfants expriment cela avec humour et gaieté. Ainsi :

> « Patoche. Il faut se réveiller.
> — Pour quoi faire ?
> — Pour aller à l'école.
> — Oh ! J'ai sommeil !
> — Patoche, il faut se réveiller.

— Pour quoi faire ?
— Pour manger des beignets.
— Tra-là-là, passez-moi ma culotte. »

Pour le sortir de cette fuite, rien ne servirait de le gronder et d'ajouter au déplaisir que lui procure le réveil. Il faut de l'humour, pour triompher de cette maussaderie. Mais il ne faut pas vouloir la faire disparaître tout de suite. L'enfant doit avoir le temps de sortir de son sommeil et de sa torpeur, même si elle est désagréable à la mère.

Les sommeils oniriques

Quelquefois, chez l'adulte comme chez l'enfant, le sommeil se prolonge en un état de demi-sommeil peuplé de rêves, dont on ne peut se sortir, et qui met le sujet dans une torpeur bizarre. Ce sont de petits états névropathiques, en rapport, généralement, avec un manque d'échanges. Ils peuvent aussi s'installer à l'occasion d'un petit ennui. Dans d'autres cas, ils s'installent, parce qu'on a obligé l'enfant à faire semblant de dormir quand il est déjà réveillé.

Certains enfants se réveillent très tôt, simplement parce que leur rythme est ainsi : ce sont souvent ceux qui plus tard travailleront mieux de bonne heure le matin, ceux qui seront « du matin » comme d'autres sont « du soir ». À ces enfants, il faut permettre l'activité, à la seule condition de ne pas réveiller le voisin : qu'ils s'habituent à se lever sans bruit, à mettre leurs pantoufles et leur robe de chambre et à aller dans la pièce où ils ont l'habitude de jouer, pour s'amuser et s'occuper sans gêner les autres jusqu'à leur réveil. Certains préféreront l'activité qu'ils ont à cette heure matinale parce que c'est le seul moment où l'on est tranquille, « où l'on n'a pas les autres sur le dos », ni les grands qui empêchent de jouer, ni les petits qui veulent toujours imiter.

Si, au contraire, l'enfant sait qu'il n'a pas le droit de se réveiller, il sombrera dans cette torpeur du trop dormir, accompagnée de fantasmes qui sont une véritable masturbation mentale imposée par l'adulte. Cette attitude peut apparaître comme une sécurisation, parce qu'elle ne dérange pas l'adulte et qu'ainsi on est en paix avec lui.

Mais ces états peuvent entraîner de fortes régressions. Parce que les parents ont cru qu'il fallait obliger l'enfant à dormir, il restera toujours à demi endormi. Ils le forcent à se renfermer en un pelotonnement prudent, que bien des êtres gardent toute leur vie. Puis, tout à coup, s'il est placé dans des circonstances extraordinaires, ils se rendent compte qu'il était hyperactif mais qu'ils ne s'en étaient jamais aperçu. Pour être en sécurité vis-à-vis des adultes qui l'avaient d'abord entouré, il avait vécu comme une marmotte. C'est l'éducateur qui, peu à peu, avait fait son travail d'engourdissement, aux seules fins de se simplifier la tâche.

Ordonnons la vie de nos enfants de façon à leur procurer la possibilité de silence, d'isolement relatif, et de repos aux heures fixes, et, dans ce cadre, laissons-les libres de leur forme de repos ; enseignons-leur à respecter autant la forme du repos des autres. Et, l'exemple étant le pivot de toute éducation, sachons nous-mêmes régler nos heures d'isolement et de repos en accord avec celles des enfants.

L'enfant et le jeu

Avec l'aimable autorisation de
Francis Martens et Rachel Kramerman, juillet 1987.

« Tais-toi », « ne touche pas », « arrête de bouger », injonctions continuelles dont certains enfants sont abreuvés à longueur de journées et qui sont autant d'interdits du désir qui s'exprime, interdits à la recherche du plaisir, ces injonctions construisent, dès avant deux ans, la base des personnalités névrotiques. Par dépendance subie à un adulte, aveugle et sourd à la vie qui cherche à s'exprimer et à communiquer, l'enfant se laisse étouffer, il refoule en lui et en silence désir, plaisir et peine. Il devient « sage », c'est-à-dire passif et non communicant.

Les enfants ont besoin de limites pour se sentir en sécurité, mais de limites qui ne sont pas dues qu'au danger réel que leurs transgressions feraient courir à l'intégrité de leur organisme ou à celle des autres. Qu'il ne puisse pas « faire » tout ce qu'il désire n'implique pas qu'il ne puisse pas exprimer ses désirs, ses joies, ses peines. Le langage préexiste à la parole, il est avant la parole, dans les mimiques, les gestes, les activités corporelles et sensorielles, et les passivités, par lesquels des complicités de sens s'établissent entre l'enfant et son entourage. Quand cette communication n'est pas appréciée par l'adulte et qu'il ne tolère pas le jeu continu, caractéristique de l'enfant bien vivant jusqu'à l'âge de la maîtrise totale de la parole, le refoulement imposé provoque des dérèglements de l'harmonie psychosociale de l'enfant qui apparaîtront dans la grande enfance.

Tout le monde sait qu'un enfant bien portant est un enfant qui s'amuse, qui s'occupe avec n'importe quoi et qui explore tout ce qui est à sa portée. Ce qui est vrai de l'enfant quand il est seul, l'est aussi d'un enfant quand il est avec d'autres. Priver un enfant de jouer, c'est le priver du plaisir de vivre. Dès deux mois et demi ou trois mois, l'activité ludique des mains, des regards, des sonorités audibles et modulées d'un nourrisson avec sa mère, son père, ses familiers font s'éclairer son visage, s'animer sa respiration, et des lallations modulées traduisent son plaisir, tandis que ses membres s'activent de façon encore incoordonnée, pour sa joie et celle de ses partenaires attendris. Ces moments de disponibilité au jeu suivent l'apaisement des besoins, la tétée et le change des langes. Fatigué de sa bonne partie d'après-dîner, le bébé ferme les yeux, sa maman le repose au berceau et il s'endort. À son réveil, avant que sa faim n'impose, par des cris, l'urgence des besoins, le bébé bien portant jase les yeux ouverts. Il se remémore les activités des après-tétées antérieures, images visuelles, sonores, tactiles, olfactives des objets manipulés, des personnes, des voix, et il s'essaie à raviver ces perceptions de relation à son entourage et, encore malhabile de son gosier, il invente des « areuh », des gazouillis, ébauches encore lointaines de paroles et de chansons qu'il désire entendre à nouveau, et qu'il croit répéter.

Jour après jour, ainsi assisté, en dehors de ces moments de besoins, par le désir complice du sien de s'entretenir avec lui pour le plaisir, l'enfant reconnaît non seulement les personnes familières mais tous les menus objets qui l'entourent, et surtout les repères des échanges dans son espace de sécurité, attributs de son identité. Ses premiers jouets sont les objets qu'il met à la bouche, jette et retrouve avec bonheur, pour les lécher puis les manipuler jusqu'au moment où il les jette à nouveau avec joie. Ces premières techniques ludiques ne rappellent-elles pas, transposée sur des petits objets manipulés, la satisfaction qu'il éprouve à être assisté par sa mère dans l'entretien de sa vie, lors des besoins alternés de son tube digestif : la tétée et la toilette du siège ?

L'enfant humain ne serait-il pas comme presque tous les petits des espèces mammifères ? En effet, les petits des autres espèces semblent jouer. Les loutres, par exemple, sont si drôles à se laisser glisser sur les pentes des buttes enneigées, les jeunes poulains et les jeunes veaux encore à la mamelle aiment à gambader dans les prés. Leurs activités cependant ne sont ni créatives, ni variées, mais stéréotypées, comme provoquées par un besoin de motricité conforme aux besoins des autres de la même espèce. Les animaux compagnons des hommes, qui n'ont pas à chercher leur nourriture, aiment jouer, et pas seulement quand ils sont petits : les chats avec un objet qui bouge, par exemple, et quelle grâce ils montrent à ce jeu qui les captive. Les chiens jouent à s'agacer les dents sur un caillou ou une balle qui résiste à leurs mâchoires préhensiles, et, si on lance un objet, c'est avec joie et zèle qu'ils l'attrapent au vol ou le cherchent pour le rapporter à qui l'a lancé. Ces animaux ont des activités ludiques mais très peu variées, on pourrait presque dire stéréotypées et conformes à leur race. Le jeune chat semble se préparer à son rôle futur de chasseur de souris, et le chien se souvenir de la chasse au service des hommes, ses maîtres.

Chez les petits d'hommes, dès les premières activités ludiques, nous assistons à une inventivité et une créativité, rien n'est jamais stéréotypé. C'est même parce que l'enfant est atone, qu'il ne joue pas, que son regard n'est sollicité par rien de ce qui l'entoure ou parce qu'il est animé de gestes répétitifs continuels et sans modulation de plaisir ni inventivité, que l'on peut savoir que cet enfant souffre de dépression pour une cause récente, ou de troubles relationnels précoces en voie d'organisation, alors même que son état de santé physique paraît tout à fait satisfaisant.

L'éveil psychosocial se situe entre deux mois et demi et six mois alors que l'enfant paraît plus passif qu'actif, comme endormi. Pourtant, dans des pulsions de guet et d'éveil, sous cet aspect passif et sommeilleux, son esprit s'éveille à la communication et travaille constamment sur les relations entre ce qu'il perçoit de son entourage langagier et tout ce qui l'entoure, même les bruits de la nature et les bruits des objets autour de lui. Il est attentif à toute parole qui lui est adressée alors qu'on croit qu'il ne comprend pas le langage. C'est dès cette période, surtout après trois mois, que la mère ou la personne gardienne doit veiller à ce que, en dehors des soins du corps, l'enfant ait avec elle des moments sans aucun soin au corps où elle établit avec lui une relation de paroles, des échanges sensoriels et affectifs. Il est nécessaire de mettre à la portée de l'enfant de menus objets, plaisants à l'oreille, au regard, au toucher, qu'il pourra mettre en bouche et jeter sans risque. Pour le bébé, un des premiers jeux de plaisir complice avec l'adulte, c'est de se cacher le visage et de le montrer à nouveau, mais il s'amuse aussi à être complice avec lui-même, et voilà bien la différence entre le jeune animal et l'enfant. C'est aussi, par exemple, le jeu qui consiste à lancer un objet, fixé à l'extrémité d'une ficelle, pour ne plus le voir, et de le faire réapparaître avec jubilation en tirant sur la ficelle. On sait que Freud a longuement parlé de ce jeu qu'il a désigné par les mots : « Fort. Da ! », ce qui pourrait être traduit en français par : « Parti. Ah le voilà ! » Il y décelait un exercice pour maîtriser l'absence de la mère, subie par l'enfant, puis sa réapparition puisque l'enfant est, pour ce plaisir aussi, soumis au vouloir de l'adulte. Pour Freud, ce jeu de la bobine, qui ravit l'enfant, signifie qu'il expérimente que sa personne reste la même, malgré l'absence de la personne par laquelle il connaît son identité. Par ce jeu, il s'affirme lui-même le sujet de la continuité de son être au monde. Il surmonte l'épreuve que constituent des absences insolites de l'objet discontinu dans l'espace et dans le temps qu'est sa mère ou l'être élu, objet grâce auquel il se sait vivant et communicant. On pourrait aussi appeler le jeu du « Parti. Ah le voilà ! » le jeu créatif de l'Être Soi, même seul, limité par l'espace de son corps, associé mais non dépendant de la présence d'autrui.

À partir de cinq ou six mois, le désir de communiquer et de jouer activement occupe de plus en plus de temps dans la journée de l'enfant. Sa croissance lui permet la reptation, puis la station assise et la déambulation autonome à quatre pattes. Chaque jour, des initiatives nouvelles motivent sa recherche croissante d'une maîtrise de son espace de liberté. Au fur et à mesure de l'achèvement de son système neuromusculaire, l'enfant devient capable de discrimination sensorielle. Ces talents de discrimination passive sont tels que, lorsque, dans une famille, le dernier-né est précédé par des jumeaux, jeunes aînés que les familiers ne distinguent pas toujours, et alors qu'il ne parle pas encore, celui-ci ne les confond pas et émet, pour chacun, un signal sonore bien précis qui ne peut être confondu avec le signal sonore dont il accueille l'autre jumeau. Cette observation m'a été rapportée, à plusieurs reprises, par des mères dont le dernier-né montrait cette compétence qui fascinait toute la famille. En effet, l'enfant devient capable de jouer — car, pour lui, c'est un jeu — et il aime distinguer et comparer les formes, les sons, les couleurs, si possible en créer en modifiant des formes ; par exemple, en déchirant du papier, en crayonnant, en faisant disparaître ce qu'il touche. Tout cela pour son plaisir.

Après ce jeu du percevoir et explorer, vient le jeu autour de l'avoir et du garder : paniers et valises qu'il remplit, qu'il déambule avec lui. Puis, ce sont les jeux de faire : assemblage et désassemblage d'images à deux dimensions, les puzzles, ou à trois, les jeux de construction. Puis, les enfants, en grandissant, découvrent leurs caractéristiques de garçons ou de filles. Les garçons aiment les jeux de construction, mais c'est pour le plaisir de démolir après avoir construit. Et pour les filles c'est, au contraire, le plaisir de conserver et d'utiliser une maison construite, par exemple. Vers trois ans, chez les petits gars entre eux, c'est le jeu de rivalité armée et bruyante, ils jouent à la guerre et tout le monde est général et, pour les filles, c'est le jeu de la poupée et des enfilages de perles pour se faire belles, elles sont toutes des princesses. Bien avant la découverte des créneaux d'âges et la commercialisation des jouets spécifiques pour chaque âge, jouets fabriqués et coûteux, sophistiqués, et dits éducatifs, les adultes aimants donnaient des jouets à leurs enfants. Les tombes d'enfants des temps préhistoriques, que l'on découvre aujourd'hui, prouvent que ces jeux spécifiques des petits d'hommes, sexués filles ou garçons, existaient. Valeur et plaisir, métaphore du désir, se conjuguaient différemment selon le destin procréatif futur de l'enfant qu'avec amour ses parents avaient mis en terre avec ses jouets préférés.

Voilà bien la clé du jeu, de tous les jeux de tous les humains, et pas seulement des enfants. Tout jeu est médiateur de désir, apporte avec lui une satisfaction et permet d'exprimer son désir à d'autres, dans des jeux partagés.

À propos du jeu, il nous faut faire une place à part aux jeux avec l'eau, le sable ou la terre, aux jeux de remplissage, de transvasement et de vidage avec des récipients. Les jeux avec l'eau, pas seulement dans l'eau (où l'enfant est l'objet de l'élément) mais aussi avec l'eau, l'enfant autour d'un bac ou d'une cuvette, se rendant maître des robinets ou des moyens d'arrivée modulable de l'eau. À partir de l'âge de la marche il n'y a pas de tension ni d'énervement d'enfant qui ne cède quand il peut jouer en liberté et se colleter avec la magie de cet objet fluide, synonyme de vie, qui glisse entre ses doigts, qui coule des robinets dont il découvre la technologie. On dirait, quand un enfant joue avec l'eau — et il peut y rester des heures avec des petits objets et des récipients —, qu'il se ressource à la vie même et qu'il devient intelligent de jour en jour, grâce aux problèmes que lui pose l'eau : sa densité, la flottaison, les objets qui coulent.

C'est très surprenant que bien des mères redoutent ces jeux si bénéfiques, comme s'ils recélaient toutes les possibilités de dérèglement moral ou du redoutable « prendre froid ». Or, lorsqu'il s'amuse à l'eau, même si l'eau est froide, à condition d'être protégé par un tablier, d'avoir les manches retroussées, l'enfant est si revigoré qu'il est tout à fait réchauffé, même s'il ne fait pas chaud dans la pièce où il joue. Et combien de rhinopharyngites hivernales ont été guéries de cette façon, à la surprise des mamans qui voyaient les autres jouer mais ne se décidaient pas encore à ce que leur enfant en fasse autant.

Le jeu avec l'air, autre élément, est moins facile à mettre en évidence, mis à part les ballons à gonfler. Quant au jeu avec le feu, il est dangereux, et c'est important que l'enfant en ait perçu le danger et qu'il ait appris comment en éviter les risques. Il arrive que, lorsqu'ils sont seuls ou en groupe, vers l'âge de quatre ou cinq ans, des enfants qui n'ont pas été éduqués et à qui on a seulement interdit le feu soient soumis à une fascination et une tentation telles que le jeu au feu peut, hélas, être mortel pour eux.

Quand l'enfant est en sécurité, il est questionné par tout ce qu'il perçoit et qu'il essaie de prendre, de morceler, de fragmenter. Un caillou, une fleur, des feuilles, un bout de ficelle ou de papier, et nous le voyons attentif, absorbé, mettre en bouche, jeter, reprendre, relancer, scander de sons divers cette activité de connaissance et de maîtrise. Tactilité, odeurs, saveurs, formes, couleurs, il lui faut tout expérimenter. Heureux est-il si un autre est là qui souligne et confirme la valeur de son objet d'intérêt en le lui raptant ou en le lui nommant. Dès qu'il commence à marcher, c'est alors l'explosion de la curiosité investigatrice et manipulatrice, pour tous les objets qu'il voyait sans pouvoir les toucher, et que son avidité de connaissances le pousse à atteindre et à manipuler, pour son usage et la maîtrise de la connaissance qu'il en prend. Tout objet, surtout s'il est mobile ou mobilisable, questionne l'enfant. C'est l'âge du touche-à-tout, dit-on. Oui, mais surtout l'âge où, par la parole et le vocabulaire enseignés par l'adulte, en même temps que la manipulation techniquement adéquate à chaque objet enseignée aussi par l'adulte, l'enfant apprend à être en sécurité dans l'espace familier. Il aime rencontrer les difficultés et les surmonter ; il aime l'objet qui lui résiste et vaincre l'obstacle ; il aime trouver des limites à sa liberté pour s'exercer à les faire tomber. Quand les enfants jouent entre eux, les règles qu'ils décrètent sont parfois plus excitantes que l'activité du jeu mental ou physique en question. Parfois, dans ses jeux solitaires, l'enfant s'impose à lui-même des règles, mais c'est encore pour le plaisir de jouer à les contourner, pour le grand plaisir de tricher. N'est-ce pas tenter de maîtriser l'impossible qui, dans la réalité, ferait tomber le transgresseur sous le coup de la loi ?

Avoir, perdre, retrouver, faire, défaire, refaire autrement, créer, décréer, recréer les relations aux êtres et aux choses, indéfiniment, voici ce qui paraît toujours nouveau et fascinant dans les jeux des humains à la recherche de leur plaisir, et de la conquête en eux-mêmes de possibilités toujours renouvelées. Recherche aussi d'une maîtrise à défaut de maîtriser la réalité de la nature, de la société dont l'homme est toujours à la fois tributaire et objet. C'est la libre organisation des fantasmes de son désir qu'il veut mettre en jeu pour, sans trop de risques, trouver son plaisir et le partager avec ses congénères. Le jeu est donc étroitement associé à l'apprentissage du langage, et pas seulement au sens de « parler », mais du code de signifiance des gestes et des comportements. L'intelligence de soi-même, du monde qui l'entoure et des autres, c'est par le jeu avec des objets que la fonction symbolique continûment en éveil chez l'être humain construit des réseaux d'analogie et de correspondance avec la réalité concrète des expériences manipulatrices corporelles et mentales interindividuelles.

Être, avoir, faire, prendre, donner, aimer, haïr, vivre, mourir, tous ces verbes ne prennent sens qu'à travers les jeux. L'entendement en vient à l'enfant à travers les expériences ludiques d'échec ou de maîtrise, par lui-même, des choses et des êtres vivants. Tous ces verbes — et sans doute bien d'autres — resteraient pour l'être humain des abstractions mentales, des images sensorielles archaïques d'avant que l'enfant ait pu jouir de sa motricité en jouant.

Le jeu est toujours un espoir de plaisir. Ce plaisir, obtenu ou non, est une expérience de soi-même qui est toujours acquise, qui est toujours créatrice d'une connaissance renouvelée de soi-même et parfois des autres, et ceci même si le jeu, comme on dit, finit mal.

J'ai dit que c'est à partir de six mois que l'enfant manifeste un goût pour les jeux actifs. On peut donc observer l'enfant en activité ludique. Mais il faut savoir que certains enfants connaissent aussi un plaisir très vif dans une manière d'être apparemment passive. Le plaisir d'écouter, de regarder, de sentir, d'observer, c'est pour eux jouer, ou plutôt, si l'on veut, s'amuser avec les perceptions qu'ils rencontrent en étant attentifs et auxquelles ils donnent sens du fait même de la fonction symbolique dont ils sont constamment animés. Nous devons respecter ces moments de ressourcement apparemment passifs chez certains enfants qui, à d'autres moments, sont ardents au jeu. Il y a des moments où, béats, ils sont immobiles sur la plage, sur un rocher, occupés à contempler la mer, dans un jardin à regarder les feuillages des arbres, les fleurs, les oiseaux, les nuages, à écouter la musique, et pas toujours de la musique d'instruments mais la musique des bruits de la vie. Un grand plaisir aussi, pour les enfants, c'est d'observer leur père au travail, leur mère, des artisans, des ouvriers. Ce sont des plaisirs passifs, intelligents, observateurs, parfois méditatifs. La télévision hérite de ce discrédit sur l'apparente passivité de l'enfant qui aime à la regarder. Pour beaucoup de parents, cela s'appelle perdre son temps à ne rien faire. « Allons, va jouer ! » lui disent-ils alors s'ils le surprennent à regarder les autres travailler ou à regarder la télévision. L'enfant leur répond parfois : « Pourquoi ? Je m'amuse bien, pourtant. » Mais les parents ne comprennent pas à le voir ainsi immobile, fasciné.

Pour eux, un enfant doit jouer. Il faut savoir que c'est bon, très bon aussi parfois pour un enfant sensible et intelligent, de jouer à être silencieux avec soi-même et avec l'entourage, le corps et le cœur en harmonie avec l'espace et le temps qui passe, et s'imprégnant de l'ambiance dans laquelle il se sent heureux de vivre. Les adultes semblent redouter ce qu'ils pensent être la vacance d'esprit de leur enfant, peut-être parce que, dans leurs moments de passivité, ce n'est pas le bien-être qu'ils retrouvent, mais le vagabondage de leurs préoccupations et des soucis de leurs responsabilités. Cette vacance de l'esprit, ils essaient de l'éviter, pendant leurs périodes dites de vacances, par des activités de loisirs. Le reste du temps, ce sont leurs activités de travail. Il faut que leurs désirs, activement focalisés sur un but précis, les empêchent de ressentir l'angoisse résiduelle autour de tout ce qui ne va pas très bien dans leur vie. Aussi ils projettent cet état d'angoisse dans le farniente, ce qu'ils appellent ainsi, sur leur enfant qui est tout yeux, tout oreilles, nez au vent, tout esprit en éveil, et qui ne fait rien.

Pourtant, l'état de pacification intérieure qui, pour les spirituels adultes, se conquiert par l'exercice de la méditation, peut être spontané chez beaucoup d'enfants par ailleurs vifs, gais et qui, comme tous les enfants, aiment aussi jouer activement, seuls et avec des camarades. Et pour ces enfants-là, comme pour tous les autres, vive les ludothèques, ces lieux où l'on prête aux enfants des jeux à court terme, qu'ils viennent rendre et en prendre d'autres. C'est très important pour les enfants de varier les jouets avec lesquels ils expérimentent leur sensorialité et leur intelligence. Un jeu qui ne recèle plus aucune surprise, qui ne questionne plus est tout à fait inutile à garder : il encombre l'enfant. Bien sûr, je ne parle pas des peluches, de la poupée préférée, de ces petits jouets exquis que l'enfant serre contre lui, met sous son nez pour s'endormir, en suçant son pouce. En langage savant, on les appelle objets transitionnels. Ils sont, pour lui, une partie de son intimité depuis qu'il est tout petit dans le giron de sa maman, et une consolation quand elle est absente et qu'il aurait besoin d'elle. Ces jeux-là, on ne peut pas les échanger et ce ne sont pas des jeux de ludothèque. Les jeux de ludothèque, ce sont tous les livres d'enfants, tous les jeux de construction, les logiciels, comme on dit, et les jeux moteurs, les jeux d'inventivité, de créativité. Le fait de voir un autre enfant jouer avec un jeu qui ne l'intéresse plus est toujours très curieux pour un enfant. Il se voit tel qu'il était avant de connaître le jouet, et je ne peux pas vous dire ce qu'il pense mais j'ai toujours observé qu'il était très surpris de voir qu'un jeu qui ne l'intéresse plus en intéresse un autre. C'est aussi apprendre à tolérer qu'il y a des moments de complicité et de parallélisme dans les occupations entre les enfants et aussi des moments où d'autres enfants s'amusent autrement. Ils ne sont pas pour cela bêtes, contraire- ment à ce que disent certains enfants, ou même beaucoup de parents qui ont ce mot à la bouche quand ils voient leur enfant jouer avec un jeu qui, à leur idée, n'est pas éducatif et leur semble un jeu sans intérêt. Méfions-nous de nos projections sur la manière de jouer des enfants. Il est certain que, si un objet intéresse un enfant, c'est qu'il trouve un sens fascinant et ludique à la contemplation, à la manipulation de cet objet, et aux pensées qu'il lui suggère.

Vive les ludothèques et les espaces de jeux. Il faut changer souvent de jouets et de jeux pour devenir astucieux, inventif, créatif, découvrir dans chaque objet les lois du matériau qui le constitue, les astuces logiques du matériel et s'initier au plaisir et à ses limites que tout jouet recèle. Jouer, c'est apprendre à être, c'est apprendre à vivre aussi bien seul qu'avec les autres en échangeant des jouets — attention ! jamais son nounours ou sa poupée pourtant bien vieux : ils sont synonymes des premières amours et ne doivent jamais être détruits que par l'enfant lui-même devenu grand, un jour de nostalgie de sa petite enfance et de décision d'entrée dans l'adolescence —, en découvrant des jeux nouveaux, de semaine en semaine, des jouets différents. Ce sont des modes de langage qu'on découvre, de nouvelles difficultés à surmonter, des intérêts à découvrir et surtout un plaisir et, si cet objet n'apporte pas de plaisir, la réflexion sur les raisons pour lesquelles on appelle cela un jouet et que d'autres enfants lui envient. Cette différence entre les intérêts des enfants pour les jouets, c'est déjà un problème de tolérance vis-à-vis des autres et une brèche dans cette imitation qui est fatale chez les enfants, mais qui est si nocive au développement de chacun dans son originalité propre. Souhaitons que, dans toutes les communes, il y ait des ludothèques afin que nos enfants s'éveillent en jouant, et deviennent à la fois intelligents et sociables.

Échange verbal
avec le tout-petit

Parents,
janvier 1979.

CHARLES COHEN-SALMON : *Il est facile d'admettre que les paroles que l'on dit à un enfant depuis le jour de sa naissance puissent avoir une importance, car c'est ainsi qu'il se familiarisera avec les voix de son entourage. Mais ce qui me semble mystérieux dans ce que vous avez pu dire ou ce que vous avez pu écrire, c'est qu'il semblerait que l'enfant saisisse le sens de ce qu'on lui dit à un âge qui précède de loin celui de l'acquisition du langage.*

FRANÇOISE DOLTO : Oui, et, chose curieuse, il le saisit dans toutes les langues. Pas spécialement dans celle de ses parents, mais dans la langue de ceux qui l'aiment et s'intéressent à lui, même si ce sont des étrangers qui prononcent des mots qu'il n'a jamais entendus. C'est aussi mystérieux pour moi. Mais tout se passe comme s'il y avait une compréhension directe, si je puis dire, de ce que nous voulons communiquer à l'enfant, dès lors qu'il sent le respect et la considération qu'on lui porte, en lui parlant comme à un égal. Il ne s'agit pas de lui parler comme à un petit bébé. Beaucoup de personnes parlent aux enfants comme à des animaux domestiques, avec le même ton. Or, c'est en parlant à un bébé comme à un adulte, qui comprend ce que nous lui disons, que nous l'ouvrons au langage parlé. Mais il semble bien que l'enfant comprenne plus encore, et avant de saisir la grammaire du langage, je crois qu'il perçoit la communication inconsciente qui lui est faite. Cette communication de respect profond et d'explication. Il comprend le désir qu'on a de lui expliquer ce dont il souffre, ce qui va lui advenir. En tout cas, tous les parents et tous les pédiatres que j'ai vus et qui ont tenté de parler ainsi aux bébés ont commencé par dire : « Elle est peut-être folle, mais on va essayer », et le résultat fut absolument extraordinaire. Chaque fois, ce fut un enfant transformé dans ses relations avec son pédiatre, cette personne étrangère qui s'occupe de lui.

Je vais vous raconter une histoire, que je cite dans les *Cahiers du nouveau-né*[1]. Il s'agit d'une femme, adulte, qui dans un moment difficile de son existence a fait un rêve, qu'elle a décrit comme un instant de bonheur total et merveilleux. Ce rêve était accompagné de paroles, de syllabes qui n'avaient aucun sens. Nous avons noté ces mots sans signification. Comme je savais qu'elle avait passé les neuf premiers mois de sa vie aux Indes, élevée par une nourrice indienne qu'elle adorait, je lui ai dit : « Et si ces paroles étaient de l'hindou ? » Nous avons alors soumis cette phrase à un Indien qui s'est mis à rire, en disant : « Mais c'est ce que toutes nos nounous disent aux bébés, ça veut dire : "Ma petite chérie dont les yeux sont plus beaux que les étoiles." » Après l'âge de neuf mois, cette femme n'avait plus eu aucun contact avec le pays ni avec la langue indienne, qu'elle ne parlait pas.

Mais elle avait revécu ces paroles, cette langue, non pas comme n'importe quelle langue, mais comme celle de l'amour maternel, inscrite dans sa mémoire, alors qu'elle était encore un bébé.

Alors je ne peux pas vous dire comment expliquer cela. Je pense que pendant les neuf mois où un être humain est porté par un adulte, il participe à ses émotions, non seulement physiquement, mais par une connivence profonde qui repose sur les voix, et par une sorte d'intuition télépathique qui semble exister chez les bébés. Dès sa conception, l'être humain est un être de langage. C'est très troublant, parce que nous n'avons pas d'explications psychologiques, mais ce dont nous sommes certains, c'est que chaque fois que nous avons essayé d'avoir un vrai dialogue avec lui, les progrès ont été considérables dans la relation parents-enfant.

CH.C.-S. : *Le Dr This, dans les* Cahiers du nouveau-né, *parle des contes de fées. La légende veut qu'une fée ou une vieille sorcière se penche sur le berceau dès que l'enfant est né, et que les premiers mots qui sont alors prononcés déterminent son avenir.*

F.D. : Vous ne pouvez imaginer le nombre d'enfants perturbés à propos desquels la mère vient nous dire : « Il n'y avait pas une demi-heure qu'il était né, la sage-femme ou l'accoucheur m'a bien dit : "Celui-là vous en fera voir de toutes les couleurs" ou : "Avec celle-là, ma pauvre dame, je vous plains bien !" » Généralement on entend parler ainsi avec une malveillance réelle ou imaginaire une belle-mère ou une amie de famille. Et ces premiers mots prononcés dans des moments de très grande sensibilité laissent des traces profondes dans les mémoires.

CH.C.-S. : *Le fait que l'on retrouve cette scène dans la plupart des contes prouverait que les hommes y ont toujours cru.*

F.D. : Les hommes savent que la naissance et la vue d'une famille heureuse provoquent et exacerbent des sentiments de jalousie. C'est que la naissance d'un enfant suscite chez tout un chacun des émotions surréalistes. Nous y sommes tellement habitués que nous n'y faisons plus attention mais c'est tout de même un grand mystère. Les contes de fées parlent à l'imaginaire et savent ainsi exprimer cette réalité d'une façon symbolique.

CH.C.-S. : *Existe-t-il des circonstances particulières dans lesquelles cet échange verbal avec le tout-petit est plus important ?*

F.D. : Il faut mettre le bébé au courant de tout ce qui le concerne, de ce qu'on fait et de ce qu'on fera pour lui dans l'immédiat ou dans un proche avenir. Pendant qu'on fait couler son bain, il faut lui dire : « Je fais couler ton bain », « je vais faire ton biberon ». Cela, toutes les mères le savent.

CH.C.-S. : *Mais elles ne pensent pas à lui parler, par exemple, de la crèche où il est confié.*

F.D. : Elles devraient lui dire : « Je te laisse, tu es avec telle personne, je reviendrai ce soir, je penserai à toi. » « Je penserai à toi », c'est très important. Il entend ces mots et lorsque sa mère revient, elle ne doit pas s'étonner s'il la bat froid et s'il ne veut pas la regarder pendant quelques minutes. On peut alors lui dire : « Tu as raison, tu avais de la peine, et tu as peur, en m'aimant de nouveau, d'avoir encore de la peine quand nous nous séparerons. C'est vrai, c'est ça la vie, mais tu vois, tu en prendras l'habitude, c'est nécessaire. Il faut que j'aille et que je vienne, et toi tu es bien avec Une Telle. » Et on lui parle alors de la personne qui s'occupe de lui.

CH.C.-S. : *Cet échange serait encore plus nécessaire dans les cas où l'enfant va être séparé de sa mère.*

F.D. : Non ! Une mère doit toujours parler à son enfant, car la parole reste quand celui qui l'a prononcée a disparu. C'est pourquoi les enfants auxquels on ne parle pas assez ont une véritable phobie de la moindre séparation. De plus, un enfant ne découvre le langage que parce qu'il entend sa mère parler à une autre personne et lui parler à lui de la même manière. Alors, il apprend très vite le langage. Mais si la mère s'adresse à lui comme à un chien ou un chat, il va parler mal. Et il aura une mère de bébé, pas une mère qui le promeut dans la vie pour en faire un être humain à part entière. Promouvoir son enfant, l'ouvrir à la vie, c'est lui parler sans se gêner, en lui disant ses sentiments, en lui disant : « Tu exagères ! » lorsqu'il se montre trop exigeant. Il n'est pas nécessaire d'être tout miel, tout sucre, il faut lui parler vrai : une mère violente lui parle de sa violence, une mère douce et tendre lui parle de sa tendresse, mais toujours elle lui dit tout ce qu'elle fait, tout ce qu'elle pense, tout ce qu'elle vit, tout ce qu'elle sent.

CH.C.-S. : *Plutôt que le sens des paroles, l'enfant ne perçoit-il pas plutôt une certaine détente qui s'empare de ses parents lorsqu'ils expriment verbalement certains sentiments ou certains problèmes ?*

F.D. : Entre autres choses, peut-être, mais ça veut surtout dire que l'enfant aussi peut s'exprimer. Lorsque, par exemple, une mère est complètement bloquée, son enfant le voit, il est dans une ambiance de tension. Si on lui dit : « Je n'ai rien contre toi, mon pauvre chéri, au contraire, tu m'apportes des joies, mais j'ai du chagrin, et ce n'est pas dû à toi », immédiatement il se produit un soulagement chez l'enfant, et probablement aussi chez la mère. Mais ce qui est important dans cet échange, c'est que l'on considère alors l'enfant comme un interlocuteur égal à soi dès la naissance.

Lorsque l'enfant pleure, crie, il faut que le père ou la mère cherchent le sens de ces cris ou de ces pleurs, et lui disent : « Je ne sais pas pourquoi tu pleures, mais tu veux me dire quelque chose. » Il faut savoir que tout chez l'enfant signifie quelque chose. Rien n'est gratuit, rien n'est animal. Ce peut être de l'angoisse, de la jalousie, de l'envie, de la déception. Il faut alors exprimer ces chagrins, ces tensions avec des mots. C'est comme cela qu'on leur permet de s'humaniser. Ça ne supprime pas la souffrance, mais ça l'humanise, par le désir de se comprendre mutuellement. C'est une communication psychique difficile, car les enfants n'ont pas le code des adultes et les adultes n'ont pas le code des enfants. Il faut être à l'écoute de ce que dit l'enfant, et lorsqu'on est lassé, lorsqu'on ne le comprend pas, on peut se fâcher et lui dire pourquoi on se fâche. Tout ceci peut se dire, et doit se dire, pour que la relation parents-enfant s'humanise le plus vite possible.

CH.C.-S. : *Mais on ne peut tout de même pas tout dire à un enfant ?*

F.D. : Il faut lui dire tout ce qui le concerne. Par exemple, je crois que la mère doit lui parler de ce qu'elle a ressenti à sa naissance. Elle doit pouvoir lui avouer : « Tu sais, j'ai été très déçue que tu sois une fille ou que tu sois un garçon. » Et immédiatement les conséquences de cette déception sont effacées parce que ça a été dit. Maintenant les pédiatres qui travaillent avec moi le savent et interrogent la mère : « Est-ce que vous avez été déçue à la naissance ? » Si elle répond : « Ah ! oui, on voulait tellement une fille », ils lui demandent : « Est-ce que vous lui avez dit que vous avez été déçue ? » Généralement, elle répond : « Non, je n'y ai pas pensé, et puis ça lui ferait de la peine. » Il faut savoir que ça lui en fait beaucoup plus quand on n'est pas capable de lui parler pour lui dire « maintenant, c'est réparé ». Parce qu'il a sûrement ressenti cette déception. En revanche, tout ce qui est mis en paroles est apprivoisé, humanisé.

CH.C.-S. : *Mais prenons un événement typique dont, presque toujours, les parents n'osent pas parler : la mort d'une grand-mère par exemple.*

F.D. : L'enfant supporte très bien ce genre de nouvelle, toujours à condition de lui en parler. Il n'est pas très agréable pour les parents de l'entendre prononcer des phrases dans le genre : « Alors est-ce qu'elle est déjà complètement pourrie ou pas tout à fait ? » Mais c'est comme ça qu'ils parlent de la mort. Alors on peut leur dire : « Le corps oui, mais son cœur ne pourrira jamais, parce que nous l'aimons... » Et tout se passe très bien. Cette corruption du corps d'un être qu'on a aimé, c'est quelque chose d'intolérable. Et pourtant les enfants en parlent avec le plus grand réalisme. Pour eux, c'est très bien comme ça, ils n'ont pas peur de la mort.

Leur désir est beaucoup plus important que le souci de conserver leur corps, justement parce que chez eux le désir n'est pas lié au corps. Il est dans l'imaginaire, plus important que le corps.

CH. C.-S. : *Revenons à la mort de la grand-mère. Si on ne lui en parlait pas, l'enfant en souffrirait ?*

F.D. : J'ai vu des enfants à qui on n'avait pas parlé de la mort d'une grand-mère. Certains ont régressé de deux années de classe en un trimestre, au point de ne plus pouvoir écrire. Ils avaient sept ou huit ans. Après neuf ans, ils se sont mis à se méfier de leurs parents, qui viennent me dire : « Je ne comprends pas, maintenant il ne me parle plus, avant j'avais confiance. » Quand je leur demande s'ils lui ont caché un événement, la mort de quelqu'un, ils me répondent : « Oui, nous n'avons pas voulu lui dire, nous n'avons pas porté le deuil, c'est une grand-mère que nous ne voyions pas. » Mais un jour l'enfant va dire : « Tiens, je croyais

qu'il y avait une grand-mère. » On lui répondra :
« Oui mais, tu sais, elle est morte. » Alors il s'éton-
nera : « Mais pourquoi ne me l'avait-on pas dit ? »
Et il se sentira trahi. La famille, c'est énorme pour
un enfant, beaucoup plus que pour les adultes, qui
ont pu se détacher de telle ou telle personne.

CH. C.-S. : *Et pour lui, la famille, ce sont aussi des
voix, des paroles, des noms ?*

F.D. : La première chose à faire, lorsqu'un être
humain, homme ou femme, naît, c'est de le présenter à tout le monde. Il est né, il faut l'accueillir
et c'est par la parole qu'on lui fait sa place, en lui
présentant un à un les membres de la famille,
comme on le ferait à un nouveau venu. On ne
pense pas assez qu'un nouveau-né, c'est un
homme ou une femme qui commence son destin
dans un corps minuscule où tout va se développer,
et que toute parole va le marquer dans sa dignité,
comme un être à part entière à qui on manifeste
politesse et respect, en même temps, bien sûr,
qu'on le protège, puisqu'il en a besoin.

CH. C.-S. : *Lorsqu'un enfant vient au monde, il faudrait donc se présenter en lui disant « Je suis ta
maman » ?*

F.D. : Oui. « Je suis ta maman, je suis ton père,
voilà ton frère Un Tel, voilà ta sœur, voilà ta grand-
mère. » Il y avait une très jolie coutume en Chine.
Les mères chinoises devaient dire rituellement à la
naissance de leur enfant : « Je salue en vous, Mon-
sieur mon fils... », ou « Je salue en vous, Madame
ma fille, le digne descendant des ancêtres de mon

mari. » C'était comme on dit : « Bonjour, bébé ! »
C'était la phrase rituelle qu'une femme devait prononcer pour accueillir son bébé. L'accueil du bébé
doit être fait en paroles et en paroles vraies destinées à cette personne humaine qui arrive au
monde, dans le sexe qui est le sien, avec ce visage
et ce corps qui ne changeront jamais, qu'on
connaît et qu'on découvre pour la première fois. Je
crois que c'est très important.

CH. C.-S. : *Cette présentation l'aide à accepter les
autres et à s'accepter parmi eux ?*

F.D. : Au début, les pédiatres étaient tout à fait stupéfaits lorsque je leur disais : « Quand un nourrisson vient chez vous pour la première fois,
commencez par vous présenter à lui, appelez-le
par son prénom et chaque fois que la mère dit
quelque chose de lui, répétez-le en prénommant
toujours l'enfant. Parlez aussi à cette femme de son
mari, et à ce bébé de son père. Si la mère répond :
« Oh ! mon mari le voit si peu ou mon mari ceci. »
Tournez-vous vers le bébé et dites-lui : « Ah ! tu ne
vois pas beaucoup ton papa, il est très occupé. »
Reprenez toutes les paroles de la mère en vous
adressant à l'enfant. Au début, ils n'y croyaient
guère. Puis ils sont venus me dire : « J'ai essayé
avec un enfant qui braillait dès que je le touchais.
La seconde fois, il était complètement changé. À la
troisième, il venait et il me tendait les bras parce
que j'avais parlé à sa personne. » Quand les mères
étonnées me disent : « Mais il ne peut rien
comprendre. » Je leur réponds : « Écoutez, peut-
être ne comprend-il rien, mais à quel âge deve-
nons-nous intelligent ? On ne sait pas, alors

commençons tout de suite, simplement, pour les aider sans leur faire peur.» Et alors les mères s'aperçoivent aussi du changement. Quand elles disent en arrivant : «On va voir le docteur», l'enfant ne hurle pas comme c'est souvent le cas, il est content ; il a rencontré un ami qui va peut-être lui faire mal, avec des vaccins, mais qui lui explique : «C'est pour que tu ne sois pas malade ; tu vois, je suis obligé de faire ça, je vais te faire mal, tu peux pleurer, tu as raison.» Et puis, c'est tout, c'est fini, l'enfant, après ses larmes, fait un beau sourire.

CH. C.-S. : *Il semble que dans ces échanges, le prénom de l'enfant ait une importance extrême ?*

F.D. : Le prénom et le nom de famille, oui. C'est énorme. D'ailleurs, dans tous les rites liés à la naissance, on nomme l'enfant. C'est à ce moment qu'on lui donne son prénom. C'est le cas du baptême, de la circoncision, des rites initiatiques. Nommer l'enfant, c'est lui donner déjà sa place en tant que membre de la société. Ce nom l'intègre. C'est le son qu'il entendra chaque fois qu'un acte sera associé à lui, et finalement il s'y identifiera et s'y reconnaîtra en tant qu'être à part entière.

CH. C.-S. : *Aujourd'hui, les parents lisent beaucoup plus qu'autrefois, surtout des livres d'hygiène. Est-ce que vous constatez que ces soucis d'hygiène, de santé, prennent le pas sur le souci de communiquer ?*

F.D. : Autrefois il y avait souvent une grand-mère, il y avait du monde dans une famille, des gens qui faisaient le ménage ; et la maison n'était pas remplie à certains moments et vide à d'autres. Aujourd'hui, l'appartement est désert, sauf la nuit, un petit peu le matin et puis le samedi et le dimanche ; les enfants ne sont plus élevés dans un fond de paroles prononcées par les mêmes personnes.

À cette époque, ce n'était peut-être pas la maman qui comptait le plus, c'était la maison et la personne qui l'occupait le plus souvent, qui formait ce fond habité sur lequel la mère et le père disparaissaient et réapparaissaient. L'enfant avait une sécurité toute différente. C'est pourquoi je crois que maintenant il faut davantage lui parler.

Aujourd'hui nous élevons des enfants pour demain. Et il ne s'agit pas de reproduire la manière dont nous avons été élevés. Nous avons vécu. Ils sont autres, ils naissent dans des conditions nouvelles ; et nous devons leur donner une sécurité, une confiance en eux-mêmes beaucoup plus vite, beaucoup plus tôt que lorsque la sécurité était mieux assurée par les personnes de l'entourage et du lieu.

CH. C.-S. : *Le nombre de frères et sœurs est aussi plus restreint qu'autrefois ?*

F.D. : Oui, beaucoup plus et les naissances sont plus espacées. C'est comme si on avait plusieurs enfants uniques.

Pour le petit qui vient de naître, un frère ou une sœur de sept ans sont perçus comme des grandes personnes, comme des conjoints ajoutés aux parents. L'aîné s'occupe du bébé comme une grande personne. Et on l'admire : « C'est un vrai petit papa », « C'est une vraie petite maman ». Mais c'est très mauvais pour tous les deux de dire cela. L'enfant de six, sept ans est un enfant, et il doit avoir sa place en tant que tel dans la famille, avec des amis de son âge. Le bébé, lui, a trop de parents et il établit mal cette relation triangulaire essentielle entre le père, la mère et l'enfant.

CH. C.-S. : *Pourtant le contact entre enfants d'âges différents peut être enrichissant pour eux ?*

F.D. : Oui, mais malheureusement, dans les crèches, les enfants sont tous regroupés par âge, c'est le règlement. Depuis que j'en ai parlé sur France-Inter, certaines crèches ont tenté l'expérience. Elles mélangent les enfants depuis leur arrivée à deux mois jusqu'à leur départ à quatre ans. Réunir autour de la même maternante des enfants de tous les âges, c'est beaucoup mieux pour l'initiation à la vie sociale. Les grands apprennent à considérer les petits comme des personnes qui ont encore besoin de protection, et les petits ont envie de grandir pour parler comme les grands.

CH. C.-S. : *Ce genre de problèmes ne concerne pas seulement les psychologues mais toutes les personnes liées à l'avenir de l'enfant ?*

F.D. : Absolument, c'est ce que nous avons essayé de faire avec les *Cahiers du nouveau-né*, qui viennent de paraître aux éditions Stock sous le titre *Naître... et ensuite ?*. Cet approfondissement a lieu depuis qu'on s'est aperçu qu'il fallait reculer dans le temps et s'occuper des enfants dès leur naissance. Bien des enfants qui sont dérangés ou gravement inadaptés vers quatre ou cinq ans ont commencé leurs troubles tout petits. Et il aurait été bien plus facile de les rétablir si on s'était occupé d'eux au moment où les troubles apparaissaient. Mais à ce moment-là, les médecins ne le savaient pas ; ils ne s'occupaient que du corps et pas de la relation mère, père, enfant. L'enfant était considéré comme une petite chose adorable, mais pas comme une personne.

Comprendre la petite enfance

Reader's Digest,
juin 1979.

VIRGINIE HENRY : *Commençons par les problèmes de la toute petite enfance : comment, à votre avis, faut-il traiter les nouveau-nés ?*

FRANÇOISE DOLTO : Un nourrisson a besoin, dès l'instant de sa naissance, de la voix, de l'odeur, du contact de sa mère. C'est pourquoi j'encourage les jeunes mères à donner le sein à leur enfant ou, quand ce n'est pas possible, à le tenir contre elles et à lui parler quand elles lui donnent le biberon. Une mère doit aussi porter souvent son enfant, jusque vers quatre ou cinq mois, par exemple dans un de ces porte-bébés en tissu qui permettent de le garder contre soi tout en vaquant à son ménage et à ses courses. Cela restitue au bébé le rythme apaisant du corps de sa mère, au temps où elle déambulait partout en le portant dans son ventre.

V.H. : *Les femmes qui travaillent sont souvent angoissées à l'idée de devoir confier leur bébé de deux mois à une nourrice ou à la crèche. Y a-t-il moyen de préparer l'enfant à cette séparation ?*

F.D. : L'important, pour le bébé, c'est de maintenir une continuité entre les personnes qui s'occupent de lui. Il faut, en quelque sorte, que la mère « habite », qu'elle « mamaïse » l'endroit où l'enfant va bientôt passer ses journées. Pour cela, il serait bon qu'à plusieurs reprises, de préférence avec son mari, elle se rende chez la nourrice choisie : le bébé, de cette façon, se familiarisera peu à peu avec la présence, l'odeur et la voix de celle-ci. On ne verrait plus ainsi des enfants-paquets déposés et repris en toute hâte chez la nourrice ou à la crèche. L'idéal, finalement, serait que, dans chaque entreprise, il y ait une crèche : il suffirait d'une grande pièce où les mamans déposeraient leurs enfants, sous la garde d'une ou de plusieurs personnes, et où elles viendraient les nourrir, jouer avec eux au moment de la pause.

V.H. : *Le père a-t-il un rôle à jouer dans les tout débuts de la vie de l'enfant ?*

F.D. : Le père, généralement tenu plus éloigné de la maison par son travail, doit être présent dans la parole de la mère. Celle-ci doit parler à l'enfant de son père en lui disant « *ton* papa », non en l'appelant « papa » ou par son prénom. De la même manière le père parlera de « *ta* maman » et l'appellera « *mon* fils, *ma* fille », avec son prénom. Les petits ont besoin que leur père s'occupe d'eux. On voit de plus en plus des pères donner le biberon aux nourrissons ou les changer.

V.H. : *L'arrivée d'un second enfant provoque géné-ralement chez l'aîné, lorsqu'il a entre dix-huit mois et cinq ans, une jalousie violente. Comment faire pour éviter cela ?*

F.D. : Cette jalousie est inévitable. La plupart du temps, les parents présentent l'arrivée du bébé comme une bonne nouvelle. Mais le nouveau venu met l'enfant devant une grave épreuve : pour la première fois, quelqu'un de son entourage est plus petit que lui, et tout le monde semble s'y intéresser plus qu'à lui. Il vaut donc mieux qu'il ait été pré-venu à l'avance : « Nous allons avoir un bébé, mais tu sais, un bébé, ça pleure tout le temps, ça ne sait pas jouer. D'ailleurs, ne t'en fais pas, tu n'auras pas à t'en occuper. »

Pourquoi procéder ainsi ? Parce qu'un enfant cherche à imiter ceux qu'il admire. Si père et mère semblent admirer le bébé, il est tentant pour l'aîné de prendre celui-ci pour modèle et de faire ce que nous appelons une « régression » : il arrive qu'il recommence à se mouiller, redemande le biberon, ne veuille plus marcher ou agresse le bébé. Il exprime à la fois sa souffrance et son désarroi.

V.H. : *Mais une fois le bébé venu au monde, com-ment traiter l'aîné ?*

F.D. : Il faut inciter l'aîné à ne pas s'occuper du bébé : « C'est l'affaire des papas et des mamans », devrait-on lui dire. « Quand tu seras un papa (ou une maman), tu t'occuperas du tien. » Le soutenir aussi dans son propre développement, en lui fai-sant sentir qu'il était, au même âge, encore plus mignon que le nouveau venu. Et cela, c'est le père qui peut le faire, ou alors une tante, ou une grand-mère. Si l'aîné est un garçon, mieux vaut que ce langage soit tenu par un homme. Son père lui dira, par exemple : « Viens ! Nous, les hommes, on va aller se balader. Toi, tu es grand. On va laisser maman avec le bébé. » Il est bon, aussi, d'inciter l'aîné à jouer avec des enfants de son âge. En agissant ainsi, on constate des choses surprenantes : j'ai vu des enfants de moins de deux ans acquérir la parole avec une étonnante rapidité — huit jours dans un cas — pour s'identifier à leur père ou à l'adulte qui les avait pris en charge.

V.H. : *Cependant il peut y avoir, au début, des comportements d'agressivité à l'égard du nouveau-né. Comment réagir ?*

F.D. : Surtout ne pas gronder brutalement. L'enfant est déjà assez penaud de ce qu'il a fait ! Il faut le prendre à part et lui expliquer calmement : « Tu vois comme tu es fort. Ton petit frère (ou ta petite sœur) est tout petit, faible comme toi quand tu étais tout petit. Quand il sera grand, vous jouerez ensemble. Mais le mordre ne sert à rien. »

Il y a un risque inverse que je voudrais signaler : lorsque l'aîné a plus de cinq ou six ans, il veut souvent s'occuper du bébé plus que le père ou la mère. Et c'est très mauvais pour lui si, au lieu de vivre, de jouer et de grandir au milieu de camarades de son âge, il se met à être une vraie petite maman ou un vrai petit papa. Très mauvais également pour le bébé : sa maman aura deux têtes et deux voix.

V.H. : *Comment obtenir que les enfants soient propres ?*

F.D. : Vous voulez dire continents ? Il n'y a pas d'apprentissage de la continence. Cela vient tout seul, mais seulement lorsque le système nerveux central est entièrement achevé, soit aux alentours de deux ans, deux ans et demi, pour la simple raison que tous les mammifères sont continents, à commencer par le petit de l'homme. La seule chose qu'on ait à enseigner à un enfant, c'est la « civilisation de la continence », autrement dit le lieu où il doit déposer ses excréments.

Les enfants qu'on n'embête pas tout le temps avec ces histoires de pipi-caca, eh bien, ces enfants-là demandent tout naturellement, à partir de l'âge approximatif de deux ans, à faire comme les adultes. Ce sont eux qui interrogent : « Qu'est-ce que tu vas faire dans cet endroit ? Moi aussi, je veux y aller. » Et on leur répond : « Mais bien sûr, tu peux y aller. Le pot y est ! » Avant cet âge, il est parfaitement inutile d'exiger des enfants qu'ils soient propres.

V.H. : *En matière de nourriture, préconisez-vous la même attitude décontractée ?*

F.D. : Absolument. Il y a quelque chose de pervers à vouloir faire manger un enfant qui n'a pas faim. C'est seulement à partir de sept ans que les rythmes des enfants sont à peu près ceux des adultes. Et puis, il y a des périodes sensibles pendant lesquelles l'enfant ne mange pas. Par exemple, quand il découvre la marche, il n'a absolument pas envie de manger pendant une huitaine de jours : il est tout entier occupé au plaisir de sa découverte. Il faut tout simplement lui parler, lui expliquer qu'on comprend ce qui se passe : « Tu es tellement content de marcher que tu n'as pas envie de manger ; tu sais, si tu as trop faim tout à l'heure, il y a du lait, du fromage. Tu n'auras qu'à demander. »

V.H. : *Et pour le sommeil ?*

F.D. : Il faut faire preuve de la même souplesse. Il est important que le coin où dort l'enfant soit aménagé de manière à lui permettre de se coucher tout seul quand il en éprouve le besoin. La solution consiste à poser un matelas à même le sol ou installer un lit facile à escalader.

Mais attention ! Les parents doivent savoir dire à l'enfant : « Maintenant, tu vas dans ta chambre, tu peux jouer, lire, et tu te coucheras quand tu en auras envie. Mais nous, nous avons besoin d'être tranquilles. » C'est tout le problème de la liberté en société, si troublant pour les parents : respecter un enfant, c'est l'intégrer à la vie des adultes, mais c'est aussi l'inciter à les respecter à son tour.

V.H. : *Comment lui apprendre, par exemple, à ranger sa chambre ?*

F.D. : Au-dessous de quatre ans, l'enfant aime avoir ses objets par terre, tout autour de lui, à sa hauteur. Après qu'il s'est endormi, on peut, bien sûr, remettre de l'ordre. Il y a des enfants qui désirent s'endormir avec un jouet. Pourquoi pas ?

Entre quatre et six ans, on peut l'initier au rangement — et pas seulement dans sa propre chambre — en lui proposant, par exemple : « Tu m'aides ? On va ranger un peu. » Et pendant qu'il range un ou deux objets à son rythme, soi-même, on en range plusieurs.

V.H. : *Quel est l'âge idéal pour mettre un enfant à l'école maternelle ?*

F.D. : L'école n'a d'intérêt pour l'enfant que quand il sait déjà s'occuper seul, bavarder avec son ours, quand il a déjà joué en liberté avec d'autres enfants. Sauf dans le cas de certains bambins extrêmement délurés, je pense que deux ans et demi, c'est trop jeune pour aller à l'école, surtout pour un enfant unique ; mais ce n'est pas trop jeune pour que sa mère l'habitue à la fréquentation quotidienne d'autres enfants. Si, à trois ans, l'enfant connaît son nom, son âge, son adresse, s'il sait s'habiller à peu près seul, cela me paraît un bon âge pour entrer à la maternelle. D'ailleurs, il le désire.

Il faut que l'enfant ait l'autonomie de son propre corps. Ce n'est pas tant une question d'âge que de niveau.

V.H. : *Doit-on élever différemment filles et garçons ?*

F.D. : Ils s'élèveront d'eux-mêmes différemment. Pour des raisons biologiques, ils n'ont pas les mêmes modalités d'appréhension du monde. Ce qu'il faut, par contre, c'est très tôt faire référence à leur différence sexuelle, les rendre fiers chacun de leur sexe. Mais s'il s'agit de savoir quels jouets leur donner ou quelles tâches leur confier à la maison, aucune différence : on peut aussi bien donner une poupée au garçon s'il en veut une qu'un camion à la petite fille qui le désire.

V.H. : *Que doit-on faire avec les enfants qui commettent de petits larcins : sucettes, crayons, livres, etc. ?*

F.D. : Le chapardage est une affaire très sérieuse, même avec un tout-petit, et il est regrettable que beaucoup de parents le prennent à la légère. Parfois, un enfant ne sait pas faire la différence entre le *tien* et le *mien*, mais ce n'est pas encore du vol. Dans ce cas, il se laisse prendre ses propres jouets avec autant de bonheur qu'il prend ceux des autres. C'est une part importante de l'éducation que d'enseigner dès le plus jeune âge à garder ce à quoi l'on tient, à donner si l'on veut, à demander et à ne jamais prendre.

Quand l'enfant prend un objet dans un magasin, sans rien dire, comment réagir ? Certainement pas en criant ni en lui flanquant une bonne raclée, ou encore en fermant les yeux ! Il faut parler à l'enfant, lui expliquer les choses simplement : « Cette sucette que tu as prise, l'épicier, lui, l'a payée. Imagine que chaque jour dix ou vingt petits garçons comme toi volent une sucette ? Comment va-t-il s'en sortir, nourrir sa famille ? Alors, cette sucette, nous allons, ensemble, la lui rendre ou la lui payer. » L'important, c'est qu'un enfant puisse toujours dire ce dont il a envie, mais pas toujours le faire.

V.H. : *Les pères de famille sont fréquemment absents du foyer. Comment aider les enfants à vivre une telle séparation ?*

F.D. : Avant tout, il ne faut pas avoir peur d'en parler avec eux. La mère doit dire qu'elle n'aime pas être séparée de son mari ; le père, qu'il est privé de sa famille, qu'elle lui manque, et expliquer pourquoi il en est ainsi. Un père de famille qui voyage beaucoup m'a raconté qu'il s'efforçait d'expédier à ses enfants des photos prises sur son lieu de travail. D'autres encore ne reviennent jamais sans rapporter un petit cadeau.

V.H. : *Face à l'éducation sexuelle, comment faciliter la tâche des parents ?*

F.D. : Des questions indirectes sur ce sujet viennent toujours dès l'âge de trois ou quatre ans. Pour répondre à la curiosité de l'enfant, il est bon, alors, d'utiliser les occasions qu'offre la vie quotidienne. Par exemple, quand on rencontre une femme enceinte : « Tu ne savais pas que les mamans portent leur bébé dans le ventre avant la naissance ? Et sais-tu qui lui avait mis la graine de bébé dans le ventre ? Eh bien, c'est le papa du bébé ! Tu verras, dans quelques semaines, cette dame n'aura plus de gros ventre, mais un landau avec le bébé dedans. »

Surtout pas d'histoires ridicules de roses ou de choux ! La vérité. Car les enfants finissent toujours par apprendre la vérité ; ils se demandent alors pourquoi on leur a menti, et c'en est fini de leur confiance.

V.H. : *Que faire lorsque les questions deviennent plus précises ? Par exemple : « Comment est-ce qu'on fait des bébés ? »*

F.D. : Cela dépend de la maturité des enfants : la plupart d'entre eux ne sont pas capables de comprendre les détails anatomiques. Mais pour ceux qui le sont, les mots existent, il faut s'en servir. Seulement, il est souhaitable que les mères parlent aux filles et les pères aux garçons.

V.H. : *Que diriez-vous s'il vous fallait résumer d'une phrase le principe essentiel qui doit guider les parents ?*

F.D. : Comprendre l'enfant, le respecter et l'armer pour la vie. N'est-ce pas d'ailleurs aussi une manière — *la* manière — de l'aimer ?

Violence sans parole

L'École des parents,
juin 1984.

Pour moi, la violence pourrait se définir ainsi :
« C'est quand on ne dit *pas* ou qu'on ne dit *plus*. »
Alors on se jette sur l'autre, corps à corps... La violence existe à tous les niveaux, en commençant
aux premiers mois de la vie, d'une manière qui
n'est pas toujours évidente à percevoir.

Ainsi quand une mère donne à téter à son enfant
ou lui donne le biberon, il lui arrive de le couvrir
de caresses : c'est lui faire violence. On l'a
constaté, les bébés trop caressés pendant qu'ils
tètent deviennent des enfants « mordeurs »
lorsqu'ils commencent à marcher. On ne voit pas
d'enfants mordeurs lorsque leur mère les a nourris
en leur parlant, sans tripoter oreilles et cheveux,
pinçoter cuisses et mollets. Mais quand un enfant
est dérangé dans un moment de satisfaction d'un
besoin impérieux, de sommeil, de nourriture,
quand il est bécoté sans cesse, il réagit plus tard en
« bouche mordante » qu'il est devenu : l'avidité de
sa mère voulait, en quelque sorte, faire de lui un
téton, alors qu'il n'est à ce moment-là qu'une
bouche. En fabriquant par ce comportement des
bouches et des tétons, le langage de la morsure est

précocement inculqué à l'enfant comme modèle de langage de grand.

La violence se manifeste aussi à travers ce que subit le petit enfant, dès sa naissance. On en a souvent parlé... Ainsi, à la maternité, le nouveau-né est repris à sa mère pour être emmené dans une pièce où les bébés braillent en détresse. Rentré à la maison, il est souvent dans une chambre à part. Pourquoi le mettre au secret alors qu'il aime sentir la présence d'autres êtres dans une sorte de connivence ? La preuve en est que, dans la pièce où tout le monde se tient, il cesse de crier si on lui parle, et s'endort si cela lui est nécessaire, aussi bien et mieux encore que seul dans une chambre.

Un peu plus tard vient la crèche. La société construit des crèches et a raison de le faire mais il faut au petit enfant en société l'assurance de la présence de ses parents, car il ne sait pas encore *qui il est*. Fils d'Un Tel, d'Une Telle ? À partir du moment où il est bien assuré que sa mère, son père ne l'oublieront pas et qu'on reviendra le chercher, il peut être laissé. Mais attention ! Ne vous jetez pas sur lui pour l'embrasser le soir. Il vaut mieux lui parler d'abord pour ménager le changement et, à la maison, on pourra s'embrasser. Souvent, un enfant s'adapte bien à la vie collective, comme un petit objet partiel de cette masse parlante qu'est la crèche, mais quand il retourne vers sa mère, il est *régressif*, il se colle à elle, n'entreprend rien tout seul. Il n'est pas avec elle dans une *relation parlée*. Pendant la semaine, avec les puéricultrices et les enfants, il ne se comporte pas du tout ainsi. Mais il a été violenté, divisé en quelque sorte, par cette situation double, qui d'un côté met l'enfant au milieu d'une collectivité agissante, où on lui parle et il s'exprime comme membre de la collectivité, et de l'autre le remet en position de rattrapage, comme si le temps qui a manqué à la mère ne pouvait se combler que dans une relation de corps à corps.

Retirer un enfant à une nourrice qui l'aime, c'est aussi une violence. Il faut bien se dire que si la nourrice est bonne, l'enfant n'en aimera que plus sa mère. Il peut avoir plusieurs mamans, mais il lui faut savoir qu'il n'a qu'une seule mère de naissance, celle qui l'a porté en son sein. Toute autre personne tutélaire maternante peut être appelée maman. Cela ne trompe pas un enfant qui sait qui a été ou est (s'il l'a encore) sa «mère» de naissance, cette maman unique. Un enfant peut mourir de l'abandon de sa mère. S'il n'en meurt pas, c'est qu'il a reçu, avant, assez d'affection pour survivre à cet abandon. (Rien n'est à réparer, ni remplacer. C'est prendre le relais, tout du long.) Mais il a besoin qu'on lui parle des événements qui les ont séparés. Des enfants perturbés qui n'ont pas vécu avec leur mère et qu'on amène chez un psychanalyste sont tout à coup en éveil si on leur parle d'elle, de leur mère de naissance. Leur peine profonde se dénoue, souvent dans les pleurs. Les «maternantes» (il s'agit ici du personnel d'accueil de l'Aide sociale à l'enfance qui prend en charge des enfants dont les mères ne peuvent pas s'occuper. Les mères leur rendent visite, selon un rythme qui est décidé en commun) qui en ont la charge déplorent ces larmes : «Pourquoi leur faites-vous de la peine... ?» Elles ne comprennent pas que cette peine elle-même réhumanise l'enfant. En parlant de l'histoire de l'enfant, nous remontons ensemble au moment où il a vu sa mère pour la dernière fois. Si la « maternante » avait déjà à cette époque la charge de l'enfant, nous constatons ensemble qu'elle ne lui a jamais parlé de sa mère quand par exemple celle-ci, de dimanche en dimanche, n'est pas revenue le visiter. Pourtant, elle a remarqué qu'il l'attendait...

Il m'est arrivé de voir un enfant tomber dans l'autisme à partir du moment où celle des « maternantes » qui avait connu sa mère a été changée : elle constituait le dernier lien avec sa mère. Il avait seize mois, son développement relationnel totalement arrêté à neuf mois. Il a guéri en comprenant son désir de mourir à partir de la séparation d'avec cette maternante-là. Une vérité fondamentale qui n'est pas dite est à l'origine de névroses ultérieures. J'ai pu le vérifier à la Maison Verte, une maison de quartier ouverte aux enfants, de la naissance à trois ans, accompagnés de leurs parents, où il est possible à chacun de parler et d'être écouté. Les adultes s'y reposent, en rencontrent d'autres, parlent de leur vie. Les personnes d'accueil parlent aux enfants de ce que dit leur mère ou leur père. Un moment vient où les parents réalisent que la relation qu'ils ont avec leur enfant est profondément modifiée quand on lui explique précisément ce qui le concerne, lui, dans ce qu'ils racontent de leur vie et lui ont tu jusque-là : véritable révolution, autant pour les parents que pour tout l'entourage. Désormais, l'enfant « écoute » ce qui le concerne. À partir du moment où on a mis en paroles les souffrances de la mère, ses déceptions à sa naissance, les difficultés familiales, l'enfant n'a plus besoin de manifester de malaises. Plus de sirops pour dormir, ni de refus alimentaires. Il lui manquait avant tout l'humanisation qu'apportent les paroles vraies de deuil ou de souffrance auxquels il a été mêlé depuis le début de son histoire de sujet désirant. Il est triste de constater que beaucoup d'êtres humains, les plus sensibles et les plus précocement attentifs à leur entourage qui parle — mais ne leur parle pas des épreuves familiales ou personnelles —, font actuellement le déchet de notre civilisation, soumis aux agressions sans qu'ils aient bénéficié de cette humanisation indispensable qu'est à toutes nos émotions la médiation du langage.

Quand on voit un petit enfant qui en mord un autre, le renverse, ces comportements sont « humanisés » par les mots des adultes qui cherchent à exprimer le sens intelligent de ces agissements. Si vous savez « parler » leur violence qui traduit leur intérêt réciproque, sans blâmer les actes, ils vont même devenir les meilleurs amis du monde.

Par exemple, à la Maison Verte, une éducatrice dit à deux petits qui se disputent un jouet : « Tiens, il s'est passé quelque chose entre vous !... Que s'est-il passé ? » Le plaignant va alors se plaindre à sa mère, pleurer trois secondes dans son giron en montrant du doigt le « méchant », puis, dès qu'il est consolé, il retourne vers l'agresseur. « Il a vu que ce n'était pas grave et il a envie de revenir au jeu... », commente l'éducatrice à la mère. Chacun tire un enseignement de ces jeux de fort-faible. Ce n'est ni bien ni mal, c'est la vie de relation qui s'expérimente. Un début d'amitié peut être raté si par angoisse l'adulte gronde, se fâche quand un petit est agressé par un moyen ou un moyen par un grand de trois ans. On doit au contraire intervenir auprès des deux enfants en paroles qui cherchent à donner un sens à leurs comportements passionnés : « Vous en avez des choses à vous dire ! Mais c'est difficile quand il y en a un qui est fort et l'autre faible. Toi, le grand, ça t'amuse de démolir le petit, mais tu as beau t'y amuser, tu ne redeviendras pas petit »... À ce moment, le regard du plus grand est fantastiquement intéressé. Il a compris ! Un « grand » agresse un petit, le petit qui est encore en lui et l'incite à la régression, parce qu'il ne veut pas redevenir petit. Chez l'être humain, *aimer*, c'est d'abord devenir *comme*. Se servir du jouet du petit, cela signifie devenir comme lui et le grand préfère démolir pour être le plus grand. Une fois que des enfants ont réalisé la cause de leur violence, ils deviennent alliés et s'amusent ensemble, malgré leurs tailles différentes.

Une mère qui passe en maternelle dit à la maîtresse : « Elle a une drôle de tête, cette petite ! » Et l'enfant vient vers elle en disant : « Pat'que je suis trisomie 21. — Qu'est-ce qu'elle dit ? — Elle vous dit qu'elle est mongolienne. » Effarement de la mère qui s'écrie : « Ah, mon Dieu, elle le sait ? »

En effet, cette enfant *savait*. Elle a fait une très bonne année de maternelle, mais ensuite la maîtresse du cours préparatoire n'a pas voulu la prendre et il a fallu la mettre dans une école privée. Beaucoup de difficultés viennent chez les mongoliens de leur capital génétique, mais beaucoup viennent aussi de ce qu'on ne leur parle pas *vrai*.

La même enfant est agressée (à deux ans et demi) par un petit garçon de quinze mois, aussi grand qu'elle, du genre bulldozer. Renversée par lui, la petite fait une grimace de souffrance, puis se relève sans mot dire. Je dis alors au jeune agresseur : « Si elle a une drôle de tête, c'est qu'elle est trisomique vingt et un, tandis que toi, on dit que tu as une drôle de tête mais tu es tout à fait bien portant. Tu n'avais pas besoin de la renverser ! Mais elle n'est pas fâchée et pourrait être une amie pour toi. » Il tourne autour d'elle, puis vient lui apporter un objet. Alors elle le prend par le cou, l'amenant à son père qui est là, venu la chercher. Contentement sans guère de paroles ! Au fond le garçon ne demandait qu'à entrer en communication avec elle, ce qui aurait pu être raté...

Chaque fois que nous voyons un enfant en agresser un autre, c'est qu'il est intéressé, rendu curieux ou bien a envie de prendre un objet possédé par l'autre. Il fait en somme un essai. C'est le cas du petit si fier de prendre l'objet qui intéresse le grand. Même s'il ne sait pas s'en servir, il va se sentir grand d'avoir quelque chose de l'aîné. Et expliquant cela aux enfants, la violence disparaît, si le comportement n'est pas dramatisé par l'adulte. L'adulte est malheureusement tenté de rejeter le comportement des enfants qui ont pris un risque, couru un risque ou fait courir un risque à un autre.

Même en classe, l'adulte ayant charge d'enfant doit savoir que c'est par le vocabulaire et la parole qu'on lutte contre la violence secondaire. Quant à la violence primaire, c'est une recherche de contact qu'il faut interpréter comme telle, sans jamais blâmer celui qui a été vaincu...

Ne jamais demander à un enfant fort de protéger un plus faible ! S'il faut être faible pour susciter la protection de l'adulte, l'enfant n'aura jamais envie de devenir fort. À nous de faire attention aux mots nécessaires et quand un enfant souffre trop, de lui dire : « Tu es encore trop petit pour aller avec ces grands-là ; quand tu seras plus fort, tu pourras sans risque aller vers eux. » C'est tout ! Ne jamais obliger un grand à avoir pitié d'un petit. Les grands n'ont pas le sentiment maternel ni paternel et s'ils l'ont (en apparence), tant pis... plutôt que tant mieux. Ne les en complimentons pas, car *nous ne savons pas ce que nous faisons*... Se tolérer différents les uns des autres, c'est déjà très bien et suffisant comme visée éducative jusqu'à sept, huit ans, âge où l'œdipe est normalement dépassé.

Pour comprendre les inimitiés, il faut chercher quel serait le danger de l'amitié. Le danger, pour un être humain, est de perdre son identité auprès d'un autre, en devenant semblable à cet autre. Ceci est observé souvent chez les couples demandant conseil. Il faut donc toujours soutenir l'*identité* d'un enfant par rapport à tout autre, y compris par rapport à sa mère et à son père. Tout ce qui touche à la différence entre choses et personnes, entre les créatures vivantes et les objets inertes, qui ne meurent pas et ne font que se casser, est d'un intérêt prodigieux pour les enfants. C'est un moyen de surmonter la violence car les enfants croient qu'en attaquant un autre, comme s'ils attaquaient une chose, cet autre serait cassé... « Non, il ne se cassera pas ! » peut dire l'adulte.

Mais en général, on ne leur raconte pas la vie qui ne peut se définir que par la mort et on veut leur inculquer qu'il est mal de se bagarrer, alors que ce n'est ni bien, ni mal, même si cela fait mal au corps. Au fond et en réalité, il s'agit d'une communication insuffisante, sans paroles, entre deux êtres en danger, et qui risquent de perdre leur identité, s'ils se mettaient à s'aimer, du mode fatal qui est le leur avant la parole. Les adultes peuvent leur donner une certitude de cette *identité*, Un Tel, fils ou fille d'Un Tel et d'Une Telle, frère ou sœur, etc., de Tels et Tels. Cette certitude, qu'ils puissent la garder profondément en eux-mêmes, à travers tous les échanges, leurs gratifications ou leurs épreuves !

Cette approche s'applique aussi aux disputes autour des goûters des petits en maternelle : goûter préparé par la mère et qui lui est rattaché, par la part d'elle-même que chaque maman y a mis. « Si tu veux avoir une autre maman que la tienne, alors tu prends le goûter de l'autre. Mais, tant que tu ne peux pas préparer toi-même ton goûter, tu n'as que celui de ta maman et pas celui d'un autre ! » Tant qu'il est dépendant de sa mère, pas question de faire identifier un enfant à celui d'une autre femme !

Les enfants doivent aussi connaître la limite des droits qu'ont à leur égard les adultes qui s'occupent d'eux. Tel adulte est payé pour telle ou telle tâche, assumer telle responsabilité et jamais pour « l'aimer ».

Qu'est-ce que l'identité ? C'est à la fois être l'enfant de ses parents et avoir une histoire sexuée. Le prénom, masculin ou féminin, est significatif de cette histoire. Quand un enfant sait bien cela, on peut le laisser avec les autres. Il cherchera un moyen de communiquer, de progresser, de rivaliser avec l'autre, mais sans danger d'aliénation pour sa propre personnalité.

Pour les petits, ceux de la crèche, ceux de la

maternelle, la parole juste sur le sens — à décoder — de ces comportements fait disparaître la violence corporelle. Quant à la violence verbale, elle doit toujours être respectée. Elle s'exprime parfois dans une langue qui n'est pas la nôtre, qui est la langue maternelle de l'enfant : c'est très bien ainsi, et cette formulation est à respecter. Il n'est jamais mal de dire, il est parfois interdit d'agir ce qu'on dit et cela doit toujours être expliqué.

Les textes littéraires proposés aux enfants contiennent une part utile d'agressivité. J'ai vu un garçon de neuf ans ravi d'entendre son frère déclamer avec hargne les imprécations d'Hermione. À quoi bon une littérature puérile ? Les enfants éprouvent des sentiments *vrais*. À la télévision, des enfants de maternelle parlaient avec un jeune psychologue ; l'un d'eux confie : « J'espère que maman, elle n'écoute pas. Qu'est-ce que je prendrais si elle savait que j'ai une fiancée ! » Un enfant au cours préparatoire m'a dit un jour : « Moi... plus jamais j'aimerai, c'était terrible ! J'ai failli mourir, tellement j'aimais. — Quand ça t'est-il arrivé ? — En première maternelle... Je peux le dire maintenant. Elle est partie. Je pensais qu'à elle et quand j'arrivais, je pouvais rien lui dire. J'en ai parlé à mon copain... Faut jamais le faire... parce que c'est lui qui me l'a volée ! »

Même profondeur de sentiment chez une petite fille de six ans qui parle au milieu de quelques camarades de copains et d'amour. « C'est pas pareil quand on a un copain et quand on *aime* ! Quand on a un copain, on l'aide à attacher son anorak et on lui donne des bonbons. — Et quand on aime ? — Quand on aime, on fait exprès de les embêter pour voir s'ils vous aiment encore. Plus on les embête, plus ils vous aiment ! alors ! Pas vrai ? demande-t-elle à une copine. — Ouais, c'est vrai ! — Mais si on en a marre, on s'en va ! proteste un garçon. — Ce jour-là, y en a d'autres, y a pas que toi ! » répond la fille.

Exemples d'humanité vraie, qui parlait vrai parce que le psychologue écoutait vrai, alors que ces enfants n'auraient pas parlé ainsi devant leurs parents. Les instituteurs ne se doutent pas de tout ce qui se passe dans leur classe, plus important que la classe.

Si on faisait des tests concernant l'amour et le désir avant huit, neuf ans, les résultats seraient surprenants. Ils sont à l'âge de dire et d'entendre des choses vraies sur l'amour. Avant neuf ans, les enfants peuvent parler d'amour à un adulte, à condition que celui-ci ne moralise pas mais soit chaste dans son écoute respectueuse de l'enfant. Notre erreur est souvent de le violenter, en disant par exemple : « Tu ne sais pas de quoi tu parles ! C'est pas beau ce que tu dis là ! » Le dire n'est jamais ni beau, ni laid, il est juste quand le mot n'est pas impropre. L'agir peut être bien ou mal, mais pas le dire. Par la suite, à douze, treize ans, les tests sur l'amour, si on les faisait, troubleraient les enfants. À cet âge, on peut très bien lire chez soi, dans le silence, *Tristan et Iseult*... En classe, mieux vaut alors ne pas donner de textes sur l'amour, surtout dans les classes mixtes. Car la pudeur veille chez les enfants afin que les avenues de l'amour ne soient pas galvaudées par des pulsions érotiques seules.

Dans les classes de perfectionnement, les enfants vivent à un niveau régressif par rapport à leurs émois pulsionnels. Ils manquent depuis long-temps de représentations médiatrices de leurs émois affectifs chastes autant qu'érotiques. Ils manquent de vocabulaire, au sens total du terme Ils ne s'expriment alors que par la violence ou l'angoisse qui est phobie de violence. C'est par amour qu'ils s'exprimeraient, s'ils avaient des tex-tes leur permettant de mettre leurs sentiments esthétiques, filiaux, amicaux, amoureux. Ces tex-tes les introduiraient au langage, d'une façon qui, alors, les motiverait à la culture. Le vocabulaire qu'on veut leur donner (soi-disant de centres d'intérêts) ne les intéresse pas car il ne correspond pas à ce qu'ils ressentent, recherchent à dire. Moins les enfants ont de vocabulaire pour expri-mer ce qu'ils ressentent, plus c'est leur corps qui est la proie de la violence et de l'érotisme.

À travers notre éducation, nous enseignons à nos enfants qu'ils ne savent rien et que les adultes savent tout. Pourtant, ils ont l'expérience de tout ce qu'ils vivent et si nous leur fournissons les mots nécessaires, par la médiation de la littérature, des chansons, des poésies, ils peuvent dire, et de ce fait souffrent moins. Mais bien sûr, ni plus ni moins que les adultes, les mots ne recouvrent pour cha-cun que l'expérience qu'il a connue. Quel bleu voyez-vous quand vous parlez de bleu ?

Il arrive de rencontrer des jeunes mères qui consultent pour savoir comment faire la première purée de légumes pour leur bébé (si elles n'uti-lisent pas les petits pots). Elles s'imaginent que cette purée est bien différente de celle qu'elles font pour elles, qu'il faut stériliser, etc. Quelle violence a dû être faite à ces jeunes femmes depuis leur enfance pour être aussi désemparées devant quelque chose d'aussi simple et d'aussi naturel ! Si elles n'avaient pas cru que les « savants » étaient autrement qu'elles, elles auraient su faire...

Non seulement nous nous attachons à persuader nos enfants, et souvent les psy (les puéricultrices, médecins, idem avec les parents), qu'ils ne savent rien, mais nous passons notre vie à leur faire peur. Élever un enfant, ce n'est pas le blâmer pour ses comportements qui nous angoissent. Quelle violence faisons-nous, par exemple, à un enfant qui veut courir ! « Tu vas avoir chaud et après, tu vas avoir froid », disent certaines mères ! La peur de la maladie peut devenir obsessionnelle et ligoter l'enfant. Mais avoir du souci ne fait-il pas aussi partie de la joie maternelle ?...

À propos de
La Cause des enfants

Interview réalisée par Éliane Contini[1],
« Agora », France-Culture,
10 juin 1985.

ÉLIANE CONTINI : *Vous aviez huit ans et vous vouliez être médecin d'éducation. Un médecin d'éducation, c'était pour vous un médecin qui sait que des
enfants peuvent être malades pour des choses d'éducation et vous avez appris ce métier en regardant les
relations que vos parents avaient avec vos frères et
avec vos sœurs. Vous venez de publier un livre qui
vient toujours signifier la même chose que vous avez
faite toute votre vie, c'est défendre la cause des
enfants. Ce livre s'appelle* La Cause des enfants, *il
est publié aux Éditions Robert Laffont. Comment
cette intuition vous est-elle venue si tôt ?*

FRANÇOISE DOLTO : C'est bien difficile à dire. Je
pense que chaque enfant naît avec un capital génétique, d'une part, et, d'autre part, avec une certaine
place dans la famille. Moi, je crois que j'ai eu une
place très commode parce que j'étais deuxième
fille et quatrième enfant. Je crois que c'est très
important. La première fille et le premier fils sont,
pour les parents, leur point de mire. Il faut que la
famille commence par réussir avec cet aîné de
chaque sexe. Avant moi, il y avait encore un

deuxième garçon et, moi, j'étais une deuxième fille. Le fait d'être à une place comme celle que j'avais, avec des petits frères après moi — je n'ai pas eu de sœur après moi —, faisait que j'étais l'enfant charnière.

La chance, quand on est d'une famille nombreuse, c'est qu'on n'est pas tous à la fois dans le collimateur. Quand les parents désirent quelque chose pour un, ils le désirent si fort que les autres, pendant ce temps-là, ont la paix. Alors, ils peuvent être observateurs. C'était mon cas.

Il y a eu aussi les événements de la vie, c'est-à-dire la guerre de 14. Ça a été important. Peu avant la guerre de 14, nous avons déménagé, c'est-à-dire que nous sommes passés d'un appartement avec le gaz, le pétrole, les bougies dans les chambres, sans chauffage central, à un appartement dit moderne avec l'électricité. Et vous voyez, c'était en 1913. Il y avait déjà beaucoup de changements. Et puis, la guerre est arrivée qui a bouleversé les manières de vivre et même de penser pour beaucoup de personnes. Et il n'y avait pas la Sécurité sociale. La disparition du salaire d'un père, même dans les familles qui avaient l'air d'être aisées dans les quartiers où, moi, j'habitais — j'étais une enfant d'un milieu de bourgeois moyens —, eh bien, c'était vraiment la pauvreté. C'était extraordinaire pour une fillette de mon âge d'observer des gens bien mis, des grands-pères qui allaient à la soupe populaire pour décharger leur fille qui avait à s'occuper seule des enfants, le père ayant été fait prisonnier ou disparu — enfin, tous ces maux qu'on entendait et qui faisaient le malheur des familles. Et puis, il y avait ces maladies incurables qui, parce qu'elles étaient incurables, étaient honteuses. La tuberculose, c'était une maladie dont un enfant ne pouvait pas ignorer qu'elle signifiait la disparition des relations affectives avec le père qui était tuberculeux ou la mère qui n'avait pas le droit d'embrasser son bébé si, par malheur, elle avait un bébé tout en étant malade des poumons, poitrinaire, comme on disait. Alors, une enfant comme moi qui entendait tout ça comprenait le malheur du monde, celui auquel on ne peut rien faire et avec lequel il faut composer, le subir et essayer que les enfants vivent tout de même. Les familles s'entraidaient beaucoup pendant la guerre, beaucoup plus qu'avant parce que cela allait de soi. Le manque d'argent faisait que les gens s'entraidaient. Et puis, les difficultés aussi : le froid, ne pas être chauffé... tout cela m'a permis d'observer beaucoup de choses.

É.C. : *Et en même temps, à ce moment-là, vous vous êtes dit que, quand vous seriez grande, il faudrait bien que vous travailliez. Vous aviez envie de travailler, ce que votre mère n'avait pas fait, et ce qu'elle a accepté d'ailleurs assez mal quand vous avez grandi et que vous êtes devenue adolescente.*

F.D. : Oui, parce que j'étais la seule fille. Elle aurait très bien accepté si nous avions été plusieurs filles.

É.C. : *Oui, il faut dire que votre sœur aînée est morte.*

F.D. : Ma sœur aînée est morte d'un cancer de jeune quand j'avais douze ans. Cela s'est passé au moment où il y avait partout la grippe espagnole, si bien que nous savions que ce n'était pas la grippe espagnole mais un cancer, ce qui était aussi honteux que la tuberculose. Donc, il ne fallait pas le dire, vous voyez toutes ces choses très curieuses.

É.C. : *Vous aviez à la fois ce désir d'être médecin d'éducation, d'être quelqu'un qui s'intéresse aux enfants, et vous vouliez travailler. Donc, il fallait faire des études de médecine, mais on ne vous a pas fait faire tout de suite des études de médecine, et vous êtes devenue infirmière.*

F.D. : Oui, on m'avait autorisée à être infirmière et j'étais très heureuse parce que je me disais : c'est une monnaie d'échange si je ne réussis pas. Je n'étais pas sûre du tout. Je croyais que les études de médecine étaient très, très difficiles. Je ne dis pas que c'était facile, surtout parce que je les ai commencées à vingt-cinq ans, alors que j'avais arrêté mes études à seize ans en étant heureusement bachelière. J'ai donc pu les reprendre tout de suite, mais je n'avais plus du tout d'entraînement à l'étude, et c'était difficile. Je pensais donc que c'était une monnaie d'échange pour faire des études de médecine et, en effet, cela m'a beaucoup servi. Je crois que tous les médecins devraient avoir six mois d'infirmerie dans les hôpitaux pour comprendre, humainement, l'envers du décor, comprendre ce que c'est qu'un patient qui crâne devant le médecin, et comprendre ce qu'il faut comme travail à l'infirmière pour faire appliquer, ensuite, ce que ce médecin a dit.

É.C. : *C'est avec l'infirmière que tout le monde se lamente, le patient aussi bien que la famille.*

F.D. : Aussi bien que la famille qui n'ose pas parler au médecin, qui n'ose pas dire au médecin qu'ils mettent en doute son diagnostic. J'ai beaucoup appris, y compris l'adresse manuelle qui n'est pas du tout enseignée aux médecins.

É.C. : *Ce qui vous donnait un certain nombre d'atouts. En plus, au début, on se moquait de vous parce que vous parliez aux bébés.*

F.D. : Oui, pour cela, toujours, on s'est beaucoup moqué de moi. Ça, personne ne me l'avait enseigné, c'était naturel. Mais oui, j'ai vu que parler au bébé, ça changeait complètement le diagnostic de la même maladie.

É.C. : *C'est ce que vous n'avez pas manqué de faire pendant une cinquantaine d'années, et que vous continuez à faire.*

F.D. : Et puis j'ai écouté la façon dont les enfants me parlaient de leurs malheurs, et je me suis servie de leur vocabulaire, après, pour d'autres enfants. Par exemple, un enfant adopté ne dit pas : « Je suis adopté », quand on lui révèle, quand les parents lui révèlent. Il dit : « J'ai eu une autre maman de naissance. » C'est un vocabulaire d'enfant, ça.

É.C. : *Ce n'est pas vous qui l'avez inventé ?*

F.D. : Pas du tout.

É.C. : *Vous le dites couramment.*

F.D.: Je le dis maintenant parce qu'un enfant comprend ce que c'est qu'une maman de naissance et il ne comprendrait pas la mère génétique. La «maman de naissance», il comprend. Beaucoup d'autres mots aussi m'ont été donnés par les enfants.

É.C.: *Mais ce sont des enfants qui sont déjà en mesure de parler.*

F.D.: Oui, ce sont des enfants qui sont en mesure de parler.

É.C.: *Ceux qui ne parlent pas, vous savez, par expérience. Vous les avez vus vous écouter et vous comprendre, manifester de la peine ou, au contraire, être calmés par les mots que vous leur disiez.*

F.D.: Oui, tout à fait. J'ai vu aussi des parents me raconter l'enfance, les difficultés qu'il y avait eu dans la famille, et un enfant mimer une chose avec une telle insistance que je me disais : «Mais c'est autre chose qu'il me raconte, qu'ils ont oublié de me dire.» Et je dis : «On dirait que votre enfant me raconte que vous avez perdu un bébé. Vous ne m'en parlez pas. Est-ce que, près de chez vous, il y a eu un bébé que vous auriez pu retenir et que vous avez laissé tomber?» Les parents, stupéfaits, se regardent l'un l'autre, la mère riant en disant: «Ce n'est pas possible qu'elle puisse savoir ça!» Je dis: «Mais quoi? Savoir quoi?» Elle dit: «Eh bien, oui, j'ai fait une fausse couche au moment d'accoucher. Ça a été même... Oh! vous savez, ça n'a eu aucune importance parce que je savais que je pouvais en avoir d'autres », etc. Et tout d'un coup, pendant qu'elle parle et qu'elle rit de cela, la voilà qui se met à sangloter, son mari ne comprenant pas, la prenant par les épaules : « Je n'avais jamais compris à quel point j'avais souffert de cette fausse couche », devant laquelle elle avait crâné. Et l'enfant l'avait senti. Ce n'était pas une fausse couche en fait, c'était vers le sixième ou septième mois. L'enfant avait alors quatorze mois et elle ne lui avait pas raconté. Ils venaient me consulter parce que l'enfant ne parlait pas. C'était extraordinaire. Cette enfant avait tellement joué avec des poupées qui se trouvaient là, ce jeu de faire tomber entre les jambes de sa mère quelque chose qui est tombé par terre, je me suis dit : « Mais qu'est-ce qu'elle me raconte ? Il s'est passé quelque chose. Peut-être que c'est ça qui l'a empêchée de parler. » Je dis cela. La mère sanglote et dit : « Je vous demande pardon de pleurer comme ça. » Je dis : « Mais non. C'est naturel. » Et le mari lui dit : « Mais, si j'avais su que tu avais eu tant de chagrin ! Tu avais pris ça tellement crânement. Moi, j'avais beaucoup de peine. J'ai pu en parler, je ne sais pas à qui, mais, toi, tu avais pris ça tellement crânement. » Elle dit : « Mais oui, c'était vrai. Je ne me rappelais pas. » Et à ce moment-là, la petite : « Viens, papa, c'est une emmerdeuse ! », parlant comme vous et moi.

É.C. : *(rire)*

F.D. : Une enfant de quatre ans qui n'avait jamais parlé. Elle avait commencé des phonèmes, comme tout enfant petit, avant cet incident et peu à peu elle était entrée dans le silence. L'intelligence d'un enfant est fantastique. Il aide ses parents. Le mutisme de cette enfant était quelque chose qui était arrivé à la suite de la fausse couche. La mère était muette sur ce qu'elle avait souffert et l'enfant était devenue potentiellement muette par identification au « profond » de sa mère.

É.C. : *D'ailleurs, dans votre livre, vous dites justement que l'enfant aide ses parents, l'enfant ne se sentira jamais plus mal si ses parents vont mieux, alors qu'il arrive des cas où l'enfant se sent mieux et les parents vont plus mal.*

F.D. : Presque toujours.

É.C. : *C'est quand même quelque chose d'assez effarant.*

F.D. : Oui. Petits, les enfants sont comme les psychothérapeutes des parents.

É.C. : *Mais alors, vous avez vu beaucoup de cas comme cela, bien sûr. J'aimerais aussi que vous nous racontiez l'histoire de cette petite fille qui, vers quatre ou cinq ans, ne se tenait pas debout. Ses parents sont venus avec elle, et son père la portait.*

F.D. : Oui. Mais, écoutez. C'est ennuyeux de dire tout sur les ondes. Puisque c'est publié, les gens n'ont qu'à lire ces choses-là. Ce sont des consultations de psychanalyste et c'est banal pour des consultations de psychanalyste.

La relation profonde d'un être humain avec son entourage est ce qui le marque le plus. Voilà ce qu'on peut dire. Là encore, c'était une petite fille qui rendait service à son père en lui montrant : « J'ai besoin de toi. Il faut absolument que tu t'occupes de moi », alors que c'était un père qui s'occupait très peu de son foyer, terriblement occupé par son travail, mal reconnu dans une affaire de famille par son propre père un peu despote. S'il n'y avait pas eu cette petite fille pour le retenir à la maison, je crois qu'il serait resté à son travail jusqu'à minuit, tous les jours. C'était extraordinaire comme tout ceci se tenait. L'enfant, qui avait besoin d'être portée par le père, était trop lourde pour la mère, et le père qui était heureux de le faire pour sa fille ne se rendait pas compte que c'est parce qu'il faisait cela que, finalement, l'enfant jouait l'infirme qu'elle pouvait ne plus être.

É.C. : *L'un des points essentiels de votre défense de la cause des enfants, c'est de dire, de savoir, de comprendre, d'arriver vraiment à le faire, en tout cas, c'est de respecter les enfants, le respect d'un sujet qu'est l'enfant.*

F.D. : Vous voyez, je crois que beaucoup de gens sont psychothérapeutes d'enfants parce qu'ils pensent qu'un enfant, c'est moins fort qu'un adulte et que ça va être plus facile. À mon avis, c'est plus difficile en ce sens qu'un enfant est à respecter peut-être encore plus qu'on ne respecte un adulte, quand on parle avec un adulte. Parce que l'enfant est potentiellement plus fort que nous, et que tout ce que nous lui disons peut s'ajouter et faire qu'il ne soit pas reconnu comme humain mais comme animal de compagnie ou, au contraire, peut le libérer davantage de cet enfermement où sont les enfants dans toutes les sociétés — pas plus dans la nôtre. Je crois que ça vient de ce que les adultes, ayant, comme l'a découvert Freud, refoulé leur enfance, n'ont refoulé, en fait, que des choses qui paraissent dangereuses, sinon ils les auraient gardées. Si bien que les parents pensent qu'un enfant doit être maté, doit être dressé. Et vous savez combien cette éducation a été dramatique, celle dont Mme Alice Miller[2] a parlé. Je crois qu'on va, prochainement, parler sur les ondes de son livre, *C'est pour ton bien* — cette éducation absolument perverse des enfants qui a été celle de tous les nazis, entre autres, une éducation où l'adulte doit maîtriser ce danger qu'est un enfant. Les adultes ont peur. Si on les laissait faire, il n'y aurait plus de règles, alors qu'un être humain, quand il est aimé, respecté et qu'on lui donne les règles de vie d'un humain, il est très reconnaissant tout en restant libre. Ce qu'il faut, c'est élever les enfants, les laisser autonomes, libres de leurs initiatives, et surtout reconnaître qu'on ne peut pas satisfaire tous leurs désirs — c'est impossible puisqu'ils ont des désirs impossibles à satisfaire — mais toujours reconnaître que leurs désirs sont valables, même si on ne les satisfait pas.

É.C. : *Mais lorsqu'on dit « il faut » ou « on doit », c'est assez difficile si on n'a pas fait un travail sur soi-même, en tant que parent, c'est-à-dire pour être à l'aise avec l'enfant que nous portons en nous.*

F.D. : Et qui vient de l'éducation qu'a reçue la mère, et de l'éducation qu'a reçue le père. C'est certain. C'est pour cela qu'il faut des décennies pour remonter cette aliénation des petits en taille par rapport aux adultes. Il y a un gâchis terrible

avec les jeunes générations. C'est cela qui
m'émouvait déjà quand j'étais enfant ; c'est de voir
le gâchis qu'il y avait avec cette richesse dans
l'enfance, puis l'extinction de cette richesse, cette
aliénation à laquelle l'enfant souscrit en répétant
l'espèce de névrose obsessionnelle du « comment il
faut ». Autrefois, on disait « comme il faut ». Heureusement, il y a eu un changement et on est beaucoup moins hypocrite. Je crois que, pour beaucoup
de parents, cette liberté, cette connaissance de la
vie qu'ont les enfants très jeunes est un grand
avantage maintenant. On verra, dans vingt ou
trente ans, les enfants qui vont naître des enfants
qui ont aujourd'hui huit à dix ans, ils seront une
richesse très grande pour l'Europe, heureusement.

É.C. : *Dans votre livre, vous parlez aussi de ce qui
peut, à première vue, paraître paradoxal : le sentiment de sécurité que l'enfant peut acquérir si on le
laisse libre.*

F.D. : Oui. Le sentiment de sécurité, l'enfant
l'acquiert si on le laisse libre, au jour le jour, de
courir des risques à sa mesure, sans l'empêcher
d'en courir, en veillant à ce que les risques qu'il
court ne soient pas traumatisants mais le mettent
toujours devant un effort dont il sent avoir triomphé quand il y est arrivé, ce dont il faut, en effet, le
complimenter.

É.C. . *Par exemple, il ne faut pas dire : «Attention,
ne va pas là. » Il faut simplement dire : « Si tu vas là,
voilà ce qu'il va se passer. »*

F.D. : Voilà. « Tu vois, tu peux aller facilement jusque-là. Après, c'est un peu difficile. S'il arrive quelque chose, tu m'appelles », par exemple. « Tu as eu raison d'essayer » au lieu de lui dire : « Mais je t'avais défendu... »

É.C. *(riant) : « Je t'avais bien dit... »*

F.D. : « Je t'avais bien dit ! » Justement, c'est important quand un enfant a transgressé un interdit, s'il en parle, qu'on lui dise : « Ah, eh bien, je ne te savais pas capable. C'est pour ça que je te l'avais défendu, mais puisque tu l'as fait, félicitations ! »

É.C. : *Est-ce que cette liberté va à l'encontre ou va avec la permissivité ?*

F.D. : Oui, cela va avec la permissivité de tout ce qui n'est pas nuisible.

É.C. : *Il faut tout de même qu'à un certain moment il y ait une loi qui intervienne.*

F.D. : Mais la liberté de l'un s'arrête au moment où commence la liberté de l'autre. Je crois que beaucoup de choses viennent aussi de ce piège dans lequel sont les adultes, le piège de l'adoration de l'enfant, de l'adulation de l'enfant, et ils oublient leurs propres désirs pour les gens de leur génération. On voit qu'un enfant arrive à piéger sa mère : elle tourne en bourrique autour de lui, ou bien le père, c'est la même chose. Ils ne restent plus des adultes l'un vis-à-vis de l'autre. À la maison, un enfant naît, et tout le monde est centré sur les besoins, les prétendus besoins de l'enfant. Mais non ! Un enfant n'a pas du tout autant de besoins !

É.C. : *Oui, il faut faire une différence entre besoins et désirs.*

F.D. : Mais naturellement. On pense que l'enfant, il ne faut pas qu'il soit mécontent. Mais si ! Mais il faut lui dire de quoi il est mécontent : il est mécontent de quelque chose qui ne lui est pas essentiel et dont il n'a pas la satisfaction. On peut le laisser être mécontent.

É.C. : *C'est mettre des mots sur les choses.*

F.D. : Mettre des mots, voilà. L'enfant a besoin que tout soit dit et, lorsqu'il désire quelque chose qu'on ne peut pas lui donner, ne pas lui dire qu'il a tort mais qu'on ne peut pas lui donner. Par exemple, c'était le cas d'un enfant qui voulait un jouet et la mère dit : « Je n'ai pas d'argent ce soir. Je dois acheter le dîner plutôt que ce jouet. » Et l'enfant dit : « Ça m'est égal de ne pas dîner. » La mère dit : « Mais, nous aussi, nous comptons et nous devons tous dîner. » Justement, ce que je voudrais vous expliquer, c'est cette possibilité de donner à l'enfant un sentiment de liberté, donc, en fait, d'ouverture sur la vie, de capacité d'utiliser ce qu'il a en lui, ses désirs mais, en même temps, de le protéger et de lui donner une loi. Il n'y a qu'une loi. La loi primordiale, c'est l'interdit de l'inceste, et c'est surtout celle d'empêcher la liberté de l'autre là où est le désir de l'autre. Je crois que si, très tôt, l'enfant sait qu'il est un parmi les autres, au lieu d'être le centre de la famille, on peut y arriver très facilement, mais pour cela, il faut qu'il ait d'autres camarades de son âge. Si l'enfant n'a de camarades qu'adultes, il ne peut pas. Les parents sont comme des enfants et il les maîtrise, il est très fort, le bébé. Tout bébé est très fort sur sa mère et sur son père. C'est pour cela qu'il faut qu'il ait une fréquentation d'enfants de son âge très tôt et que les mères se fréquentent les unes les autres puisque c'est ainsi qu'elles vont apprendre à relativiser les difficultés et les prouesses de leur propre enfant par rapport à celles des autres. Je crois qu'il y a là quelque chose à faire dans notre société pour permettre les rencontres de mères avec d'autres mères, de pères avec d'autres pères, avec leurs enfants, sans leur faire des cours, mais pour qu'ils vivent entre humains qui sont des adultes ayant des désirs, avec des enfants qui ont leurs propres désirs mais sans que les enfants soient complètement les maîtres des parents tout le temps. Tout cela se faisait normalement par le passé mais nous sommes dans une société tout à fait différente maintenant : les familles sont nucléaires, les appartements sont tout petits, chaque pièce est chauffée, tout le monde est isolé chez soi, toutes choses qui étaient impensables encore quand j'étais enfant où il n'y avait que la salle commune qui était chauffée. Les chambres des enfants, même dans des appartements dits bourgeois moyens, n'étaient pas chauffées. Donc, on faisait ses devoirs là où se trouvait la personne qui aidait la maman, là où la maman raccommodait, et la maman faisait faire les leçons au grand, et le bébé était avec la grand-mère.

É.C. : *Cela impliquait d'être femme au foyer*

F.D. : Non, à cette époque-là, tout le monde travaillait, toutes les femmes travaillaient. Elles travaillaient à la maison et les enfants très tôt contribuaient au travail.

É.C. : *Pour les femmes qui travaillent, pour celles qui sont obligées de laisser des enfants tout petits à la crèche, vous avez fondé un lieu qui s'appelle la Maison Verte.*

F.D. : Que les enfants ont surnommé la «Maison Verte» parce que la boutique était bleue. Allez comprendre!

É.C. : *C'était en 1979. Donc, il n'y a pas très longtemps. C'est le seul centre de ce genre qui existe en France. Il se trouve place Saint-Charles, à Paris, dans le quinzième arrondissement.*

F.D. : Ce n'est plus le seul maintenant.

É.C. : *Ah bon? Dans votre livre, c'était encore le seul.*

F.D. : Maintenant, à Bruxelles, il y a une maison qui s'est fondée. Quelqu'un est venu travailler pendant deux mois chez nous et a ouvert un centre à Bruxelles. Maintenant on est en train d'en ouvrir, à Lyon, à Bordeaux, à Nantes, et puis un peu partout. Il y a quelque chose aux Ulis. Et puis il y a de plus en plus de garderies où les mères sont tenues de venir une fois sur trois avec leurs enfants, c'est-à-dire que ce sont des garderies où les mamans s'entraident, les unes les autres, en remplaçant du personnel insuffisant, et où les enfants apprennent à être avec d'autres et avec leurs parents, c'est-à-dire à partager leurs parents avec d'autres enfants au lieu d'être l'enfant unique, comme ils le sont obligatoirement maintenant.

É.C. : *Curieusement, cette Maison Verte est un lieu où les enfants, les tout petits bébés puisqu'ils ont deux mois, vont avec leurs parents, avec leur mère...*

F.D. : Tous les enfants. Aucun parent ne s'en va.

É.C. : *Ils ne déposent pas l'enfant pour aller..., même pas pendant cinq minutes. C'est cela qui est révolutionnaire, en fait.*

F.D. : C'est cela qui, d'une part, est révolutionnaire. Ensuite, c'est un endroit où nous parlons aux enfants ; c'est l'enfant que nous accueillons. Nous ne savons pas le nom de famille, nous ne savons pas le statut économique et social, nous ne savons pas le quartier où vivent l'enfant et ses parents.

É.C. : *C'est un lieu de paroles.*

F.D. : C'est un lieu de loisirs et un lieu de paroles, c'est-à-dire que tout ce que les parents disent de leur enfant, nous le disons à l'enfant.

É.C. : *Vous êtes un peu les intermédiaires d'une parole qui n'est pas encore complètement installée.*

F.D. : Mais, vous savez, les enfants viennent dès qu'ils ont huit jours. La mère vient en relevé de couches, elle le prépare, deux mois avant qu'il n'entre à la crèche, elle vient, et puis il va falloir qu'elle le sèvre parce qu'il va aller à la crèche et elle en parle, elle a du chagrin. Nous disons à l'enfant : « Ta maman a de la peine. Elle parle de la crèche. Tu entends ? » Et on voit les mimiques de l'enfant : il est tout à fait syntone à ce que la maman ressent. Peu à peu, il est préparé au fait qu'il restera toujours le même alors que, lorsqu'il est avec des personnes différentes, il subit le climat et — c'est une bonne image — il est comme un caméléon sur un plaid écossais. Alors, on le prévient par la parole, qu'il va être soigné par quelqu'un qui a la confiance de sa mère, mais qui ne sera jamais une maman et qui n'a aucun droit sur lui ; elle n'a que des devoirs, elle est payée pour s'occuper de lui pendant que la maman ne le peut pas. C'est fantastique comme les enfants comprennent cet auxiliariat de leurs parents, et ils ont finalement à la bonne les personnes qui veulent les aider, parce qu'ils sont sûrs qu'ils ne sont pas possédés par eux, et qu'ils ne vont pas être dépossédés de leurs parents par une personne qui s'occupe d'eux. Cela est très important. Extrêmement tôt, l'enfant connaît, si on les lui présente, les personnes qu'il rencontre, en lui disant qui ils sont et quel rôle ils peuvent avoir à son égard. Un rôle mais pas plus. Son identité n'est pas modifiée parce que quelqu'un d'autre s'occupe de lui. Il est toujours le fils, la fille d'Un Tel le père (avec son prénom), d'Une Telle la mère (avec son prénom).

É.C. : *D'ailleurs, vous dites qu'on peut lui parler chinois, turc ou français, il comprendra de la même manière.*

F.D. : Si la personne qui parle veut communiquer. Comment l'intention de communiquer est-elle comprise ? Nous ne savons pas. On dirait que l'enfant intuitionne la communication qu'on lui fait. Il est reconnu comme un humain dans le langage, car l'être humain, dès l'enfance, est dans le langage, complètement, c'est ce que je vous disais tout à l'heure du mime d'une petite fille pendant que les parents parlaient quelque chose. Avec la meilleure intention du monde, ils n'avaient pas pensé que c'était important cette histoire-là, ils l'avaient laissée dans le silence, le mutisme qui s'était mis à posséder cette petite fille, ils n'avaient pas du tout fait le rapprochement.

Tout est langage chez l'enfant. Et nous voyons bien, quand les parents parlent de quelque chose, les mimiques de l'enfant qui se met à l'unisson de ce que la maman est en train de dire. C'est pour cela qu'il faut lui parler. « Oui, ta maman est en train de parler de toutes les disputes qu'il y a avec mamie. Mamie, c'est ta grand-mère. — Il ne faut pas lui dire ! » Il le voit tous les jours. Il vaut beaucoup mieux qu'il sache. « Tu sais, mamie, c'est la maman de ton papa. Ton papa a été dans le ventre de mamie avant de naître. Il a été un petit garçon. » C'est fou de voir l'éclairement de l'enfant dans les relations familiales. Il peut aimer sa mamie alors que sa mamie n'est rien pour sa mère. « Elle n'est pas de la famille de ta mère mais elle est de ta famille à toi. » Vous dites cela à un enfant de quatorze, quinze mois qui est tout le temps dans les disputes, qui hélas ! appuie sur la chanterelle et se débrouille pour faire dire à la mamie des choses en opposition : « Mais si ! laisse-le faire ! » Tout le temps des tensions quand la belle-mère est là. À partir du moment où on a expliqué ces tensions à l'enfant et ce qui se passe à la maison, la mère dit : « Mais c'est inouï. Maintenant, il évite qu'il y ait des histoires. Il n'y a plus d'histoires quand ma belle-mère est là. On dirait qu'il a compris qu'il ne faut pas en rajouter. »

É.C. : *Et cela, vous l'aviez compris quand votre frère avait quelque chose comme cinq ans, que la gouvernante et la cuisinière se disputaient, et que lui vomissait. Et le médecin le mettait à jeun alors qu'il avait faim et qu'il vomissait.*

F.D. : Oui, le médecin disait qu'il ne fallait pas qu'il sorte pendant trois jours parce qu'il couvait peut-être quelque chose. C'était terrible. Et moi qui savais, je ne pouvais pas raconter. Parce que, dans une famille nombreuse, on ne « cafte » pas.

É.C. : *Vous le saviez mais vous ne pouviez pas le dire.*

F.D. : Je ne pouvais pas dire qu'elles s'étaient disputées. Je ne sais pas, on ne m'aurait même peut-être pas crue. « De quoi tu te mêles ? » Les parents n'auraient pas fait le rapprochement. Pour eux, il était physiquement malade. Ça ne va pas de soi, les réactions psychosomatiques d'un enfant. Maintenant, la plupart des pédiatres les connaissent.

É.C. : *Je crois que vous avez été la première...*

F.D. : Oui, probablement. J'étais un peu en avance.

É.C. : *Pour résumer, je crois que ce qui est impor-*
tant, c'est un respect, un respect qui parle la parole,
une parole qui doit être authentique, qui est une
parole vraie, qui est une parole de ce qu'on ressent,
de ce qui se fait, qu'il ne faut pas avoir honte de dire
ce qui se passe réellement.

F.D. : Si on peut le dire. Il y a des mères qui ne
pourraient pas parce qu'elles n'ont pas la parole
pour ça. «Écoute, j'aimerais bien te l'expliquer
mais je ne sais pas. Demande à d'autres personnes.» Ça, c'est déjà énorme. Quand les enfants
posent des questions sur des points brûlants, les
relations entre les parents qui souffrent l'un de
l'autre, par exemple. «Écoute, ça me fait trop de
peine pour te répondre, mais demande à ta tante.
Elle t'expliquera mieux que moi», par exemple.
Cela, on peut le faire. Une mère peut toujours dire :
«Je ne peux pas. Ça me fait trop de peine. Ne me
parle pas de ça. Mais c'est très bien de chercher à
savoir. Demande à quelqu'un d'autre», au lieu de
culpabiliser un enfant de chercher à savoir.

É.C. : *Oui, cela fait partie aussi du respect, de ne pas*
trop culpabiliser les enfants de sa propre culpabilité
d'ailleurs.

F.D. : C'est très important. Eh oui !

La découverte des réalités demande beaucoup d'échanges

Parents et maîtres,
mars-avril 1980.

PARENTS ET MAÎTRES : *Il nous arrive facilement de lancer ces trois mots « C'est la vie ! » sans trop y réfléchir. Par exemple, lorsqu'un enfant se plaint d'une injustice, d'une brimade, et que nous lui répondons, agacés de ses jérémiades, ou conscients de la nécessité qu'il y a pour lui de se battre, « C'est la vie ! » Je voudrais savoir ce que vous pensez de l'usage de cette interjection, et si cela vous semble la bonne manière d'aider un jeune à faire face aux difficultés de sa route.*

FRANÇOISE DOLTO : Ce que vous voulez dire, c'est qu'on se débarrasse facilement de quelqu'un, devant une épreuve qui le touche, en lui disant : « C'est la vie ! » Ces mots, c'est un fait, reviennent souvent dans la conversation des mères avec leurs enfants : « Tu vois, c'est ça la vie... — Eh bien, ce n'est pas drôle ! — C'est vrai... Pourtant tu aimes encore mieux vivre que mourir ? — Ben oui. — Tu vois, tout le monde est passé par là... » C'est une façon d'aider en disant : « C'est pas si terrible que ça... On n'en est pas mort... Tu as reçu des gnons, mais ça va guérir tout seul ; à partir du moment où tu sais que c'est la vie... » Disons, pour employer un langage médical, que c'est une façon de chercher à se vacciner contre l'illusion que la protection de l'enfance va durer toujours.

Dire : « C'est la vie ! », c'est être impersonnel. Cela montre à quel point les mères ne parlent pas alors d'elles-mêmes : d'elles-mêmes, quand elles éprouvaient des déceptions pareilles à celles qui mettent leurs enfants dans le désespoir. Or, toutes nos épreuves sont personnelles. Je ne crois pas que cette réflexion puisse aider un être humain. Ce qui peut l'aider, c'est de comprendre ce qu'il y a derrière l'épreuve du heurt de l'imaginaire avec la réalité, et de comprendre aussi qu'il y a, derrière cet imaginaire, toute une structure : une structure fondée sur la confiance envers une personne qui a permis que cet imaginaire soit ce qu'il est.

Prenez un enfant qui rentre de l'école et qui raconte qu'il y a été tabassé. Un camarade lui a fait un croc-en-jambe, ou bien lui a donné un coup de pied, ou bien lui a tiré les cheveux, ou encore a fait tomber son cartable... Et ses parents lui disent : « C'est la vie... Il faut t'y faire... Tu n'as qu'à l'éviter, tu n'as qu'à ci, tu n'as qu'à ça... » Et ils ne cherchent pas plus loin. Mais cela ne peut pas suffire à cet enfant !

S'il se plaint, c'est peut-être que tout son univers éthique a craqué. Ses parents lui ont peut-être appris à ne pas répondre à la violence par la violence. Et voilà qu'un copain l'amoche et que ses parents lui disent : « C'est la vie ! — Mais alors, pourquoi est-ce qu'on ne m'a pas appris qu'il y a des salauds, qu'il ne faut pas se laisser faire, qu'il faut savoir se défendre, répondre par un gnon ? »

Mais s'il se plaint, c'est sans doute aussi qu'il n'a rien compris aux raisons de l'agression qu'il a subie. C'est vrai qu'il y a des salauds. Mais peut-être que ce camarade est tout bonnement un anxieux, qui ne connaît personne et qui veut se faire passer pour un dur. Comme les choses auraient été différentes, s'il lui avait répondu de la même manière, en ajoutant, par exemple : « Dis donc, on est nouveau tous les deux. Qu'est-ce que tu as contre moi ? »

Autrement dit, en se servant du même langage, mais sans être négatif. Il y a une façon d'élever les enfants qui est justement de les préparer à tous les types d'éthiques qu'ils peuvent rencontrer. Car il arrive très souvent que les enfants soient victimes de camarades qui ne sont pas plus salauds qu'eux, mais qui ont un autre mode de langage qu'eux. Et ils se sentent à ce moment-là sans défense, prisonniers de leur propre éthique.

Et puis, il y a peut-être aussi que cet enfant tabassé ressemble à un petit frère de son agresseur que celui-ci, justement, ne blaire pas. Ou bien qu'il a une voix désagréable : tout est langage dans un être humain ! Ou peut-être est-ce une question de vêtements : il est déguisé en riche par sa mère et, de ce fait, il provoque l'agression de ceux qui ne peuvent pas avoir un beau pull... C'est tout cela qui est à étudier avec sa mère, à qui il l'a raconté en rentrant, et avec son père. « Tu le connaissais déjà, ce garçon ? Est-ce qu'il s'est déjà passé quelque chose entre vous ? — Non. — Est-ce qu'il est comme ça avec tout le monde ? — Non, il n'y a qu'à moi qu'il s'en prend... — Tu ne vois pas à qui tu peux ressembler pour lui ?... Écoute, tâche de savoir ce qui se passe. Ce n'est pas forcément parce qu'il a été désagréable que ça va durer. C'est peut-être une manière pour lui de prendre contact avec toi... »

Se contenter de dire : « C'est la vie ! », ça n'ajoute rien, ça n'arrange rien. Si c'est une question de vêtements, l'enfant ne s'habillera plus comme ses parents le voudraient : il sera vêtu « bourgeois » dans la famille et, pour aller à l'école, il mettra son bleu de travail ! La vie avec les autres, c'est tout le temps entraide et collaboration, même dans le négatif, et cela ne va pas sans tensions... Alors, ce n'est pas la peine d'ajouter un facteur de plus qui empêche l'entraide !

« C'est la vie ! », ce peut être une ouverture pour dire : « Alors quoi ? Comment c'est, la vie ? » Et on en parle. Ces trois petits mots qu'on répète tout le temps peuvent être au point de départ d'une philosophie existentielle qui s'étudie au jour le jour en famille ou avec des camarades. « La vie », c'est impersonnel. Mais le problème de tous les humains, c'est d'être en face de ce qui est la vie — c'est-à-dire en face de cette transformation continuelle du monde, en soi et à l'extérieur —, cette rencontre subjective d'une personne avec le monde extérieur.

Car, malheureusement, tous les humains réagissent vis-à-vis du monde extérieur selon le modèle des réactions antérieures qu'ils ont connues. Les enfants se construisent avec un milieu social généralement fermé — le milieu familial —, qui correspond à un certain mode de langage, d'échanges, de relations. Et il croit que cela va être comme cela aussi à l'extérieur. Mais ce ne l'est pas, quelle que soit la famille. Si bien qu'ils réagissent au monde extérieur comme ils s'attendaient à répondre ou à être entendus dans le monde antérieur.

Ce qu'il faut, c'est être tous les jours devant la réalité des faits et les étudier comme des faits. On ne peut pas empêcher l'imaginaire, bien sûr. On peut seulement faire qu'il soit un imaginaire de projet et non pas toujours un retour sur le passé. Quant aux événements, on peut les regarder comme des faits. C'est cela, la santé. Pouvoir se dire : « Quelle est la réalité de ce fait ? Pourquoi, devant ce fait-là, en fais-tu une montagne en pensant au passé... Va plus loin... » Mais on veut éviter la souffrance actuelle, au lieu d'en étudier les raisons.

P.M. : *Mais comment aider l'enfant à passer de son monde intérieur, tout plein d'imaginaire, au monde des faits ?*

F.D. : On ne peut le faire qu'en lui donnant l'exemple, en le faisant soi-même. On voit tant d'êtres humains s'enfermer dans leurs meurtrissures : « Ah, c'est la vie... Ah, c'est écrasant... » Alors que chacun de nous *peut* modifier sa situation devant les faits, du moins s'il a le désir de changer les choses... Prenez l'exemple d'un enfant qui dit à sa mère en rentrant de l'école : « Mon année est fichue : le prof m'a dans le nez... — Écoute, peut lui dire sa mère, je ne peux pas changer ton professeur, ni plaider ta cause auprès de lui... Mais, si tu le veux, je peux aller le voir pour savoir ce qu'il pense de toi. Et je te le dirai... Mais, dis-moi : est-ce qu'il explique bien, est-ce que tu comprends ? — Oui. — Eh bien, c'est beaucoup. Parce que le professeur n'est pas là pour être ton père ou ta mère,

ni pour être "gentil". Il est payé pour vous enseigner des connaissances. S'il le fait bien, c'est déjà
ça... Ce qui est possible, d'ailleurs, c'est que tu ne
lui plaises pas. Mais tu ne peux pas plaire à tout le
monde... Tu plais à ta mère, à ton père, à tes
copains, c'est déjà ça. Alors ne t'occupe pas de lui,
occupe-toi de son enseignement. Et tu feras une
bonne année... »

Notre travail d'éducation auprès de l'enfant, c'est
de l'aider à savoir ce qu'il désire et à faire au
mieux avec les moyens du bord, les moyens
actuels, ceux de l'année. Il veut changer d'école ?
On lui dira, si c'est le cas, que la famille ne peut
pas payer une autre école que l'école d'État, déjà
payée par les impôts que ses parents versent. Et
que s'il veut une autre école d'État, il lui faudra
changer de domicile, aller habiter chez son oncle,
ou chez sa grand-mère... « Est-ce ça que tu veux ? »

P.M. : *Il s'agit de renvoyer l'enfant à son pouvoir...*

F.D. : À son propre désir. L'enfant se dit : « Je suis
impuissant contre quelqu'un qui ne m'aime pas...
— Mais pourquoi t'aimerait-il ? Il n'est pas là pour
ça. Et toi, tu n'es pas obligé de l'aimer. » Au fond ce
que veulent les enfants, dans un cas pareil, c'est
être compris par leurs parents lorsqu'ils détestent
un prof. Et pourquoi pas ? « Moi aussi, il y a des
moments où tu dois me détester... Je t'ai peut-être
eu dans le nez à un moment... Et toi, quand ton
petit frère est né, par exemple, tu as cru que je
t'avais dans le nez... »

On parle. On remet les choses en place. On précise que les professeurs ne sont pas là pour être
aimés. J'ai vu beaucoup d'enfants qui se trouvaient

dans ce cas et que l'école envoyait consulter à l'hôpital pour un bilan intellectuel, car on les suspectait de débilité. « Ma maîtresse me déteste et je la déteste. » C'étaient le plus souvent des enfants qui avaient eu la « malchance » d'avoir l'année précédente, ou en maternelle, des professeurs qu'ils aimaient, et qui voulaient redoubler pour les retrouver. « Elle nous a dit que si on ne suivait pas on resterait avec les petits : on nous ferait redoubler. Tu veux vraiment être avec les plus jeunes et perdre une année ? Si c'est ce que tu cherches, dis-le à ton père... Mais dis-toi que l'an prochain, tu retrouveras ton prof de cette année : elle n'est pas à la retraite, elle habite près de l'école, donc elle restera. Et puis tu es à l'âge où on travaille parce qu'on veut passer à la fin de l'année dans la classe au-dessus et rester avec ses copains. Tant pis pour ce prof qui ne te convient pas et à qui tu ne conviens peut-être pas. Allez, on verra ça la semaine prochaine... »

Et il revenait la semaine d'après : « Vous savez, elle est moins méchante... — Ah bon ! — Et puis j'ai eu de bonnes notes. Et puis, ça m'est égal. — Au début, tu avais eu une mauvaise note ? — Oui, je voulais retourner dans la classe en dessous. » Il s'agissait d'enfants dont le désir était d'avoir à l'école une relation comme en famille, qui avaient eu une maîtresse répondant à ce désir, et qui ensuite tombaient sans y être préparés sur un professeur pète-sec.

Il faut guérir l'enfant de l'éthique du « gentil-pas gentil », car c'est une éthique dont l'effet est stérile. Le plaisir qu'on prend à une discipline est plus important que le plaisir du professeur ou que le plaisir qu'on a à être avec lui. Toute épreuve peut servir à celui qui en pâtit pour chercher où et comment il est ou peut devenir efficace dans une direction active pour lui, novatrice et créatrice pour un autre (en l'occurrence, le prof). Il y a quelque chose de semblable dans le cas de l'enfant qui se plaint que son camarade préféré ne veuille plus jouer avec lui et le plaque pour un autre : « Cet autre est-il, à ton avis, estimable ? — Oui. — Alors, pourquoi pas ? »

S'ils n'étaient pas allés à cette consultation, et s'ils n'avaient pas rencontré un psychanalyste, ces enfants-là auraient raté leur année scolaire. Il fallait remuer en imaginaire avec eux toutes les solutions possibles, et voir qu'il y en avait peut-être une autre : se faire à cette transformation qui consiste à considérer les adultes comme des gens qui ne sont pas parfaits, qui ont des difficultés personnelles, lesquelles ne leur laissent guère la possibilité de faire autre chose que le métier pour lequel on les paie... Et ma foi, c'est déjà ça !

P.M. : *Nous avons peut-être souvent un désir de compassion faussé, qui va, somme toute, à l'encontre du pouvoir de l'enfant, qui l'endort, en quelque sorte.*

F.D. : Le pouvoir de l'enfant est énorme, à partir du moment où il ne se sent pas coupable d'avoir des réactions négatives. Il faut donc d'abord déculpabiliser un enfant de ses réactions négatives. Il a un énorme pouvoir si on est d'accord avec lui pour remuer en imaginaire toutes les solutions possibles à sa difficulté. Mais pour cela, il faut d'abord lui rendre justice et admettre que sa position est tout à fait valable, au lieu de lui prouver qu'il a tort et qu'il se fait des illusions.

P.M. : *Expliquez un peu ces mots : « remuer en imaginaire ».*

F.D. : C'est « oui, tu as raison, ce n'est pas drôle, mais que faire ? Qu'est-ce que tu verrais comme solution ? Tu veux redoubler ? Mais alors tu reviens en arrière, tu régresses... tu veux changer d'école ? Tu es débarrassé de ton professeur, mais alors tu ne vois plus tes camarades. Et puis ça met en question le budget de la famille... » C'est très important de mettre l'enfant au courant du budget familial. Le plus souvent il ne réalise pas que ses parents ont, comme lui, des difficultés. La compassion des parents doit être « structurante » et non pas « colmatante ».

Je suis convaincue qu'un sujet peut faire de tout une expérience positive. C'est le rôle de ses proches d'aider l'enfant à se construire à travers l'épreuve, à « se vacciner ». Mais, bien sûr, il y a des épreuves très fortes, où l'enfant a besoin de se sentir aidé. Il faut alors longuement parler avec lui du choc symbolique qu'il a reçu, pour lui montrer qu'il a le pouvoir de s'en sortir. Il ne s'agit pas de le consoler, mais de l'aider à passer l'épreuve en l'assistant, si je puis dire, dans la maladie qu'il en fait.

P.M. : *D'où vos termes : la compassion « structurante » et la compassion « colmatante ».*

F.D. : « Colmatante » et, si je puis dire, « régressivante ». Celle, par exemple, qui prétend protéger en refusant de parler : « Il ne faut pas en parler. » Vers la fin des grandes vacances, la mère d'un enfant de dix ans meurt à Paris dans un accident d'auto. L'enfant est alors chez sa grand-mère maternelle. Celle-ci est très atteinte par la mort de sa fille. Elle n'en dit pourtant rien à son petit-fils, prétextant qu'il ne faut pas lui gâcher la fin de ses vacances et qu'il sera bien assez tôt, lors de son retour à Paris, pour que son père le lui dise.

Ce père, affolé, me téléphone. Il m'explique que sa belle-mère, accompagnée d'une autre de ses filles, est venue à Paris pour les obsèques, laissant son petit-fils chez des amis ; que le garçon demande maintenant où est sa mère, et que la grand-mère est encore d'avis de ne pas lui annoncer qu'elle est morte sous prétexte, cette fois-ci, de ne pas troubler sa rentrée scolaire, elle veut lui dire qu'elle est encore en vacances...

Je n'ai pas su, cette fois-là, ce qui s'était passé ensuite. Mais j'ai constaté dans d'autres cas semblables qu'il ne suffit pas de dire les choses une fois pour qu'un enfant se fasse à la réalité de la mort. Des pères s'étonnent : « Mais je lui ai dit hier que sa mère était morte et il me demande aujourd'hui : "Quand reviendra-t-elle ?" — Mais vous-même, je suis bien sûr qu'il a dû vous arriver déjà de vous réveiller et d'être tout à fait étonné que votre femme ne soit pas là... » Il faut parler avec votre enfant. C'est long de faire le deuil de quelqu'un. Peut-être votre fils a-t-il senti votre trouble quand il a voulu vous en parler. Alors il n'ose plus... Il a quitté sa mère en pleine santé. On ne lui a parlé de rien. Il n'a pas vu d'obsèques. Comment voulez-vous qu'il réagisse ? Parlez-lui de ce phénomène qui est qu'on ne peut pas croire à la mort de quelqu'un si on ne l'a pas vue... »

P.M. : *Vous dites : « C'est long de faire le deuil de quelqu'un. » En se référant à tout ce dont nous venons de parler, on pourrait dire que c'est long pour un enfant de faire le deuil de ses illusions et la découverte de son pouvoir.*

F.D. : Bien sûr... Et c'est long pour un enfant d'admettre un nouveau venu dans la maison, que ce soit un nouveau fiancé de sa mère veuve ou célibataire, ou que ce soit un nouveau-né. Il voit le nouveau-né et, le lendemain, il voudrait qu'il soit parti. Les parents ne se rendent pas du tout compte que c'est long... La mère a mis neuf mois à se préparer à une naissance, ou des mois avant d'amener à la maison l'homme qu'elle aime. Et elle voudrait que l'enfant soit tout à fait d'accord, du jour au lendemain, avec une relation nouvelle qui va avoir un impact important sur sa structure. Ce n'est pas possible. La découverte des réalités n'est pas aisée et elle demande beaucoup d'échanges... « Tu aimerais mieux que ce soit autrement... — Ben oui, c'est vrai. — Et comment voudrais-tu que ce soit ? Comment c'était, avant ? » Voyez-vous ? C'est capital de pouvoir parler, parler de tous ses désirs imaginaires, et de trouver pour cela quelqu'un qui est d'accord pour reconnaître que les désirs, ce sont des désirs, et que la réalité, c'est autre chose. Et quand on rencontre quelqu'un qui vous y aide, on peut soi-même y venir. Mais c'est long.

P.M. : *Cela nous ramène à ce que vous disiez tout à l'heure des pensées négatives et de l'importance pour l'enfant de pouvoir s'en déculpabiliser.*

F.D. : Voilà, c'est ça qui est très important. Les pensées négatives, c'est l'imaginaire, et l'enfant a besoin de l'exprimer dans des échanges, parce que c'est à l'occasion de ces échanges qu'il se construit. En effet, s'il ne peut changer en paroles, avec un autre, ses intentions négatives, il est conduit à passer aux actes agressifs, nuisibles autant pour les autres que pour lui-même. À partir de ce moment-là, comme il a un autocontrôle de ses actes, il est dans un état de culpabilité secondaire dont on ne peut pas le déculpabiliser.

On peut tout à fait déculpabiliser quelqu'un de son imaginaire, mais personne ne peut déculpabiliser quelqu'un d'un acte qui a été nuisible : l'acte est commis, et celui qui l'a fait se blâme lui-même. À ce moment-là, du fait qu'il n'a pas pu dire ses désirs négatifs, il entre dans un état de culpabilisation névrotique. C'est le langage qui permet à un être humain de dire ses désirs, et de ne pas les agir quand cet agir serait contraire à son éthique.

Pour « faire le bien qu'on désire », il est nécessaire de pouvoir parler son désir de mal. C'est d'ailleurs ce que fait la culture, dans son ensemble. Elle permet des satisfactions imaginaires (art, littérature, sport, science) et donne aux désirs un apaisement, en même temps qu'elle permet un enrichissement d'échanges en société. Il y a chez l'être humain des contradictions, et tout désir a besoin de pouvoir se parler. Il y a la réalité, il y a l'imaginaire, et puis il y a cette vie symbolique qui est la rencontre d'un autre avec qui on se comprend, et avec qui on n'est plus tout seul devant ses contradictions internes.

L'agressivité
chez le jeune enfant

Pratique des mots,
décembre 1981.

Nous avons, à Paris, un lieu de loisirs, d'accueil, pour les tout-petits où ils viennent en présence de leur père ou de leur mère ou de la personne de jour qui les a en garde et nous sommes, là, quelques personnes d'accueil. Il m'est ainsi donné, de plus en plus, de faire cette expérience de l'agressivité chez le tout jeune enfant.

Nous nous apercevons que lorsque l'enfant n'est pas dans la communication complice mimique avec l'adulte et dans la communication verbalisée, il est violent, il est de plus en plus violent jusqu'au jour où le langage arrive. Et c'est à l'occasion de ces violences sur les autres enfants, et grâce à elles, que peut s'introduire ce langage mimique avec les personnes qui sont autour de lui.

Cette agressivité vis-à-vis des autres enfants est à voir comme une recherche de prise de contact avec eux et non pas comme quelque chose de méchant — bien que cela fasse hurler l'enfant agressé.

Ceci est très intéressant : si la mère ne se mêle pas de l'agression reçue par son enfant, si aucune des deux mères ne s'en mêle, une personne d'accueil peut dire : « C'est parce que tu n'as pas pu lui dire ce que tu voulais, ou pourquoi tu voulais passer et faire comme s'il n'existait pas ! » Car c'est ainsi : un enfant de vingt mois passe comme si celui de dix ou quinze mois, qui est là, n'existait pas, donc il le renverse ou bien il passe et tape dessus avec ce qu'il a à la main, pour se faire de la place (ce qui, naturellement, fait hurler l'autre !), ou bien encore il lui tire les cheveux pour le faire tomber par terre et c'est le même résultat.

C'est ce qui se passe tout à fait normalement et doit se passer, si les enfants n'ont pas de mimique intercommunicante avec l'adulte ou avec l'autre enfant. À partir du moment où ils savent que ça veut dire quelque chose, ou que c'est aussi une façon de s'exprimer qui n'est pas à blâmer, en deux, trois, quatre jours, ils n'ont plus ce sentiment de culpabilité de leur agressivité, si bien que celle-ci devient une expression et de cette expression il passe à la mimique, à la mimique cherchant une personne d'accueil pour lui montrer que celui-là, qui est devant, l'embête. Cette recherche d'une mimique de la communication fait qu'on peut lui expliquer ce qui se passe, et qu'il n'a pas alors d'agressivité vis-à-vis de celui par qui il se sent lésé ; la personne d'accueil arrive avec l'enfant qui a lésé l'autre, et ils se parlent tous les deux.

Ceci étant mis dans des mots, on voit éclore en huit jours la parole de l'enfant agressif et, un petit peu plus tard, la parole de l'enfant qui provoquait l'agression de l'autre. C'est très fréquent que le petit qui a provoqué l'agression de l'autre aime en fait cet autre. Nous sommes très frappés de voir qu'un enfant qui a été vraiment amoché, après la consolation, souvent, va chercher son agresseur —

cette recherche de l'agresseur étonne la mère, qui l'interroge : « Tu vas retourner chez lui, tu vas voir qu'il va recommencer la même chose ! » C'est la mère alors que nous aidons : « Il fait une expérience d'observation du "comment on agresse" et pour lui c'est un signe d'intérêt d'être agressé, de même que c'est un signe d'intérêt d'agresser l'autre. C'est toujours un signe d'intérêt, c'est toujours symbolique. »

À partir du moment où on a compris ça, on a compris ce qu'est l'agressivité du petit enfant.

Bien sûr, c'est l'agressivité saine dont je vous parle, mais il y a aussi des agressivités qui ont été expérimentalement « exagérées » : l'enfant a été blâmé de son agressivité, si bien qu'il se tient à carreau un certain temps, en étant seul, c'est-à-dire en ne communiquant avec personne. Il s'isole avec un jouet. On voit qu'il a peur des autres parce qu'il a peur de l'agressivité que les autres vont déclencher en lui, une agressivité active ; les autres, forcément, rôdent autour pour le provoquer, par désir d'agressivité passive, car l'agressivité demande que l'on soit deux : un qui est du fer doux et l'autre, un pôle nord ou un pôle sud qui a du courant d'agression. Ça peut aussi se faire sur un qui n'est rien, comme ça peut se faire sur des poupées, sur un qui se promène comme le mouton de la fable du Loup et l'Agneau. Mais ça peut être aussi une façon de chercher communication avec un autre, pour un enfant qui se sent impuissant moteur par rapport à l'autre qu'il recherche. Il est impossible qu'un enfant impuissant moteur soit au contact d'un enfant puissant moteur sans que le puissant moteur soit agressif sur l'impuissant, et que celui-ci recherche l'agressivité du puissant pour en faire une expérience. Il a besoin de l'expérience du puissant.

Combien on voit — beaucoup plus tard — d'enfants qui se font toujours tabasser à l'école, dont on dit, déjà, qu'ils sont névrosés. Ce n'est pas vrai. Ils ont des *réactions* névrotiques et une psychothérapie n'a pas besoin d'être longue au début (alors qu'après coup elle le sera !). Il s'agit alors très simplement d'étudier avec eux ce qui se passe. Dès qu'ils sont agressés, ils croient qu'ils sont coupables parce que les mamans les grondent d'avoir été agressés, au lieu de complimenter l'agresseur.

Quand un enfant raconte comment il a été agressé, il faut toujours complimenter l'agresseur. Il faut lui dire : « Il voulait rentrer en contact avec toi, et tu n'as pas été capable de répondre. — Mais non, il voulait me prendre ce que j'avais. — C'est parce que ce que tu avais l'intéressait, et tu n'as pas su le défendre ; que s'est-il passé ? » Il se passe que l'enfant agressé croit que c'est mal, que l'agression en elle-même est mal, ou qu'il n'en a aucune expérience. Alors il « s'encoquille » de façon psychologique et provoque de plus en plus l'autre, et il ne s'en sort jamais qu'en étant « *eu* ».

La psychothérapie établit un transfert en expliquant que c'est parce qu'il intéresse l'autre et en quoi il peut intéresser l'autre — chercher ensemble « en quoi » : un joli crayon, etc. — ou parce que, justement, lui, il n'est pas grondé par la maîtresse (les maîtresses aiment les enfants passifs). Et à cause de ça l'enfant agressif en veut à celui-là.

Quand on lui a expliqué ça, on lui dit : « Surtout la prochaine fois que tu seras agressé (cette explication marche jusqu'à treize ans), tu fais très attention, tu penses à moi (le transfert), tu fais attention aux coups qui font *"mieux mal"*. » Il faut dire le mot *mieux* et pas *plus* mal, car ce sont des enfants qui sont devenus artificiellement masochistes. Ça peut très bien marcher.

Ce qui fait « *mieux mal* », ce sont des mots d'enfant que je vous enseigne. En analyse, quand on a une attitude ni blâmante, ni non blâmante, les enfants ont ces paroles-là, « ce qui fait mieux mal ». La fois d'après, ils reviennent en disant ce qui a fait mieux mal et ils ont acquis une technologie de la défense en faisant la même chose ; il y a aussi une manière de leur montrer comment aussi ils peuvent réagir : « Il m'a donné un coup de poing. — Comment ? montre-moi » (avec un coussin). Et vous constatez que l'enfant donne un coup de poing qui n'a aucun effet ; il n'a aucune technologie du coup de poing, c'est-à-dire qu'il est dans une agressivité orale. Le coussin représente une bouche dans laquelle il veut rentrer ou n'en sort plus. Tandis que le coup de poing efficace, c'est justement qu'avant même d'avoir touché, il faut se reculer. Si vous lui apprenez à faire ça, il saura immédiatement. La semaine suivante, il vous dira « les autres ne me battent plus », parce que les autres ont un allié, ils sont à égalité et ils s'aiment. Les enfants n'aiment pas un impuissant, ils aiment en attaquer un qui leur semble impuissant pour le réveiller, et un qui est puissant pour qu'il leur enseigne, par technologie, à savoir mieux se défendre.

Voici l'histoire d'un petit garçon qui avait six ans. Il allait avec ses timbres au marché aux timbres ; la dame qui le promenait le voit, de loin, faire des échanges avec un prêtre, puis il revient et elle lui demande : « Tu as vendu des timbres ? tu as fait des échanges avec l'abbé ? — Oui, répond l'enfant. — Et alors ? — Tu sais, les curés, ils nous roulent encore plus que les autres, mais ça m'est égal, c'est en étant roulé qu'on apprend à rouler les autres. »

Je trouvais cette phrase, redite par la dame, extraordinaire car celle-ci lui a dit : « Tu savais ? — Oui, car un autre camarade m'avait dit : "Va faire des affaires avec ce type-là, il sait comment rouler les autres, il va te rouler, mais tu apprendras à être roulé." »

C'est comme ça, les enfants apprennent les uns des autres sans aucun sentiment de bien ou de mal ; c'est une manière de vivre en société, c'est un exercice entre humains. C'est la même chose dans l'agressivité d'enfants entre eux.

Mais l'agressivité d'enfant avec l'adulte en P.R.L.[1], il est difficile pour moi d'en parler, car tout dépend de la manière dont ont été présentées les séances de P.R.L. et comment l'enfant perçoit la réceptivité de la personne P.R.L.

Souvent, les enfants qui viennent en P.R.L. ont des difficultés verbales, or les difficultés verbales commencent à disparaître à l'acmé de l'agressivité motrice, chez l'enfant sain qui se développe. L'agressivité motrice va se développant à la limite du supportable pour la mère — qui nous le dit, dans ce « jardin public » assisté que nous faisons —, et on sait que dans les huit jours l'enfant va parler.

C'est une agressivité d'impuissance à parler. Il faut qu'il arrive à parler. Dès qu'il y arrive et qu'il a le succès d'être compris, alors l'agressivité disparaît et elle fait place, tout le temps, à des mots qu'il faut corriger. L'enfant vient dire des mots et, si on ne les comprend pas, il faut le lui dire — ce qui le fait rager quelquefois, ou battre la personne qui dit ne pas le comprendre. Il faut lui dire : « Tu as raison d'être fâché que je ne te comprenne pas, mais ce n'est peut-être pas moi qui ne te comprends pas, ce sont les mots que tu dis qui ne sont pas justes ; écoute bien et montre ce que tu voudrais. » Et puis l'enfant peu à peu arrive à s'exprimer.

La première des thérapeutiques de la violence, c'est la parole ; c'est la négociation quand il y a un litige, et c'est la parole quand il y a une forte émotion à exprimer, ou qu'il y a un désir à exprimer. Le désir ne peut pas s'exprimer avec le corps à corps puisque, dès qu'il y a corps à corps, le désir se complique du besoin ; et à cause de cela le désir qui n'est pas dégagé du besoin devient coupable, forcément, puisque le désir d'un enfant de trois, quatre ans c'est, ou d'avoir ou de prendre, ou de faire ou de donner quelque chose qu'il n'a pas. Il veut donner un sens à la parole qu'il vous dit et il ne peut pas. Il veut acquérir ou il veut être fort sur quelque chose et il se sent impuissant : devant cet échec il devient violent. Toute la vie c'est la même chose.

Il vaut mieux que la violence s'exprime physiquement, sinon elle s'exprime somatiquement, dans le corps, et si elle ne s'exprime pas somatiquement dans le corps, elle s'exprime cérébralement par un brouillard qui se met dans l'intelligence de l'enfant. Donc à ce moment-là, c'est l'effet de cette non-agressivité qui le rend arriéré. L'arriération d'un enfant, c'est une agressivité qui n'a pas pu s'exprimer de façon ni motrice ni verbale, et malheureusement il est en bonne santé psychosomatique. Il est donc obligé de se couper le

« comprenoire », grâce à quoi il se soustrait auditivement aux perceptions qui le rendraient agressif — et il en aurait des désagréments par la suite — ou il se soustrait visuellement à des perceptions qui le rendraient agressif, d'où des tics, des clignotements des yeux, ou même des yeux tout le temps baissés, et il s'enferme en lui-même.

Quand on voit arriver un enfant instable et agressif, ce n'est pas du tout la peine de s'en occuper ; il faut voir la mère, le père ou la grand-mère, bref la personne qui s'occupe de lui. Les enfants agressifs de façon chronique, ce sont des enfants de parents inhibés par refoulement, ce qui veut dire agressivité. Plus les adultes qui s'occupent de l'enfant sont inhibés et dépressifs, plus l'enfant se doit d'être agressif pour parler le langage de ce qui est refoulé chez l'adulte. Il est l'expression de ce « *refoulé* », et qui joue sur les nerfs, ou qui joue déjà sur une maladie psycho-somatiquement, ou sur une maladie obsessionnelle mentale de l'adulte qui s'occupe de lui. Si on ne fait pas très attention, cette personne peut paraître normale, car on n'est pas à la maison, mais quand elle est en présence de l'enfant, elle est sans cesse en train d'inhiber ce qu'il fait, ou bien tellement fatiguée, que sa voix même ne sort pas. Un enfant qui vit avec une personne comme ça se doit d'être agressif et ne peut pas parler. S'il parle, il provoque chez cette personne tant d'émotions qu'il se rend bien compte qu'il ne faut pas, donc il se tait et est pris dans des pulsions qui jouent sur son corps et obligatoirement le rendent très agité.

Toute violence a besoin de s'exprimer parce que toute violence est symbolique. Avant la marche ce sont des hurlements, à partir de la marche à quatre pattes ce sont des dérangements excessifs d'objets. Il faut qu'un enfant dérange les objets parce qu'il est la vie et que la vie, ce n'est pas obsessionnel. Il fait cela pour obliger l'adulte à intervenir et, quand un enfant est agressif pour obliger quelqu'un à intervenir, ou bien cet adulte est inhibé et en danger et il faut s'en occuper, ou bien c'est un enfant qui cherche la communication et qui ne l'obtient pas parce que cet adulte — sans être pour autant névrosé — s'intéresse à ses affaires et pas à celles de l'enfant : c'est un enfant qui manque de communication.

Celle-ci est indispensable et, à partir de la marche à quatre pattes, l'enfant la cherche dans l'espace si la communication n'est pas venue à lui alors qu'il était immobile dans l'espace. Il n'a, à ce moment-là, que le hurlement et si celui-ci s'est inhibé, il est encore plus « eau dormante ». Il sera peut-être au début de sa motricité très immobile, mais c'est parce qu'il est retenu par l'angoisse de l'espace qui lui est inconnu, parce que la mère ne l'a pas suffisamment déambulé, porté, en lui parlant de tout ce qui était dans son espace. L'espace étant quelque chose de dangereux pour lui, il peut rester apparemment immobile — et c'est *symbolique*. Cette arriération affective, cette inhibition affective qu'on prend pour une arriération, c'est déjà un langage de violence contenue. Il y a un proverbe qui le dit : « Méfiez-vous des eaux dormantes. » Il faut savoir qu'un enfant immobilisé est un enfant, potentiellement, très violent. Un enfant qui ne communique pas avec tous les objets qui sont autour de lui, qui ne fait pas des constructions dans toutes les dimensions de l'espace, pour les démolir ensuite, est un enfant en danger. Cela jusqu'au moment où il peut entrer en communication avec les autres. Un enfant qui ne « jette » pas entre vingt et trente mois est un enfant en danger pour l'avenir. Cela veut dire qu'il ne peut pas sublimer : transférer l'anal qui est le jet, le rejet. Il faut prendre et rejeter.

Il faut donc, si on veut aider un enfant à être agressif, que ça rentre dans un code et que ce jet et ce rejet entrent dans un code de jeu ; on joue, on introduit cette nécessité pulsionnelle symbolique dans un jeu :

— On lance des anneaux sur un piquet ;
— On lance le ballon dans une direction précise ;
— On fait des puzzles que l'on défait ensuite ;
— On fait des jeux de déplacements agressifs, et aussi des jeux de morcellement. Plus l'enfant peut morceler à l'extérieur, moins il est morcelé personnellement. Et tout ça fait partie du développement normal d'un enfant.

Un enfant qui n'a pas d'objets, comme dans certaines pouponnières où il n'y a même pas de papier à déchirer, est un enfant terriblement agressif avec les autres. Ils sont tous très agressifs les uns avec les autres, vus par les adultes, alors qu'ils sont sains. Mais ils sont dans un milieu qui n'a pas les éléments de travail, d'expression qui sont nécessaires avant l'âge de la parole.

Un peu plus tard, l'agressivité la plus grave est celle qui ne s'exprime pas visiblement. Je pense que vous avez beaucoup d'enfants en P.R.L. qui ont été inhibés artificiellement par phobie, et c'est pour ça que lorsqu'ils sont avec quelqu'un, ils tâtent peu à peu le terrain et essaient de voir jusqu'où ils peuvent être agressifs et c'est là que, peut-être, si vous êtes trop passifs vous ne les instruisez pas de ce qu'ils demandent. Ils demandent à être instruits d'une complicité agressive, qui s'appelle « bien jouer ». C'est jouer que de s'entragresser, sans aller jusqu'à se faire du mal, et s'il y a mal, on parle de ce mal : « on ne le fait pas exprès », ça a été un « mal ajustement » des forces.

Le rôle d'un adulte avec un enfant, c'est justement de lui enseigner l'ajustement de sa force à la force de l'autre en face. Quand un enfant qui a été, d'une façon motrice, agresseur « trop fort », c'est un ajustement mal fait, mais ce n'est *ni bien, ni mal*. À partir du moment où on a compris cela, les enfants aussi arrivent alors à l'expression verbale, artistique, motrice, dans les dessins, dans la communication et dans un code qui soit compréhensible par tout le monde. Un code qui n'est pas compréhensible, qui de temps en temps change et qui fait que tout à coup l'adulte agresse l'enfant d'une façon à laquelle il ne s'attendait pas du tout, peut rendre l'enfant soit passif pour être mieux agressivement actif une autre fois, soit le rendre agressif, et il vaut mieux cela, car si l'enfant s'inhibe il fait une histoire somatique (angine, diarrhée, constipation, éruption, otite), toutes les choses qui sont le résultat d'une agression non acceptée dans l'expression de l'enfant.

Et là, je ne vous parle que des pulsions orales et anales. Les pulsions orales qui sont les pulsions agressives, avec les « paires crâniennes », c'est-à-dire les yeux, les oreilles le son de la voix, les bras et les mains, et les pulsions anales qui sont des pulsions qui s'expriment par le péristaltisme, par l'agressivité de rejet en paroles, si l'enfant a la parole, par l'agressivité de rejet par la motricité des jambes ou par des injures qui prennent alors des mots de rejet.

La pire des agressivités, c'est celle qui est perverse, c'est-à-dire qui a « l'air d'être gentille », mais en fait est très agressive. Par exemple, l'enfant collé à sa mère à l'âge de neuf mois. L'enfant dépressif collé, c'est un enfant très, très agressif. Mais ça ne se voit pas sous cette forme et pourtant c'est ressenti comme tel par la mère : « Je ne peux rien faire, il m'empêche de bouger. » C'est vrai que c'est un enfant qui n'a pas les moyens d'exprimer qu'il a été mutilé par le sevrage, et cela relève de la psychanalyse d'enfant et non plus de la P.R.L.

La P.R.L. c'est d'arriver à exprimer ce qu'il en est « *actuellement* ». Mais quand l'agressivité est enracinée dans une mutilation de l'enfant qui l'a rendu phobique, c'est plus difficile de le faire par la P.R.L. Je ne dis pas que c'est impossible — surtout si la personne elle-même est analysée et a pu, en qualité, éprouver dans le transfert des sentiments comme ça, elle pourra donc le comprendre de l'enfant quand il les lui donnera.

L'agressivité qui empêche l'autre de remuer (qui est l'art des bébés, qui sont aussi intelligents que nous) vient de ce que la parole de l'adulte n'a pas su médiatiser les moments de lâchage obligatoire de l'enfant qui, lui, n'ayant pas sa motricité à lui, voudrait tout le temps être collé à la mère, comme s'il restait un fœtus, quoi qu'il soit dans les bras, et ce n'est pas possible, puisqu'il grandit. Il faut donc que ce soit par la parole que la mère médiatise la distanciation qu'elle est obligée d'imposer à l'enfant, mais alors ses paroles habitent l'enfant et lui rendent supportable la séparation « à bras ».

Ce qui n'est pas supportable, c'est de mettre cet enfant chez quelqu'un durant son travail sans l'avoir prévenu. Quand cette mère revient, elle se précipite sur lui pour l'embrasser ; celui-ci est complètement affolé, il fait « les yeux blancs » (ça se voit). En fait, il ne sait pas qui c'est — surtout les premières fois. Cela fait huit heures qu'il est séparé d'elle, il ne reconnaît ni son odeur, ni sa voix, d'autant qu'elle ne lui parlait pas souvent, et en plus il faut qu'elle le manipule très vite et immédiatement (habillage, etc.). Il est donc dévoré de baisers, il est manipulé et, à toute allure, il est ramené à la maison.

Là, on enseigne vraiment à l'enfant que l'aimer c'est l'agresser. Ce n'est pas étonnant, après, qu'il devienne agressif quand il se met à marcher tout seul, parce que pour lui dévorer quelqu'un, l'empêcher de bouger, le manipuler, c'est l'aimer.

Alors qu'aimer un enfant c'est lui parler de son désir, lui parler de son propre désir à soi, à son égard, et du désir de l'enfant à l'égard de cet adulte, mais ce n'est pas jouer corps à corps tout le temps. Sinon l'enfant, n'ayant pas de langage, sera plus fortement et plus longtemps agressif.

Quant au langage lui-même, le langage agressif, celui-là, il ne faut jamais s'en défendre, qu'on soit en P.R.L. ou parents. Sous prétexte de bonne éducation, il ne faut jamais se défendre du langage agressif. On ne sait pas ce qu'on fait ; c'est comme si on voulait que l'enfant devienne un psychosomatique. Au lieu de cela, il n'y a qu'à dire : « Tu sais, j'ai mis mes filtres ! Je crois que tu es en train de me dire que tu m'adores, mais c'est d'une drôle de façon ! »

L'enfant va réfléchir et, comme il imite les

grands — il se sent impuissant à dire ses sentiments —, il va les dire comme il a entendu les
grands les dire parce que, pour lui, l'agressivité sur
quelqu'un d'autre c'est un signe de désir et d'intérêt. Ceci jusqu'à sept, huit ans car après ça change,
justement parce que la plupart des enfants ont la
parole et un code dans les échanges. Par exemple,
ils se sentent roulés quand ils n'ont pas pris autant
de plaisir à boxer avec l'autre que l'autre en a pris
avec eux. La bagarre est nécessaire, et quand les
enfants manquent d'enfants, les adultes leur
servent d'enfants ; ils leur lancent des injures,
parce qu'ils n'ont pas assez le temps de dire des
sottises avec leurs copains. Cela n'a aucune importance, ça passe, surtout quand les parents ne s'en
disent pas autant les uns avec les autres. C'est une
espèce de contamination de ce qu'ils trouvent à
l'école et qui les intéresse beaucoup, mais c'est
pour certains parents humiliant, alors qu'en fait,
pour les enfants, c'est un essai de faire de leurs
parents des camarades.

C'est aussi quelquefois une question muette :
« Est-ce que tu sais d'autres mots grossiers ? Moi
j'en sais pas beaucoup. » Le père, qui peut enseigner beaucoup de gros mots à son enfant, à la
manière des livres de *Tintin*, lui apprend le code, la
culture. Ce sont souvent des enfants qui s'ennuient
avec des grandes personnes qui se mettent à faire
ça afin de voir les réactions. Mais c'est idiot de réagir de façon à leur faire « rentrer dans la gorge »
car ce que l'on veut c'est éduquer, c'est-à-dire les
sortir de là. Ce n'est pas « les y faire rentrer tellement » que cela ressortira, encore plus, après un
temps d'inhibition.

Il est possible que des enfants qui vous embêtent à être trop longtemps agressifs, dans les séances, soient ceux dont les parents ont une souffrance de jalousie à voir leur enfant être avec vous. Il faut comprendre ce qu'est le transfert des parents quand ils voient leur enfant heureux de vous rencontrer. Et si cela n'a pas été parlé, il faut bien que l'enfant exprime le négatif des parents, alors il est agressif vis-à-vis de vous. Cela demande un petit échange avec les parents pour savoir s'ils sont toujours d'accord pour venir, ou s'ils veulent arrêter les séances. À partir du moment où les parents peuvent parler d'arrêter, déjà ils en ont moins envie. Mais peut-être ont-ils envie tout de même d'espacer, alors que vous pensiez que ce n'était pas souhaitable. Faites attention car cela peut être ressenti comme une agression sur les parents. Il vaut mieux lâcher du lest, que les parents sentent que les séances étaient nécessaires et reviennent parce que, sinon, l'enfant passera la moitié de son temps, en séance, à vous dire le négatif des parents et peu de son positif à lui, puisqu'il se sent coupable de la souffrance ou de la gêne que les séances provoquent chez ses parents.

Repenser l'éducation des enfants : à propos du dressage à la propreté sphinctérienne

Avec l'aimable autorisation de
Francis Martens et Rachel Kramerman, 1973.

Puisque l'enfant est doué de la fonction symbolique, tout ce qui lui est imposé prend valeur symbolique. La continence sphinctérienne précoce, imposée ou sollicitée à un âge où le petit humain n'a pas encore terminé le développement de son système nerveux pyramidal, celui qui commande volontairement les sphincters et les extrémités des membres ainsi que les processus de pensée, le « dressage excrémentiel » de l'enfant ne peut donc être obtenu que par sa dépendance à la mère haussée à un niveau de valeur éthique. Les découvertes de la psychanalyse ont clairement démontré combien cette éducation précoce, si elle n'est pas suivie d'une période de révolte et d'opposition de l'enfant aux volontés de l'éducatrice sur la satisfaction de ces besoins naturels, est source de névrose obsessionnelle, c'est-à-dire de refoulement ultérieur des pulsions du désir déjà culpabilisé avant d'avoir été reconnu distinct des besoins excrémentiels, sur des positions archaïques qui aliènent le sujet à l'avènement de son autonomie de conduite et de pensée.

Je voudrais essayer de comprendre le processus

obscurantiste entretenu de mère en fille qui a conduit notre civilisation occidentale, depuis un siècle environ, à cette attitude perverse et pervertissante dans l'élevage des petits enfants, attitude dite éducatrice, à laquelle on a même donné la référence animale de « dressage ». Ce mot connote bien la référence animale à laquelle on associe l'état de bébé et cette aliénation de l'enfant humain au désir maître de l'adulte tutélaire qui le traite en objet de fonctionnement, lui octroie un statut implicite d'esclave et lui dénie a priori le statut d'homme ou de femme advenant à la liberté de son corps dans la maîtrise expérimentée de la satisfaction de ses besoins, et ne le soutient pas à en distinguer son désir et à l'exprimer par des paroles authentiques, lorsque son évolution physique lui en donnera les moyens. Bref, l'enfant humain n'est pas considéré dans son humanité comme un égal en valeur par les adultes qui pourtant doivent leur statut de parents à son désir inconscient de naître de leur union sexuelle. Ce dressage à la propreté sphinctérienne vise à l'obtention la plus précoce possible de ce qu'on appelle les bonnes habitudes prises par les enfants bien avant qu'ils puissent avoir dans leurs viscères et leurs sphincters les références nerveuses qui permettent de percevoir les besoins d'évacuation. L'enfant fonctionne par suggestion musculaire puisque son besoin ne lui est encore ni agréable ni désagréable, pas plus maîtrisable que sa respiration. Il y a des livres de puériculture qui recommandent aux mères de mettre leur bébé sur le pot dès leur sortie de la clinique d'accouchement, à chaque fois qu'il a bu son biberon. Il y a même des mères qui mettent l'enfant sur un pot de chambre en même temps qu'elles leur donnent le biberon. Enfin, il y a les éducations les plus aberrantes sur ce plan, il faut que nous comprenions pourquoi. Je veux bien penser que mères et pères qui ont appliqué ces méthodes, pédiatres et sages-femmes qui les ont conseillés, sont des adultes qui, dès leur enfance, étaient contemporains de ces livres pervers caractéristiques de cette époque historique de notre civilisation : je veux parler des livres qui décrivent les dangers dramatiques de la masturbation des enfants et des adolescents, stigmatisée comme un signe de perversité et de dépravation, qui ne peut conduire l'être humain qu'à la criminalité ou à l'idiotie, si ce n'est (comme je l'ai lu) au ramollissement de la moelle épinière ! Certainement, leurs auteurs étaient bien intentionnés. Ils observaient ce symptôme irrépressible dans certaines psychoses ou connaissaient la masturbation compulsive de certaines névroses où ce désordre, ô combien douloureux, est concomitant d'inadaptation sociale. Mais la masturbation peut être aussi un signe de bonne santé physique chez quelqu'un empêché d'entrer en contact sexuel avec autrui. Ces auteurs, les médecins et les adultes parents croyaient que toute masturbation est symptôme de maladie et interdisaient avec angoisse à l'enfant toute investigation anatomique de son corps et toute réponse à ses questions concernant la sexualité génitale. Ils espéraient sans doute ainsi éviter à l'enfant la découverte de son sexe et le plaisir dévolu au fonctionnement libre de ses besoins, plaisir qu'il doit cependant apprendre sans culpabilité à distinguer du plaisir érotique génital accompagnant le désir distinct des besoins. Les mimiques d'horreur, de dégoût affectées par l'adulte devant des paroles dévalorisantes et dépréciatrices de l'enfant qui jouit du plaisir qu'il se donne au sexe ont encore ajouté au « dressage » précoce à la propreté un tour de vis supplémentaire destiné à écrouer l'érotisme au lieu d'en susciter la valeur éthique qui est incluse dans le désir génital appelé à ordonner toute vie d'homme et de femme. Ils mutilaient ainsi l'éthique du désir sexuel chez un enfant à l'époque où il est toute foi dans les conseils d'un adulte, au lieu de guider ces enfants à devenir conscients au jour le jour de leurs sensations, de leurs émois, à les subordonner à la loi qui régit tous les humains, autant les adultes que les enfants, et à en faire des êtres sensibles responsables et des citoyens sexuellement sains. Ils se trompaient beaucoup et ils sont arrivés au résultat qui s'est révélé par la psychanalyse être la production de névroses par la terreur du sexe qu'ils avaient induite chez certains sujets gobeurs. Peut-être des mères mariées à des pères démissionnaires ainsi privées de la dignité de leur érotisme sexuel ont-elles été ravies de compenser leur mutilation féminine par le fétichisme du corps des bébés que la nature leur avait donnés, et à leur tour ont trouvé très bien de mutiler leurs enfants du plaisir inhérent à la satisfaction naturelle de leurs besoins pour leur propre satisfaction perverse à elles. Mais je voudrais comprendre les raisons qui ont conduit des femmes normalement constituées et sainement génitales à gober à leur tour ces livres dits de puériculture et à répandre la terreur de tout plaisir sourcé dans le fonctionnement viscéral de leurs enfants.

Je pense qu'il y a eu d'abord une question de paresse venue des nourrices mercenaires dans les familles aisées ; elles avaient à laver les langes devenus nécessaires très longtemps depuis la mode du « langeage » à l'anglaise des enfants, c'est-à-dire des couches. Autrefois, les bébés étaient emmaillotés de langes quand ils étaient tout petits, mais dès qu'ils pouvaient se mettre à quatre pattes, se traîner et encore plus lorsqu'ils marchaient, ils étaient recouverts d'un sarrau qui allait jusqu'à mi-jambes. Le siège n'était pas culotté, les jambes et les pieds étaient nus. Par ailleurs, dans la plupart des foyers, le plancher n'était pas ciré, à la campagne il était soit dallé, soit de terre battue. Lorsque l'enfant, tout à ses jeux, avait évacué ses excréments, il était alors très facile aux mères attentives de nettoyer l'enfant et de donner un coup de lavette par terre. Les enfants qui vivaient à la campagne étaient beaucoup dehors et personne alors ne faisait attention aux moments où ils faisaient leurs besoins. Dans la vie bourgeoise, l'enfant était vêtu de chaussettes, de souliers, de jolies petites robes pour les filles et de petits costumes coquets pour les garçons à l'instar des adultes et il fallait protéger tout cela pour n'avoir pas un lavage épouvantable. Je pense que la paresse des mères ou des nourrices à faire la lessive est un point à ne pas négliger dans le dressage précoce à la propreté sphinctérienne de l'enfant à cette époque et encore aujourd'hui cette propreté qui, lorsqu'elle est obtenue par l'éducatrice, semble lui donner le label des vertus maternelles.

Une autre raison me paraît à retenir. Avant le « langeage » à l'anglaise, lorsque les bébés étaient encore des maillotons, si l'enfant n'était pas surveillé, lorsqu'il s'était souillé, il gardait sur son ventre des langes mouillés qui risquaient de refroidir son ventre. On sait que les diarrhées vertes étaient autrefois, avec la broncho-pneumonie et le croup, les causes les plus fréquentes de la mortalité infantile. On n'incriminait sans doute pas toujours à tort les refroidissements, et le souci que les mères attentives mettaient dans le changement fréquent des langes de leurs tout-petits a pu s'étendre ensuite au souci de vérifier constamment comment leurs enfants se portaient par la vérification de leurs excréments en les invitant à les déposer dans un vase. Cela s'ajoutait à ce que je disais plus haut de la paresse à laver des langes souillés. On en est venu, pour éviter les lavages, à mettre régulièrement le bébé avant et après chaque tétée au-dessus d'une cuvette. Plus tard, c'était le pot de chambre qui le suivait partout, afin qu'il continue à être bien réglé, bien surveillé de cette façon. Ainsi cette prophylaxie des troubles graves digestifs est devenue dans le langage moral de la nursery de bonnes habitudes : l'enfant devait s'exécuter chaque fois que la maman, l'ayant mis dans les conditions qu'il fallait, prononçait à son intention les onomatopées du pipi ou du pousser caca. Ceux qui s'y dérobaient provoquaient alors l'angoisse chez la mère qui se faisait du souci sur la santé peut-être en cours de se détériorer de leur enfant. Ne dit-on pas qu'un enfant constipé va avoir des maladies de peau et qu'un enfant diarrhéique va s'en aller du fondement ?

J'ai dit la paresse, j'ai dit l'inquiétude devant les maladies digestives qu'on pensait favorisées par le refroidissement du ventre, peut-être à tort (en tout cas à tort pour les grands enfants qui n'étaient plus langés), alors que l'hygiène des biberons et les notions de diététique manquaient. Pourtant, paresse et angoisse, se renforçant l'une l'autre, n'empêchaient absolument pas l'enfant de boire de l'alcool ou de manger des aliments que son tube digestif ne savait pas encore digérer. Nombre de ces mortalités n'étaient probablement pas dues à un chaud et froid, c'est-à-dire à une cause relevant secondairement de l'excrémentation libre. Les troubles digestifs étaient bien plutôt la conséquence d'une alimentation à laquelle manquaient les connaissances de l'antisepsie des biberons et de l'asepsie dans la préparation des aliments. À ces deux motivations, paresse et angoisse, ajoutons la troisième qui s'est greffée sur les deux autres, je veux dire la fierté pervertie des nourrices ou des mères se vantant les unes aux autres que leur pseudo-nounours, leur poupée, leur poupon, était « réglé », c'est-à-dire adapté à leur autorité sans discussion. « Moi, le mien... Moi, la mienne... Il a été propre ou elle a été propre à tel mois », et les mères de se rengorger. Il aurait fallu voir qu'il fasse dans sa culotte ou qu'il pisse au lit, en face de ces mères cerbères, de ces mercenaires bien dressées et bien dresseuses, de ces mercenaires savantes avec des diplômes de puéricultrices ! Celles-ci s'occupaient des enfants des autres avec, à leur tour, la tête pleine de notions d'asepsie et de stérilisation. Elles rêvaient d'enfants objets, jamais sales sur leur corps et leurs mains, aux visages toujours impeccables. Hélas, l'asepsie du siège était suivie d'une asepsie totale des mains, des joujoux et de la suppression des tétines (car il aurait fallu surveiller où l'enfant les mettait). Si elles traînaient par terre, les médecins disaient peut-être avec raison que ces tétines étaient une cause d'intoxication microbienne.

Puis nourrir au sein a semblé une complication inutile dès que le caoutchouc des tétines est apparu. Les biberons stérilisables, le ramassage et la surveillance du lait ont été organisés, les maisons d'accouchement sont devenues un phénomène social généralisé et ont évité la mortinatalité des accouchements difficiles survenant à domicile. Tout cela a modifié le climat psychologique tant de la jeune accouchée que du nouveau-né artificiellement nourri selon des barèmes et des « normes ». Cela a produit toute une génération de civilisés, depuis 1900 surtout, qui n'ont plus eu la chaleur et l'odeur sécurisante du sein maternel donné tout à trac dès qu'il pleurait et non à heures fixes, sein câlin contre lequel le nouveau-né se nichait auparavant dès sa naissance. On peut le dire aussi, la plupart des mères, même les mères qui ne nourrissaient pas au sein, quelle qu'en soit la raison, donnaient elles-mêmes le biberon et, dès la naissance, c'était près d'elle que le nourrisson vivait, qu'il avait six fois par jour sa joie jusqu'au jour du lever de l'accouchée, très tardif à cette époque. Dans mon enfance encore, l'accouchée n'avait le droit de se lever qu'au vingt et unième jour. Ce n'est qu'à cause de la fréquence des embolies, qui survenaient du fait de cette longue immobilité, que cet usage est tombé en désuétude. Tout ceci bien sûr se passait dans les milieux bourgeois et particulièrement dans les villes, parce que les femmes simples qui travaillaient aux champs partaient accoucher derrière une meule et revenaient dans la joie du groupe, l'enfant contre elles et elles soutenues par les voisines. La vie était psychologiquement bien plus saine, avant les découvertes pastoriennes et leur application dans l'hygiène des foyers. Lorsque les mères accouchaient à domicile, l'enfant, dès sa naissance, vivait entre deux ou trois personnes, dans le climat semblable à celui de la gestation, dans les bruits connus par lui lorsqu'il était « dans » le sein de sa mère et qui lui étaient devenus plus audibles lorsqu'il était advenu « au » sein. Son espace social et humain était stable, quant au cadre et quant aux personnes qui l'entouraient. L'enfant dès sa naissance était en sécurité. Il vivait dans la grande salle commune. Il couchait soit près de ses parents, soit dans la chambre des enfants. Il entendait toujours bruiter la vie autour de lui et personne ne croyait nécessaire, à juste titre d'ailleurs, de faire silence tout d'un coup parce qu'il était apparu au monde, alors qu'auparavant il était lié à sa mère et convié autant qu'elle aux bruissements de la vie collective. Depuis les découvertes de la psychologie (où va-t-on chercher les justifications de ces comportements inhumains pour les nourrissons ?), les maternités modèles s'occupent à « ségréguer » les nouveau-nés par rapport à leur mère, à les mettre tous ensemble dans une salle où ils n'entendent que les cris de leurs congénères, et à inculquer aux jeunes accouchées qu'il est beaucoup plus sain de ne pas nourrir leur bébé au sein, ceci aliénant soi-disant leur liberté. J'ai même entendu dire à une jeune primipare qui n'avait pas d'expérience et qui était un peu angoissée devant ce premier bébé, mais qui désirait le nourrir au sein parce qu'elle-même l'avait été : « Vous êtes une mauvaise mère, rétrograde, si vous le nourrissez au sein. Vous allez lui donner des complexes. Le complexe du sevrage est très grave et si vous le nourrissez au biberon, vous lui éviterez ce complexe. En le nourrissant au biberon, vous lui donnerez plus de chances pour son équilibre mental que ceux qui sont nourris au sein. Il faut être moderne, petite madame, nourrir au sein, c'est terminé, ce n'est plus de notre temps. » Si l'on ajoute que l'on fait craindre aux mères de prendre leur bébé quand il pleure et de le bercer, sous le sempiternel prétexte des mauvaises habitudes, on se rend compte dans quelle détresse d'abandon total se trouve réduit le nouveau-né de nos pays civilisés, traité comme une chose à remplir et vider avec deux, trois guili-guili. Et puis sus au pouce, il faut à tout prix empêcher un enfant de sucer son pouce ! (Je ne dis pas non, mais alors ce n'est qu'en lui tenant compagnie et en s'occupant d'éveiller l'intelligence manipulatrice.) Que lui reste-t-il, à ce malheureux laissé tout seul dans son coin, pour lui donner l'illusion d'être en communication avec celle qu'il aime et qui l'a initié à la vie humaine en le portant en elle, sa mère ? On dirait que les gens s'ingénient à détourner les découvertes concernant le développement psychologique de l'enfant au profit de la paresse et de la négligence des droits du bébé au lait qui est le sien, au lait qu'il a fait monter dans le sein de sa mère par la parturition. Mais une jeune mère se laisse convaincre par des personnes prétendument instruites qui ont étudié la question, plus que par leur propre mère, si elles l'ont encore, et surtout si ces jeunes femmes n'ont pas été nourries au sein. Car la grand-mère fait chorus avec les sages-femmes si elle a nourri artificiellement ses enfants. Elle se ligue contre sa fille qui voudrait à son tour faire quelque chose qui ne lui a pas été possible ou qui lui a été interdit. C'est vraiment, dans ce cas, la science mise au service de l'obscurantisme qui entraîne des effets précoces de mutilation symbolique de l'enfant. Je ne nie pas que le biberon soit, pour certains bébés, la possibilité de mieux s'alimenter, par exemple, pour un enfant dont la mère peut avoir peu de lait. Je ne nie pas que le biberon puisse aider une mère très prise par son travail et qui doit absolument le reprendre rapidement, pour des raisons pécuniaires, ou pour une mère qui a des difficultés à garder ou à faire garder son enfant à son domicile et qui est obligée de le confier le jour à une nourrice ou à une crèche. Hélas, par règlement administratif intolérant à la présence des mères, elles ne peuvent venir allaiter leur bébé ni au sein ni au biberon, même celles qui pourraient venir, grâce à la proximité de leur travail. Pourtant, pour un enfant même au biberon, deux ou trois tétées partielles au sein par jour, ajoutées à ce biberon d'alimentation artificielle ou de lait de vache, seraient la garantie de garder le contact avec la sécurité du corps de sa mère. Cette intimité apporterait entre eux une qualité d'échanges psycho-somato-affectifs qui est indispensable à la santé morale d'un petit d'homme. La nécessité pour l'avenir d'adapter le travail des femmes aux exigences de la vie dyadique mère-enfant, d'un corps à corps rythmiquement retrouvé au cours de la journée (corps à corps qui est un cœur à cœur indispensable pendant les six à sept premiers mois de sa vie) doit nous faire penser au problème de la santé future des enfants. On n'a pas compris que le petit d'homme a besoin de se nicher souvent dans les bras de sa mère au moins jusqu'à sa première dent et plus tard encore, dès qu'il est en insécurité, quelle qu'en soit la raison. La loi devrait faire obligation de crèches attenantes au travail même des mères. Ces crèches permettraient aux mères d'alimenter leur enfant en quittant leur travail pendant une demi-heure pour chaque repas de leur enfant, qu'il soit au sein ou au biberon, afin qu'il se retrouve dans la chaleur, l'odeur, la voix connue de celle dont le giron est toujours providentiel jusqu'à ce que sa mère ait elle-même habitué progressivement son enfant à la présence connue d'autres personnes tutélaires, connues « avec » elle. C'est elle qui doit le guider, par la voix et le geste, à prendre sa nourriture ou tout au moins un complément de nourriture avec ses propres mains aidées des siennes. C'est elle qui doit lui apprendre à devenir habile de son corps et adroit de ses mains. Il est temps de remonter le cours de l'orientation vétérinaire de la pédiatrie concernant la première éducation.

L'engouement de la médecine pastorienne, née de la science expérimentale sur laquelle la psychologie de l'enfant a dressé des méthodes semblables d'études, a abouti non à améliorer le développement de l'être humain, être d'échanges affectifs et langagiers, mais à considérer l'enfant sain ou malade comme un corps in vitro séparé brusquement de sa mère à la naissance pour être mis dans la salle des nourrissons ou, s'il est malade, dans un hôpital derrière des vitres, séparé du milieu dans lequel il vit habituellement, privé de toutes ses références sensorielles et émotionnelles humaines connues, prisonnier dans un box aseptique où ni sa mère ni son père ne peuvent plus l'approcher. Serait-il donc impossible que les parents fussent guidés à prendre les mêmes précautions d'asepsie que prennent les infirmières et les médecins pour soigner, approcher, assister dans son épreuve leur enfant lorsqu'il est vraiment malade et qu'il a besoin d'être à l'hôpital ? Outre les bons soins médicaux qu'il reçoit, il a surtout besoin de n'être pas séparé de la vue de ceux qu'il aime, de l'audition de leur voix, de la respiration de leur odeur. Il a surtout besoin, au moment des repas, que sa mère lui donne à manger chaque fois que cela lui est possible, que la nuit son père ou sa mère, lorsqu'il est très malade médicalement ou chirurgicalement, le veillent en passant la nuit sur un lit à côté de lui. Je connais des hôpitaux aux États-Unis qui procèdent de la sorte pour les tout-petits et les plus grands jusqu'à cinq ou sept ans, selon la maturité sociale de l'enfant. L'être humain s'adapte à tout, du fait même de sa fonction symbolique. Il arrive à survivre physiquement avec les seuls soins physiques à ses maladies ou à ses accidents. Sans soins, il risquerait la mort. Il arrive même à beaucoup de survivre et de passer l'épreuve dans ces conditions de désert de relations émotionnelles et psychiques qui leur est imposé. Mais hélas, cette survie physique se paie tôt ou tard d'une morbidité psychique du fait de la modalité même des soins qui sont donnés, de la séparation et de l'isolement des enfants de leur mère et de personnes aimées. Cela n'est dû qu'au non-savoir, au non-vouloir-connaître ce qu'est l'être humain des pédiatres ou du personnel des hôpitaux. Ce non-savoir date de la science du début de ce siècle et a influé terriblement et d'une façon néfaste sur les conditions de la structure psychique des enfants des pays civilisés. Actuellement même, où tant de voix s'élèvent pour rétablir le bon sens dans la compréhension des relations mère-enfant, père-enfant et des relations structu-

rantes dues à la fratrie, la formation des infirmières et des pédiatres est encore absolument vide
de toute connaissance s'y référant. Les infirmières,
la tête pleine de savoir livresque, et aussi le cœur
plein de dévouement, ne se sentent plus elles-
mêmes, avec leur intuition naturelle, vis-à-vis des
enfants auxquels elles donnent leurs soins. Elles
ne sont plus féminines et maternelles, elles n'ont
plus le temps, et les parents sont vus par elles
comme des gêneurs. Les mères sont à mettre
dehors du fait qu'elles sont habituées à croire, ces
infirmières, qu'elles ont, vis-à-vis des enfants au
service desquels leur métier les convie, à se substi-
tuer à la mère. Ne pensent-elles pas que la mère
est mauvaise ? Certaines le disent. Elles pensent
aussi ou veulent penser que la présence de la mère
peut être dangereuse, sinon physiquement, sûrement moralement car, on le sait, chaque fois que la
mère venue voir son enfant le quitte, celui-ci
pleure et, s'il sait parler, la supplie de l'emmener.
Après la visite, dans les salles d'enfants, ça crie,
c'est désagréable aux oreilles des infirmières.
Pourtant les infirmières ne leur font pas de mal,
pourtant elles s'occupent bien d'eux, pourtant la
mère partie, l'enfant (je parle des enfants d'au-delà
de quatre à cinq ans) est tout sourire avec elles. Ne
vaut-il pas mieux supprimer, tout au moins pour
les nourrissons et les jeunes enfants, ces moments
qu'elles croient être des moments néfastes pour
l'enfant parce que la mère en est malheureuse,
alors que chez l'enfant, l'expression de la souffrance d'être séparé de sa mère est un baume par
rapport à la souffrance ignorée s'il ne revoit pas ses
parents, la souffrance inconsciente qu'est la
régression affective qu'il n'exprime pas et dont il

n'a même pas notion s'il ne revoit pas sa mère ? Il y a même des jeunes enfants qui oublient leur mère, à la longue, s'attachent à leur infirmière du fait que l'infirmière mercenaire est plus maternelle dans ses soins et dans son rythme de déplacement que sa mère elle-même. L'infirmière n'est pas anxieuse, ce n'est pas de son enfant qu'il s'agit. C'est pourquoi près d'elle il ne reçoit pas psychiquement, avec son sixième sens pourrait-on dire, le reflet de l'inquiétude de sa maman, de sa souffrance et de celle de son père à propos de l'évolution de sa maladie. Mais nous le savons, cette angoisse des parents fait partie du lien affectif qui les lie à leur enfant et qui lie leur enfant à eux. Il est préférable d'aider les parents à supporter l'épreuve de la maladie de leur enfant et ses cris quand ils s'en vont plutôt que d'en empêcher l'apparition en supprimant les visites ou en les rendant aussi neutres qu'aseptiques et inexistantes pour le cœur de l'enfant.

Lorsqu'un petit s'est rétabli d'une grave maladie et que, par bonheur, le service dans lequel il est lui a permis d'avoir dans son berceau un objet préférentiel, une poupée, un joujou, un ours en peluche que ses parents lui avaient apporté, pourquoi faut-il qu'en quittant l'hôpital il quitte aussi ce petit compagnon qui lui permet de relier son passé à l'hôpital à son présent, sa convalescence ? On nous parle de microbes, de contagion, mais ces joujoux pourraient très bien être stérilisés et donnés aux parents quand ils viennent reprendre leur enfant. Que dire de ces convalescences loin de la famille pendant lesquelles ces enfants, sans avoir revu leurs parents et sans être accompagnés par eux, partent pour une destination inconnue dans un convoi avec d'autres enfants, en détresse affective comme eux, pour aller comme on dit se refaire une santé avant de retourner dans leur famille ? Ne serait-il pas possible, administrativement, de permettre à la mère, au père, à une grand-mère, à une grande sœur que l'enfant connaît bien, de l'accompagner dans son lieu de convalescence et de rester près de lui pendant ces premiers jours d'acclimatation afin que sa vie symbolique ne soit pas une seconde fois brisée, la première à l'hôpital à cause de sa maladie, la seconde dans le home sanitaire pour sa convalescence ? Tous les enfants qui reviennent ensuite chez leurs parents y sont comme des étrangers. Tant de choses ont été vécues par eux en leur absence qu'ils ne se reconnaissent plus dans leur foyer. Pour s'y reconnaître, il leur faut faire de massives régressions qui bouleversent les parents qui ne comprennent pas ces caprices ou ces dépressions ou ces révoltes caractérielles absolument nécessaires pour que l'enfant puisse reprendre pied dans son foyer familial. Cette survie physique, pour la plupart de ces enfants sauvés par la médecine ou la chirurgie, se paie par des mutilations symboliques de leur image du corps et, toujours, par un retard sinon une perte à vie de potentialité mentale psycho-affective langagière et créatrice. Ce hiatus, qui s'est établi entre leurs références préhospitalières et leur retour au foyer, est parfois une béance psychique qu'ils n'arrivent pas à combler d'autant plus que leur mode relationnel à leur mère, tellement modifié du fait de leur croissance, se doit de régresser. Cela provoque chez elle, alors, une angoisse et des réactions à cette angoisse qui perturbent encore plus l'enfant et le groupe familial.

L'anomalie du comportement de l'enfant dans ses contacts à autrui peut se voir parfois immédiatement, mais peut aussi apparaître à bas bruit suivant le développement de la libido de l'enfant au cours duquel il a été séparé de son foyer. Bien des enfants dont la mère est trop occupée pour se pencher sur leurs souffrances, bien qu'elle soit une bonne mère, paraissent supporter comme des indifférents les mois et les années qui ont suivi la période difficile de l'hôpital ou de la séparation en nourrice ou en home. Cependant, ces enfants ne se développent pas vers le langage, la motricité et l'adaptation à la société. On a découvert le terme d'enfants « inadaptés » pour parler de ces enfants mal vivants, mal communicants, malheureux. Au nom de quoi ces blessés des premiers jours, des premières semaines, des premiers mois, des premières années sont « ségrégués », séparés des autres enfants de leur âge ou plus jeunes, et mis à part de la population dont ils deviennent le déchet ? On construit hypocritement des lieux sanitairement carcéraux d'éducation spécialisée. Là, des maîtres souvent remarquables, et dont les méthodes pédagogiques et l'attitude libérale seraient bonnes pour tous les enfants, sont aussi « ségrégués » par rapport au reste de la population éducatrice et enseignante, alors que de tels maîtres devraient se trouver dans toutes les écoles pour recevoir les enfants inadaptés du quartier et les aider à devenir aptes à fréquenter les autres enfants en s'intéressant à ce qui leur est arrivé et en aidant les parents à reprendre avec ces enfants la communication qui avait été perturbée du fait des événements. Nous le savons, ces enfants inadaptés que l'on met dans des caravansérails pour enfants retardés, difficiles, caractériels, ces enfants sont définitivement des citoyens de deuxième zone. À part de très rares exceptions, ils n'arriveront jamais à la maîtrise de leur intelligence, des moyens culturels et à leur autonomie créatrice. Certains d'entre eux, ainsi retardés au départ dans la vie, ne peuvent trouver leur place, et s'ils sont sensibles et intelligents, leur souffrance de ségrégués en fait des délinquants. Ils ne reconnaissent pas les lois d'une société qui les a inconsciemment mutilés de leur dignité humaine après les avoir séparés trop tôt de leurs premiers attachements. Il y a par ailleurs des recherches de sociologues qui concernent les malaises et les injustices de la vie, dont souffrent les adultes parents de ces inadaptés. On les considère en tant que groupe homogène, on estime qu'ils ont tous les mêmes conditions de vie et que ces conditions jouent un rôle dans l'inadaptation première de leurs enfants — je parle de ces foyers où le père boit, où la mère « court » peut-être, ou ne sait pas tenir sa maison. Je parle aussi de ces familles où arrive un malheur, un accident aux parents et où tous les enfants se trouvent orphelins, je parle de parents régulièrement au chômage, de parents délinquants qui sont en prison un certain temps et dont les enfants assistés physiquement ne sont pas systématiquement aidés à ce moment-là à comprendre la situation et à tenir le coup, je parle de ces enfants dont les parents font ce qu'on appelle des dépressions nerveuses, dont on sait, avant qu'elles ne se déclarent, que les troubles caractériels qui les précèdent, si ce n'est la dépression elle-même, sont très troublants pour les jeunes enfants et même pour les plus grands, bref je parle de beaucoup d'incidents individuels dans la vie des gens, d'incidents collectifs qui ont un impact sur la vie des foyers. Il est certain que, pour tout ce qui est d'ordre collectif, les sociologues et leurs recherches sont importants. Mais il ne s'agit plus de faire des statistiques — même sans elles, on le sait, ces situations sont traumatisantes psychiquement —, il s'agit de s'occuper immédiatement des enfants dans ces conditions où eux-mêmes ou leurs parents se trouvent rejetés et en état de déréliction ou d'incapacité momentanée. Je parle aussi de ces enfants pseudo-abandonnés, non adoptables et qui passent de nourrice en nourrice sans savoir qui ils sont et sans avoir la possibilité d'établir un lien durable sensé, affectif, qui les éclaire sur leur passé, leur présent de lien symbolique avec personne, car personne ne sait leur histoire et ne peut leur en parler. Que de malheurs dans une société aussi évoluée que la nôtre et comme les remèdes jusqu'ici trouvés sont plus dangereux peut-être que le mal, en ce sens qu'on ne devait à personne le malheur et les incidents de santé psychologique, et maintenant, ce sont les secours eux-mêmes et la façon d'élever les petits qui, déjà, provoquent des inadaptations. Cela, on. peut s'en rendre compte à la crèche, à la maternelle, dans les premières années du primaire. Les solutions trouvées sont peut-être pires que le maintien des enfants inadaptés au milieu des autres. Il n'y a aucune solution collective ou politique pour résoudre les malaises individuels des petits jusqu'à sept ans, car ils sont dus à la rupture du premier lien mère-père-enfant, du premier lien physique et aussi du premier lien symbolique, cela quels que soient le milieu social parental et le régime des sociétés. Il en est de même pour les retardés et les diminués par infirmité ou par maladie, les retardés de langage verbal, de langage moteur, c'est-à-dire du langage qui devrait se développer avant trois ans. Ils ne peuvent pas développer des échanges dans une inconnue par rapport à leurs parents et ne le peuvent pas non plus dans une séparation d'avec leurs parents, quelle que soit leur carence. L'aide doit se faire à domicile et dans le groupe social du quartier, de la commune, sans séparer les enfants de leur fratrie et de leurs parents, tout au moins avant huit à dix ans.

Il faut bien sûr que l'État s'occupe d'insérer de droit dans la société ces enfants à partir de trois ans, peut-être même avant, mais sans pour cela les séparer de leurs parents jusque-là connus et les rendre ainsi plus isolés et orphelins symboliques ; et c'est pourtant cela à quoi aboutit le plus souvent l'aide sociale à l'enfance ! Combien voyons-nous d'enfants qui sont ainsi séparés de leurs parents pour des raisons d'hygiène, pour des raisons de mauvaise éducation, selon le jugement du service social, alors qu'ils sont nés de ces parents et qu'ils ont besoin de ces parents-là et non d'autres. C'est l'augmentation massive de l'aide à domicile que l'État devrait développer, et pas du tout les internats ou les placements en nourrice qui demandent un voyage aux parents pour aller voir l'enfant ainsi séparé d'eux, souvent aussi séparé de sa fratrie d'âge voisin du sien. Il est urgent d'intégrer rapidement et officiellement dans la politique d'assistance aux enfants, et dans les modalités d'hospitalisation, les connaissances découlant de la psychanalyse et de les appliquer à la compréhension et à la modification de l'élevage des nourrissons et de l'éducation des tout-petits, qu'ils soient malades ou bien portants physiquement. Il est urgent de soutenir les parents qui travaillent en les assistant dans la journée, en créant des hôtelleries d'enfants, des foyers d'enfants dans chaque commune, dans chaque quartier et dans chaque circonscription de quartier afin que les enfants sachent toujours que leur maison est là, qu'éventuellement, si les parents ne rentrent pas chez eux et qu'ils sont à la porte de leur domicile, ils peuvent rester couchés là, dans la maison des enfants, mais cela, sans aucun jugement péjoratif sur les parents de ces enfants. Jamais un être humain, avant qu'il ait acquis son autonomie totale, ne devrait, du fait des institutions, sous prétexte qu'il est malade, être séparé plus d'une journée de sa mère ou, à défaut, d'une autre personne du milieu tutélaire qui l'a confié à cette institution éducatrice ou soignante. Il semblerait pourtant naturel qu'un enfant soit, depuis son tout petit âge et chaque fois qu'il se trouve confié à une institution, toujours appelé par son prénom et par son patronyme et que cet enfant, si petit soit-il, soit celui à qui l'on parle, quel que soit son jeune âge, au lieu de n'être que celui de qui l'on parle, qu'il soit, quel que soit son âge et même s'il ne parle pas, celui à qui l'on parle de ce qui lui arrive, de ce qui lui est arrivé, de son père, de sa mère, de ses frères, de la raison pour laquelle il est ici ou là et qu'il sache le nom et la fonction de qui s'occupe de lui et quelles raisons véridiques ont eues les parents ou la société de le confier là. Il me semble que les directives données dans les institutions feraient beaucoup. Des campagnes à la télévision, pourquoi pas ? Qu'entendons-nous au contraire de tous ces enfants placés ? Ils sont appelés par leur prénom, ils appellent les personnes éducatrices ou soignantes par leur prénom, ils n'ont aucune photo, aucun joujou, aucune référence à leurs parents (encore heureux quand ils n'entendent pas critiquer leurs parents de ne pas venir les voir au lieu de leur trouver des excuses). C'est une désinsertion symbolique organisée à laquelle ils ont affaire. Les découvertes de la psychanalyse concernant les tout-petits, les travaux très nombreux qui ont été faits, sont, il faut le savoir, le fruit d'immenses souffrances pour ceux grâce à qui ces travaux ont pu être faits, et aussi de gros efforts puisqu'ils vont à contre-courant de ce qui se fait en général pour ceux qui y consacrent leur travail. On comprend fort bien les résistances que les découvertes concernant la genèse des anomalies des individus en société soulèvent dans la population adulte, chez ceux qui n'ont pas à souffrir directement dans leur famille de situations difficiles comme celles dont je parle. En effet, les adultes qui ont triomphé dans leur enfance ou plus tard par leurs qualités naturelles exceptionnelles, leurs efforts personnels, des épreuves auxquelles tant d'autres ont échoué veulent ignorer ceux qui, plus faibles, ont été vaincus par la vie. Protégés qu'ils ont été ou plus doués naturellement au début de leur vie malgré les épreuves traversées, ils veulent, imbus de leur maîtrise consciente, croire que tous ceux qui sont restés en arrière sur le chemin de leur développement n'ont point de nécessité dans la société. Tout au moins, c'est l'apparence qu'ils donnent d'après les directives qu'ils prennent. C'est cela qui fait qu'on « laisse pour compte », si je peux dire, ces enfants en difficulté, alors qu'il est indispensable à une société de garder jalousement le trésor de chaque vie humaine, même diminuée en apparence, voire infirme. Il n'est pas possible de rester impassible devant ce qui se passe actuellement, devant cette ségrégation, cette dissociation symbolique dont sont l'objet les enfants blessés dans leurs forces vives, avant sept ans, par l'ignorance des lois de l'humanisation que leurs parents innocents et malheureux autant qu'eux ne leur ont pas ouverte. Ces parents sont soumis au consensus collectif. Ils n'osent pas ou ne peuvent pas s'opposer à une organisation sociale, d'autant plus qu'aucune personne responsable n'entre directement en contact avec ces parents. On leur dit : « La pouponnière a décidé, le juge a décidé, le service social a décidé, que vous ne pouvez pas recevoir vos enfants, que vous ne pouvez pas les emmener avec vous, que chez vous ils n'ont pas ce qu'il leur faut, que vous n'êtes pas ceci... vous n'êtes pas de bons parents. » C'est tout de même insensé. On dirait que tout est mis en marche pour culpabiliser les parents dont les enfants ne se développent pas de façon harmonieuse. Ces enfants qui ont été privés dans leur petite enfance, par des parents qui eux-mêmes l'avaient été, du ressourcement émotionnel quotidien du giron maternel, sont, l'âge de la marche venu, comme des somnambules sans échanges avec le monde extérieur. À ceux-là, l'accueil émotionnel personnalisé par une personne qui s'y consacre, l'accueil joyeux affectif, attentionnel et social en tant qu'enfants de parents estimés, dont on leur parle et qu'ils retrouvent tous les soirs, cet accueil est nécessaire dès le berceau. On peut dire qu'à l'âge de la marche s'objective ce qui a ou n'a pas été acquis bien avant du fait d'une relation symbolique carencée ou brisée ou qui, acquis, a été perdu. La capacité de s'exprimer par la voix, de prendre contact avec autrui, la capacité de se mouvoir d'une façon harmonieuse et décidée, celle de se comporter en échanges avec les enfants de la classe d'âge et l'entourage adulte, tout ce qui n'a pas été acquis avant trois ans, même avant dix-huit mois, deux ans, ne le sera jamais sans un traitement très particulier qui est le traitement des prépsychoses qui deviendront obligatoirement des psychoses infantiles si l'enfant est laissé sans aide psychologique personnalisée dans la situation qui est la sienne. Le sous-développé aggrave son sous-développement et s'y installe s'il n'est pas secouru. Arrivés à l'âge de la grande enfance puis de l'adolescence, ces enfants qui n'ont pas eu au jour le jour, dans une relation émotionnelle continue, des échanges affectifs et des échanges de paroles à propos de tout ce qu'ils ont vécu, forment cette part de population sacrifiée, parquée dans les asiles et les prisons parce qu'ils sont devenus inutiles ou nuisibles, incapables de survivre en société sans gêner celle-ci ou incapables, du fait de leur délire non apparent qui les rend phobiques, caractériels ou instables et qui leur tient lieu de compagnon, de prendre contact gestuel, verbal, ludique à plaisir avec les autres. Le manque d'amour pour leurs souffrances silencieuses et pour leur repliement tératologique de bannis précoces qui les a emmurés est quelque chose de bouleversant. Lorsqu'on est psychanalyste et qu'on assiste tous les jours à cette souffrance qu'il aurait été si facile de dépister pour en éviter les suites dès que l'enfant était avec sa mère, au contact de la société, à l'époque de la première enfance, aux consultations obligatoires, puis à l'âge de la maternelle, et qu'on voit ces enfants plonger chaque jour davantage dans leur drame solitaire, on se demande comment faire pour que les recherches et les trouvailles de la psychanalyse soient utilisées en vue de la prophylaxie mentale, comment faire pour que les humains d'une civilisation comme la nôtre retrouvent le sens de la communication avec leurs tout-petits, la génération montante, comment faire pour que le sens de l'éducation des enfants avant sept ans soit trouvé ou retrouvé pour ceux qui l'ont perdu. Après sept ans, pratiquement, il n'y a plus rien à faire sans véritable traitement et combien difficile et combien long. Il n'y a plus qu'à les insérer comme ils sont à une société qui par ailleurs est sensée mais qui accepte qu'une part importante de ses ressortissants ne deviennent jamais des humains dignes de ce nom, autonomes au milieu des humains et soutenus à devenir eux-mêmes par un encadrement affectif adéquat, en retrouvant leur histoire personnelle, en retrouvant le génie perdu de leur enfance trop tôt traumatisée ou négligée.

Reprenons la vie d'un être humain dès son départ ; il y a des gestations difficiles, il y a des mères enceintes angoissées, traumatisées. L'enfant peut naître déjà carencé. Il peut nécessiter de demeurer en couveuse mais il a besoin, dès ce moment, d'une audition de sa mère, de l'odeur de sa mère, de l'amour de sa mère. Il a besoin d'être nourri par elle, aussi souvent que possible. Cette mère a elle-même besoin d'être aidée pour remonter son angoisse, son état dépressif, sa culpabilité (car les parents se sentent coupables de la malvivance de leurs enfants), et pour être enseignée à s'occuper de cet enfant, le père aussi d'ailleurs. Dans certains hôpitaux américains, on a organisé, dans les couveuses, une sonorisation du rythme d'un cœur adulte que tout enfant né prématuré mis en couveuse entend battre comme lorsqu'il était dans le sein maternel jusqu'au jour où, à terme, il aurait dû naître. On s'est aperçu que ces enfants se développaient beaucoup mieux que ceux qui étaient dans le silence, ce qui prouve que, dès la vie intra-utérine, les relations auditives avec la mère jouent un rôle essentiel dans la vie psychosomatique du bébé.

Admettons que l'enfant soit né dans de bonnes conditions. Le nouveau-né, je l'ai dit, mais je le répète ici, a absolument besoin d'être mis au contact de la personne qui le gardera jusqu'à trois ans. Si c'est la mère qui peut le faire, il doit être immédiatement, journellement, mis à son contact, contre son corps, près d'elle dans un berceau, à portée de voix et de regard, et n'être séparé d'elle que pour la nuit, afin que la mère se repose. Dès son retour à son domicile, une mère qui vient d'accoucher a besoin d'être aidée. Actuellement, dans les villes, les parents ou les voisins, pris par leurs occupations, n'ont pas le temps de s'occuper de ces jeunes femmes, et l'enfant souffre de l'angoisse de sa mère, de son inexpérience et de son énervement. Il faudrait des équipes volantes qui assistent les mères de nouveau-nés pendant le premier mois, en venant une fois par jour, pendant une ou deux heures, aider la mère dans les soins ménagers, surtout s'il y a d'autres enfants. Elles viendraient aider psychologiquement la mère, aider les plus petits à dire et à surmonter leurs réactions de jalousie, et réfléchir avec la mère sur les modalités d'organisation de son foyer. Si l'enfant a besoin, pour une raison quelconque, pour commodité de la mère ou pour sa santé, d'être séparé d'elle, il ne serait pas impensable de payer à la mère son déplacement pour qu'elle accompagne elle-même son enfant, et qu'elle reste près de la nourrice les premiers jours afin que son nourrisson sente la médiation d'une personne à une autre. Il n'est pas impensable que sa mère revienne le voir, aidée pécuniairement (la mère et le père ou une personne de sa famille) à faire le voyage, ce qui permettrait à ce bébé de rester, quoique en nourrice, au contact de sa famille et elle de lui. On verrait la différence entre cet enfant non séparé symboliquement de sa famille et ceux qui sont arrachés de nourrice en nourrice, de nourrice en hôpital, d'hôpital en nourrice ou en homes d'enfants (certains ont sept à dix placements avant trois ans) et qui laissent partout où ils passent un peu d'eux-mêmes qu'ils ne peuvent pas retrouver.

Admettons que l'enfant soit arrivé sans encombres à l'âge de la motricité, qui commence à quatre mois, et va jusqu'à la marche délurée et l'adresse acrobatique. L'enfant a besoin de paroles joyeuses autour de toutes ses activités délibérées et il a besoin de « renidage » consolant chaque fois qu'il est en état de souffrance. Ce n'est pas la régulation des besoins d'un enfant qui doit obéir à un dressage, c'est l'apparition de ses désirs, de ses activités personnelles, de ses initiatives qui doit nécessairement être sertie de paroles et d'échanges gais, joyeux, avec la personne tutélaire. La fonction symbolique inhérente à l'être humain nécessite des éléments langagiers très précoces accompagnant toutes ses activités pour que la personnalité de l'être humain puisse se structurer.

Pour en revenir à l'éducation sphinctérienne, qui fait actuellement le principal de ce que l'on appelle l'éducation des tout-petits, la population devrait être enseignée à l'abandonner complètement jusqu'à l'âge où l'enfant, de son plein gré, et parce qu'il en a le développement moteur, a plaisir à s'occuper de lui-même de ses exonérations. À ce moment, l'enfant marche, il est touche-à-tout, il grimpe partout, et il lui est indispensable que cette activité ludique et motrice soit laissée à sa libre initiative, entourée globalement de sécurité, et que des paroles explicatives lui soient dites chaque fois qu'un petit incident lui apporte une déconvenue. Dès l'âge de quatre à cinq mois, un bébé a besoin d'être mis au contact d'autres enfants de son âge et d'enfants plus âgés. Combien voyons-nous de parents qui laissent le bébé dans l'isolement d'une chambre, quand ils le peuvent, croyant bien faire, en ne le mêlant jamais à la vie du groupe. Combien voit-on d'enfants mis en nourrice qui sont « ségrégués » par un adulte, élevés tout seuls, qui ne sortent pas dans les jardins publics, qui n'ont pas de joujoux, et surtout jamais de paroles autres que des injonctions à manger et à excrémenter, si ce n'est des injonctions à se taire parce que les parents ou la nourrice sont agacés par les sonorités ludiques que l'enfant a besoin d'exprimer pour se développer, et l'assourdissement de la radio ou de la télévision, néfaste à cet âge. Dès que l'enfant a atteint l'âge de la parole, c'est-à-dire dix-huit, vingt mois, tout doit lui être expliqué. Il n'est pas nécessaire de s'occuper toute la journée de lui, mais il est indispensable au moins deux fois par jour que la personne tutélaire consacre à ce petit une demi-heure de son temps en l'initiant au toucher de tout ce qui l'intéresse et en lui montrant, par l'exemple et en l'aidant, les modalités de la manipulation en sécurité de tous les objets usuels qui sont au foyer. C'est alors, la parole advenue, et l'adresse manuelle et corporelle ainsi que l'intérêt aux jeux de l'enfant advenus, que, spontanément, lui qui a plaisir à rester accroupi pour jouer, comme tout humain élevé ainsi sans rodomontades et sans culpabilisation concernant ses comportements, devient désireux de s'identifier en tout au comportement des adultes et des plus grands qui l'entourent. C'est à ce moment seulement qu'est venu l'âge de l'intéresser et de lui enseigner la façon d'excrémenter des adultes, son pot de chambre toujours laissé dans le lieu réservé pour tous à cette fonction[1]. Mais il est important que rien ne l'y oblige. Il le désire, et généralement il peut et il a plaisir à maîtriser ses comportements viscéraux évacuateurs. « Ça l'intéresse. » Il est fier de lui s'il y parvient. Il est consolé s'il n'y réussit pas. Il aime alors être débarrassé des couches jusque-là nécessaires. Les garçons doivent, dès qu'ils sont enseignés à ces fonctions, être enseignés à pisser debout. De toute façon, la continence sphinctérienne de jour et de nuit vient seule lorsqu'on ne s'en est jamais occupé. J'ai moi-même, et d'autres psychanalystes avec moi, l'expérience d'enfants élevés de la sorte ; leur relaxation dans l'activité, leur concentration dans leurs jeux en font des enfants particulièrement bien adaptés autour d'eux. La culpabilisation des fonctionnements excrémentiels est le souci, sinon le drame pluriquotidien actuel de la plupart, sinon de tous

les enfants avant deux ans de notre société civilisée. Ce souci précoce, qu'il réussisse ou non, porte,
comme je l'ai dit, dans l'avenir, des fruits cata-
strophiques en provoquant des troubles psychosomatiques. L'enfant qui a atteint l'âge de deux ans
et demi, trois ans, a besoin d'être mis dans la
société des enfants de son âge et c'est le rôle
qu'avait autrefois l'école maternelle. Bien que cette
organisation de l'Éducation nationale soit particulièrement intéressante, elle n'est plus adaptée à
la plupart des enfants qui arrivent à cet âge. Il faudrait une prématernelle, une garderie intelligente,
à l'âge venu de fréquentation sociale indispensable, c'est-à-dire deux ans et demi, trois ans, qui
reprendrait l'éducation comme je viens de l'indi-
quer, depuis l'âge de dix-huit mois, sans aucun
souci concernant le mode d'alimentation et le
mode d'exonération des enfants qui ne seraient pas
encore autonomes sur ce point, une éducation de
prématernelle dont le seul souci serait d'initier les
enfants au vocabulaire et de soutenir leurs initiatives motrices et ludiques, leurs échanges libres
avec les adultes et les enfants du groupe. Dans ces
garderies prématernelles, il serait indispensable
que puissent y venir, et rester dans le groupe, s'ils
en ont le désir et le temps, les parents, l'un ou
l'autre, un des représentants de la fratrie, afin que
l'enfant fasse le lien entre la manière qu'il a de
vivre au milieu des enfants de son âge, et les
adultes de la société, et les relations qu'il a vis-à-
vis de ses parents. C'est une fois la récupération de
ces échanges que l'éducation à la maîtrise de l'alimentation avec des instruments et l'excrémentation, avec des instruments, serait alors enseignée à
l'enfant. Cela se passerait tout à fait facilement, par

la seule identification de ce petit à ses camarades plus évolués et plus développés dans leur adaptation à leurs besoins, car tout enfant joyeux, mis en confiance, aimé tel qu'il est, désire spontanément se comporter à l'envi des plus débrouillés que lui s'il en a la liberté. C'est à cette époque prématernelle que toutes les chansons et comptines, les danses, pourraient être enseignées à l'enfant, développant ainsi son vocabulaire à l'occasion de ces jeux avec les autres. C'est aussi avant l'âge de trois ans et depuis l'âge de dix-huit mois que toutes les parties de son corps anatomique devraient pour l'enfant porter les mots justes du vocabulaire qui ne lui sont la plupart du temps plus enseignés par les parents. Il y a couramment des enfants intelligents de cinq ans qui ne savent pas le nom de leurs doigts, qui confondent leurs sourcils et les cils, qui confondent les paupières et les yeux, les lèvres et la bouche, qui ne savent pas le nom des parties de leur corps, de leurs membres, de leurs organes des sens, et qui ne savent pas non plus le nom à donner à leur sexe, ni la couleur des yeux et des cheveux de leurs parents, ni d'eux-mêmes. Toute cette éducation à l'observation et à la délivrance de vocabulaire, pour l'assortir de mots dans la communication, précède la compréhension des lois qui président aux relations en famille et aux relations sociales. C'est vers deux ans et demi que l'enfant sait d'une façon verbale, par la manière dont on parle de lui, s'il est fille ou garçon, mais il ne peut comprendre ce que ces expressions veulent dire que le jour où, ayant découvert par ses observations la différence sexuelle, celle-ci lui est, par les paroles d'un adulte, confirmée et signifiée avec des mots justes concernant l'anatomie, et expliquée quant à son devenir d'adulte, d'homme ou de femme. C'est en effet avant la maternelle et dans le début de ce qu'on appelle l'âge de la maternelle que les connaissances concernant les relations génitrices et génétiques devraient être données aux enfants, mais pas plus ni moins que les connaissances concernant le lever et le coucher du soleil. On devrait lui parler de cela comme on l'invite à observer chaque jour le passage du soleil à telle heure dans la lumière de la fenêtre de l'école qui signale le moment de la journée où l'on fait telle ou telle chose et comme on l'invite à observer l'orientation dans l'espace. Tout ceci relève de la première éducation qui autrefois était faite en famille avant que l'enfant n'entre à l'école. C'est à partir de trois ans que l'enfant peut, si son vocabulaire est étendu suffisamment par l'éducation préalable, être invité à s'occuper de ce qui l'intéresse, d'une manière industrieuse un peu dirigée afin que toute technique manuelle lui soit enseignée de la manière la plus efficace. Mais que veut dire, dans la réalité, avoir trois ans ? Eh bien, cela signifie que l'enfant se sait fille ou garçon du fait de sa différence sexuelle et non pas seulement de ce que les gens en disent. Cela veut dire que l'enfant parle bien sa langue maternelle, cela veut dire qu'il est adapté alimentairement, mange seul, sait ou saurait se servir, qu'il a atteint la maîtrise sphinctérienne, qu'il est autonome pour ses besoins, que ses gestes sont habiles, que sa démarche est délurée. Il aime chanter, danser, jouer avec tout. Cela veut dire qu'il parle ses agissements, tous ses agissements (il parle même tout seul tout ce qu'il fait) et que les agissements d'autrui, même non parlés, sont pour lui, langage.

L'enfant de trois ans est observateur, il pose des questions, mû par le désir conscient de grandir à l'identification de toute personne qui, à ses yeux, détient valeur de modèle, les grands de son sexe, les adultes de son sexe. Il est heureux de rester dans la compagnie d'autrui, avec qui il établit des liens non durables mais qu'il établit constamment avec tous ceux de son entourage, des liens de paroles et des liens d'échanges. Bien qu'il soit attiré par tous les enfants et par presque tous les animaux, bien qu'il aime toutes les plantes, il choisit ses modèles d'identification consciente dans l'espèce humaine, parmi ses familiers, particulièrement ses parents, ses aînés et les personnes que ses parents respectent et qui respectent ses parents. Voici ce qu'est un enfant de trois ans, s'il a été élevé humainement et s'il est moyennement intelligent. Ajoutons qu'il sait son nom, son adresse ainsi que le nom de sa fratrie et généralement aussi de ses parents proches, quand il en a. Mais cet enfant ne sait pas encore quels sont les liens génétiques entre les oncles, les tantes, les cousins : ce sera le rôle de l'école, l'école associée aux dires de ses parents, pour chaque enfant, l'école à partir de la vraie maternelle. De même que ce sera le rôle de l'école de lui enseigner à discriminer ses sens, les organes de ses sens et le vocabulaire se rapportant à toutes leurs perceptions nuancées, y compris ses perceptions de plaisir et de peine, ses perceptions génitales, et le rôle de la génitalité quand il aura atteint l'âge adulte. C'est l'école qui lui enseignera à s'occuper de plantes et d'animaux, comme on le fait dans beaucoup de maternelles. C'est excellent, mais seulement à condition que l'analogie avec l'être humain ou les différences avec l'être humain soient toujours soulignées. Toute l'éducation, au sens humain du terme, est une éducation au langage et au désir dans la loi, la loi pour tous, la même pour les adultes que pour les enfants face à la société, face à la nature, compte tenu de l'impuissance naturelle de l'enfant qui disparaîtra avec la croissance. L'éducation n'est pas celle des besoins qui, eux, chez un être sain, se développent comme chez les mammifères hominiens, c'est-à-dire d'une manière hiérarchisée et ordonnée, ce qui peut d'ailleurs lui être enseigné à observer. Admettons que l'enfant ait vraiment ses trois ans, tels que je viens d'en parler, lorsqu'il entre à l'école dite maternelle. De quoi a-t-il besoin ? Il a besoin d'exemples de maîtrise caractérielle, de tolérance et de respect. Il a besoin de découvrir qu'on a besoin de lui comme de chacun dans le groupe, que tous sont nécessaires à chacun et chacun à tous. Il a besoin d'être encadré, en sécurité, il a besoin de recevoir des réponses à toutes ses questions et des moyens d'appliquer les désirs qu'il manifeste à des activités intéressantes. Il a le désir de se grouper à deux, puis à trois et à plusieurs avec d'autres enfants de son âge pour des occupations qui les intéressent tous. Il y a nécessité à ce qu'il y ait des tensions et une utilisation sociale de cette agressivité qui est motrice et verbale. Donc, le rôle de l'enseignant est, pendant les heures de classe, de passer assez de temps à des jeux moteurs et à stimuler la compétition de type culturel ou à l'expression verbale. C'est l'exercice corporel et mental à la fois qui passionne l'enfant. L'enseignant doit soutenir les initiatives à la communication, à l'inventivité d'histoires, à la médiation des désirs dans des occupations industrieuses choisies par l'enfant. C'est le propre de cette première classe d'école, avant, bien avant l'âge de la représentation des signes et ce qu'on appelle l'apprentissage de la lecture et de l'écriture. C'est aussi l'âge de l'initiation aux arts, à la justesse du rythme et de l'oreille, de l'apprentissage de l'écoute de la musique dont tous les enfants ont les potentialités lorsqu'ils sont jeunes et pour certains c'est l'âge de prendre plaisir à en jouer. C'est l'âge de l'observation, de la vision attentive des représentations picturales dont ils ont la potentialité à partir de deux ans et demi (l'âge qu'en psychanalyse nous appelons l'âge anal), mais qu'à partir de trois ans ils aiment créer en dessinant et peignant. C'est cela l'éducation, c'est-à-dire l'initiation aux moyens symboliques d'exprimer les pulsions orales, auditives et visuelles, pulsions orales du désir, les seules qui soient à éduquer, et celles de besoins qui, chez l'être humain, s'éduquent spontanément dans un milieu culturel civilisé respectueux des enfants, par la seule identification à des parents ou à des adultes avec qui il fait bon vivre.

Quant à l'instruction à la représentation graphique des signes et à leur décodage, c'est-à-dire l'écriture et la lecture, il me semble aberrant actuellement d'y passer deux ans avec tout un groupe, alors qu'à partir du moment où un enfant veut apprendre, désire apprendre à lire et à écrire, cet apprentissage est très rapide, à condition qu'il y passe extrêmement peu de temps chaque jour, par tout petits groupes, et non pas avec toute une classe qui regarde ou qui ne regarde pas, parce qu'elle n'en a pas envie, une maîtresse qui fait des signes au tableau et qu'il faudrait imiter. Il s'agit d'enseigner à l'enfant la représentation des sons des mots qu'il veut transmettre à un autre enfant, à une personne avec laquelle il veut entrer en communication et qui n'est pas présente. Autrement, ce dressage à lire et à écrire n'a aucun sens, et la culture se met à être de l'ordre de l'aliénation à la volonté d'un adulte, ce qui est justement le contraire de ce qui devrait se passer. L'école maternelle ne devrait commencer qu'avec des enfants ayant atteint le niveau dit de trois ans (qu'ils en aient deux et demi ou huit) et devrait être continuée jusqu'à l'âge de huit ans environ, âge où les enfants sont stables, aiment à travailler, lire, écrire pour leur plaisir et jouer aux jeux de société avec animation. L'apprentissage scolaire, écriture, lecture, calcul, devrait se faire par petits groupes de cinq enfants avec la maîtresse. Ceux qui désireraient apprendre à lire et écrire seraient groupés pendant dix minutes, un quart d'heure, une ou deux fois maximum par jour autour d'une table ronde où ils seraient initiés à ces disciplines. Pendant ce temps, tout le reste de la classe serait avec un éducateur ou par groupes, chacun avec un éducateur, occupé à des activités manuelles, corporelles, à des activités d'observation, d'expression verbale et mimique, ou à des jeux organisés, encadrés par des éducateurs initiés aux techniques concernant ces activités. Quant à la mémoire, étayée par des rythmes et par des mélodies ainsi que par l'imagination qui la soutient, elle serait occupée à se souvenir des histoires racontées. Les contes et toute la littérature d'une culture devraient être largement diffusés chez les tout-petits bien avant l'âge de l'écriture et de la lecture qui alors prendraient pour eux un intérêt véritable, du fait qu'ils pourraient continuer chez eux, en emportant les livres, l'histoire passionnante que la maîtresse a racontée et sur laquelle elle leur a appris à mêler leur propre imagination à la précision du texte qui invite aux fantasmes, mais qui alors pourraient déformer ou développer l'histoire. Toute une partie du temps dit scolaire serait consacrée à la préparation de scènes de guignols. Les personnages seraient fabriqués par les enfants. La fabrication des costumes, la préparation et la représentation de pièces, de saynètes inspirées de la vie quotidienne apprendraient aux enfants à vivre en société, en jouant à la marchande, à toutes les identifications aux métiers des adultes, ce qu'ils aiment tellement faire sans avoir jamais assez de temps pour y jouer et pour échanger questions et réponses se rapportant à ces métiers. C'est à l'école que tout ce qui intéresse les enfants devrait être orchestré afin de sous-tendre toute l'adaptation de l'enfant à sa vie sociale à travers l'éveil de ses propres désirs et la notion de la différence entre les fantasmes et les moyens de réaliser ceux qui peuvent l'être. Ce n'est qu'à l'âge de huit ans et demi que l'école mettrait un enfant dans la loi du futur citoyen qu'il est en train de devenir après une explication, donnée à l'école, de l'interdit de l'inceste dans la réalité mais du droit aux fantasmes qui demeure, car ils sont la base de toute notre littérature, et de l'art en général où ils s'expriment à travers des techniques. L'école, après huit à dix ans, initierait l'enfant aux techniques culturelles qu'il désire acquérir : la mythologie, l'histoire, la géographie, l'économie, le droit, les religions, toutes les sciences de la nature. Vous voyez que tout ce que je dis là représente une manière toute différente de penser l'éducation et l'instruction des enfants, manière de penser qui est étayée sur les connaissances de la psychanalyse appliquée à la prophylaxie mentale de notre jeunesse. Il ne faut pas oublier qu'il y a une inégalité foncière des chances des individus à développer leurs dons naturels, dès l'origine des enfants et selon leurs familles, mais que le rôle d'une société démocratique, pour qu'il y ait plus de justice, c'est que ces inégalités de destin qui se traduisent par une inégalité de l'intelligence et de la sensibilité utilisables, du fait du vocabulaire et de la maîtrise émotionnelle de chacun, soient compensées par l'éducation que cette société devrait donner dès la petite enfance à ses générations montantes. Nous savons que les émigrés n'ont pas l'aisance ni les moyens pécuniaires des autochtones, qu'ils n'ont pas la sécurité de leur territoire et sont des parents aimants mais carencés pour ceux de leurs enfants qui vivent en France. Nous savons que les parents qui vivent socialement dans des situations humiliantes sont, pour l'éducation de leurs enfants, des parents relativement carencés. Nous savons que les parents traumatisés dans leur enfance, quelle que soit leur aisance sociale, sont des parents traumatisants pour leurs enfants, toujours pour la période d'âge à laquelle ils ont été traumatisés et parfois pour les âges ultérieurs. Les parents carencés par des difficultés dues à des infirmités physiques ou mentales représentent pour leurs enfants des vides pathogènes. Ce n'est pas une raison pour séparer les enfants jeunes de leurs parents mais c'est une raison pour aider à la fois ces enfants et leurs parents sans esprit de paternalisme, mais avec des connaissances psychologiques actuelles.

Toutes les institutions sociales de notre société visent théoriquement à venir à l'aide de ces enfants. Les écoles, elles aussi, ont pour but non seulement d'instruire mais d'informer chacun de ce dont il a besoin pour son insertion dans la société et pour la médiation de ses désirs. Mais ces visées intentionnelles n'atteignent pas leur but. L'école, surtout l'école primaire, est un fantastique gâchis d'hommes et de femmes, un gâchis organisé. On le dit, et on a raison, les inégalités sociales dues au vocabulaire et à l'impossibilité de s'insérer dans la société sont irréversibles dans l'état actuel de notre école dès l'âge de six ans, l'âge de l'entrée à ce qu'on appelle la grande école. De même que l'éducation obscurantiste des tout-petits correspond à beaucoup de conditions que j'ai essayé d'énumérer au début de cet article, de même l'éducation et l'instruction sur des bases, je dirais obscurantistes, qui sont en vigueur actuellement, proviennent de ce que la sélection des maîtres et les programmes qui leur sont donnés ne sont plus adaptés aux enfants qui entrent maintenant à l'école, du fait de la désertion des campagnes, de la vie citadine, du rythme de cette vie, des logements troglodytes dans les immenses bâtisses anonymes dans lesquelles les enfants se développent, loin de la nature, des animaux, des végétaux et des relations sociales latérales à leur triste ou quérulent groupe parental, fraternel et sororal. Ce qu'on appelle dans une société la répartition des rôles ne correspond plus maintenant à ce qu'elle était autrefois. Les enfants étaient élevés en famille par des personnes âgées, n'étaient jamais séparés de leur lieu d'origine avant d'avoir atteint l'âge de douze à quatorze ans, l'âge du travail. De plus, leur adolescence se passait beaucoup plus facilement que maintenant car la loi leur permettait de travailler, donc de s'éloigner d'un milieu familial à l'âge de l'évolution sexuelle de la puberté, et de se situer dans la société, au moins pour ceux qui, en famille, souffraient de n'être pas compris, comme disent les adolescents. Le manque d'argent à l'âge de l'insertion à la vie sociale, le manque ou le trop d'argent de poche dont souffrent bien des enfants, comparativement aux autres, avant dix ans, et d'argent personnel dûment gagné après douze ou treize ans, est aussi un élément anti-éducatif dans notre société, qui ne se présentait pas quand les enfants vivaient en famille, travaillant de leurs mains aux mêmes travaux que leurs parents avant d'aller travailler chez les autres. On ne voit pas pourquoi les organisations dites scolaires d'instruction générale ou professionnelle ne paieraient pas les élèves selon le travail effectif qu'ils pourraient faire dans les écoles et qui, lorsqu'il s'agit de travail professionnel, établirait entre ces écoles et le monde extérieur un lien et un tremplin professionnel. Quant à ceux qui font des études scientifiques et littéraires, musicales ou artistiques en vue d'entrer dans la lice de ceux que leur désir et leurs dons mènent au maniement du langage et des disciplines culturelles qui les conduisent à des études supérieures, on ne voit pas pourquoi il serait impossible que, suivant leur âge, et leur efficacité dans les disciplines où ils s'exercent, ces enfants ne puissent aussi recevoir en pré-salaire et selon leur travail de l'argent à l'école. Ils sont en effet des citoyens de plein droit qui représentent pour l'avenir de la société des gens de valeur ; or la valeur dans toute société se monnaie. Quant aux activités parascolaires des enfants à partir de onze et douze ans, elles devraient être largement encouragées. On a voulu préserver les enfants de l'exploitation de patrons inhumains qui ne respectent pas la fragilité des corps en croissance, mais, de ce fait, on élève les jeunes à se sentir, par la loi, inutiles et incapables d'assumer matériellement leurs désirs. Il me semble que cela aussi doit être repensé si nous voulons parer à cette désocialisation des jeunes. On a fait des efforts très parcellaires dans des Maisons de Jeunes mais ce n'est pas de cela que les enfants auraient besoin. Ils ont besoin d'avoir une hôtellerie organisée par chaque commune, comme je le disais plus haut, et des salles de réunion où ils seraient libres de leurs initiatives, à peine encadrés, pour être guidés, mais en se sentant responsables de leurs activités et en pouvant se dérober légalement à leurs familles dans les cas de conflits, les familles étant sécurisées de savoir où se trouvent leurs enfants lorsqu'ils ne rentrent pas au foyer, quelles qu'en soient les raisons. Nous savons combien les difficultés de l'adolescence sont laissées à leur déroulement nocif pour les jeunes avec leurs états de désespoir larvé que représentent la délinquance juvénile, les suicides et la drogue. Si nous en revenons à ce qu'il en était autrefois des maîtres, l'éducation et l'instruction étaient données par des adultes qui restaient en contact avec les parents, étaient respectés d'eux. Ce n'est plus le cas aujourd'hui. La plupart des maîtres ignorent les parents des enfants dont ils ont la charge. La plupart des enfants sont livrés sans défense aux réactions caractérielles des gens qui sont leurs maîtres et leurs éducateurs, au mépris des effets pathogènes qu'ils engendrent, comme si ces gens avaient plein droit sur leurs élèves et leur jeunesse. De toute façon, les maîtres sont délégués par les parents, indirectement payés par eux, mais ceci n'est pas dit aux enfants. Le personnel infirmier dans les hôpitaux est délégué par les parents et ce sont aussi les parents qui les paient. Ceci non plus n'est pas dit, ni aux infirmières ni aux maîtres. Il devrait être affiché en grandes lettres dans les salles d'attente des hôpitaux : « Le personnel est payé par vous, il est à votre service. » Ce n'est pas le client qui est au service du personnel des institutions, quelles qu'elles soient et quel que soit le grade, ce ne sont pas les élèves qui sont au service de l'école ni des maîtres, ce sont l'école et les maîtres qui sont au service de la population, puisqu'ils sont payés par elle. La population, c'est chacun en particulier sans nuire aux autres. Cette division des rôles ne permettrait pas que les enfants puissent admettre que leurs maîtres et le personnel hospitalier se substituent à leurs parents ou les humilient parce qu'ils sont jeunes et sans défense, ou ne les respectent pas et ne leur parlent pas comme à des citoyens égaux à eux-mêmes. Sur ce fond d'éducation générale, il faudrait parler plus spécialement de l'éducation sexuelle et de l'éducation politique. Il s'agit de l'initiation aux lois naturelles qui régissent la génétique et les relations familiales, et des lois d'une société qui régissent la vie des échanges, le partage des rôles dans la société, les responsabilités et leur étude. Ceci mérite un enseignement vivant, basé sur les réalités économiques nationales et internationales, politiques et éthiques. En tout cas, il est important que l'initiation à ces lois soit donnée aux adolescents en référence à l'évolution sociale de la civilisation dans laquelle ils sont nés et qu'ils ont à soutenir et à faire évoluer. Toute cette éducation, depuis le premier âge jusqu'à l'adolescence, repensée par la psychanalyse, peut sembler à bien des gens totalement révolutionnaire. À mon avis, elle l'est dans le sens d'une évolution et non d'une destruction de ce qui s'est passé, mais au contraire d'une réparation de ce qui est en train d'advenir, et d'une compréhension menant à la modification profonde des consciences par lesquelles des esprits neufs, non aliénés encore par des modes de pensée routiniers, pourraient apporter beaucoup.

N'ai-je pas lu ces derniers jours encore que la psychanalyse était une idéologie ? N'en avait-on pas dit de même des découvertes de Galilée, à l'époque ? Le fait que la psychanalyse est affaire de spécialistes et le fait qu'il faut être psychanalysé pour pouvoir travailler au contact des humains, dont le développement aberrant les a mis dans des difficultés psychosociales, ne veulent pas dire que les applications des découvertes de la psychanalyse concernant le développement des humains, ses accidents, ses incidents, ne puissent pas profiter à tous. C'est un peu comme les applications de la physique et les découvertes en biologie. Le physicien et le biologiste sont des savants, mais les applications de la physique sont dans tous les ménages et les applications de la biologie et de la médecine sont employées dans l'hygiène générale de la vie politique au sens de la prophylaxie urbaine. La protection sociale est un souci national. Il suffirait de la mettre en œuvre sur un plan où on ne pense pas à l'engager. La psychanalyse n'est pas une science objective comme peut l'être la physique, c'est ce qu'on appelle une science de l'homme, c'est-à-dire que l'observateur et l'observé sont dans un lien de conaturalité et de coaffectivité particulier. Cependant, les découvertes de la psychanalyse sont absolument indiscutables dans le sens que sa découverte principale est que le dire par la parole peut guérir chez l'être humain les troubles de relations entre son mental et sa chair. Dans l'éducation, c'est la même chose. Permettre à un être humain de se développer, c'est l'autoriser, l'éveiller à exprimer en paroles tous ses désirs et ses fantasmes. C'est lui donner les moyens et la possibilité de s'en servir, c'est éveiller son esprit à la différence entre ce qui est de l'ordre de l'imaginaire et ce qui est de l'ordre de la réalité, celle des lois édictées pour tous, et devant laquelle tous seraient égaux. La loi de telle ou telle personne n'est pas la loi, et très jeunes, les enfants doivent connaître leurs droits devant la loi et les lois qui régissent tous les adultes. Combien d'enfants, par exemple, croient que leurs parents ont tous les droits à leur égard, y compris le droit de les renier, le droit de vie ou de mort et ne sont absolument pas au courant de leurs droits personnels, de leur devoir de prendre une part active, s'ils en ont le désir, dans la société qui a besoin d'eux Bien souvent, leurs parents carencés et névrosés anxieux ou autoritairement abusifs les empêchent de se mêler à la vie sociale dans des activités qu'autorise la loi au nom de l'obéissance au père et à la mère, eux-mêmes désocialisés ou malades psychosociaux. Au cours de la vie d'un être humain, lorsqu'il est tombé dans un état irréversible de robot parasite, par le style d'éducation carcérale ou annihilante de ses énergies, ainsi que des initiatives dont je parlais tout à l'heure, c'est alors le travail de spécialistes psychanalystes d'aider ces êtres humains à retrouver l'ordre de leur désir et de réassumer leur propre évolution. Dans ce cas, celui que l'on appelle le psychanalysant, quel que soit son âge, revit tout ce qu'il a vécu, son histoire personnelle et les avatars où son désir s'est éteint. Cela demande des entretiens singuliers, répétés avec cette personne particulière qu'est le psychanalyste, qui, lui, n'a aucun désir d'aliéner celui qui vient lui parler à la recherche de sa vérité vivante. Un enfant qui souffre de certaines épreuves dans sa vie personnelle, chaque fois que ces épreuves lui sont clairement explicitées et qu'il peut lui-même les expliciter clairement à une personne qui l'écoute, et qui vient au secours des réactions déstructurantes qui ont fait dévier son évolution, cet enfant, par le fait qu'il s'exprime dans un colloque particulier, retrouve sa propre dignité et repart dans sa propre structure. Non seulement cet enfant peut supporter toutes les épreuves qui sont les siennes et qu'il n'est pas question de lui supprimer, mais sur ces épreuves mêmes il construit sa personnalité. En surmontant ces épreuves, vécues par lui, ses parents, sa famille, il acquiert sa maturité sans pour cela rompre ses liens d'amour et d'affection véritable. Tant d'enfants souffrent de la solitude du cœur aux prises avec leurs angoisses, qu'elles soient dues à leurs fantasmes ou qu'elles découlent dans leur réalité de deuils, d'abandon, de souffrances, d'humiliations partagés avec leurs parents ou d'humiliations personnelles dues à leur « éducation », d'épreuves qu'ils reçoivent du fait d'autres enfants, du fait des adultes au contact desquels ils ont été ou ils sont. Or nous savons que toutes ces épreuves, non secourues à temps, pro- voquent des états de carence psychoaffective, de révoltes stériles qui compromettent leurs chances d'avenir. L'indispensable médiation chez les êtres humains est le langage, au sens large du terme, l'expression verbale, artistique, industrieuse, créa- tive, c'est la présence émotionnelle attentive et compréhensive d'êtres humains authentiquement adultes qui ne jugent pas, qui ne dissocient pas la valeur de l'enfant de la valeur toujours à préserver à ses yeux de ses géniteurs et qui, avec des paroles, réhabilitent en lui ses impuissances réelles momentanées, ou peut-être en quelque chose défi- nitives, mais qui ne sont jamais rédhibitoires. Sa souffrance momentanée peut lui donner un sens social, par le fait même de ses difficultés, grâce à ses échanges avec quelqu'un qui, pour lui, est un représentant de la société. Au lieu de cela, que voit-on ? Des agents bien intentionnés du service social arrachent l'enfant jeune du milieu familial, des seules personnes qu'il connaît et qu'il aime au lieu de le laisser au contact de ses parents et de le secourir matériellement, culturellement, affective- ment, intellectuellement surtout, sans le séparer de son milieu d'origine, jusqu'au moment où, de lui-même, il demandera à aller en pension et où, en réponse à son désir, on aura à l'y aider. Quant à toutes les méthodes de pédagogie, ces menus, ces régimes particuliers pour faire absorber à un enfant « ségrégué », sous prétexte de retard sco- laire, ce pour quoi il n'a aucun désir et aucun appétit, ces méthodes sont fatalement vouées à l'échec. La ségrégation dont j'ai parlé tout à l'heure, sous prétexte d'inadaptation scolaire, retard mental ou difficultés caractérielles en société — société qui n'a jamais voulu de l'enfant, et à laquelle il ne peut réagir, quelle qu'en soit la raison, comme la majorité des enfants de son âge — cette ségrégation est un crime humain. La psychanalyse nous montre en effet que l'anorexie scolaire est une répétition de l'anorexie mentale, que l'anorexie mentale est un trouble profond du désir de vivre, que l'impuissance motrice et l'impuissance créatrice sont aussi des troubles profonds du droit à s'estimer soi-même dans ses initiatives. Tout cela provient d'un climat d'angoisse dans lequel l'enfant s'est développé dans sa petite enfance ou se développe encore. Il y a impossibilité à s'épanouir dans un climat d'angoisse, qu'il soit dû au milieu, qu'il soit dû à soi-même ou à son imagination à cause des épreuves actuelles ou passées inaperçues à certains moments du développement. Pour l'inaptitude à l'étude, c'est la même chose. Tous les enfants sont curieux, chacun à sa façon, mais il est impossible de provoquer artificiellement la curiosité d'un enfant. Son désir de communiquer est perdu avec les racines profondes de son désir bafoué ou de son désir qui a été trop tôt dénié et qu'il s'est mis à ignorer. Autrefois, l'éducation et l'instruction étaient réservées à très peu d'enfants. C'est un bien qu'elles soient maintenant offertes à tous, mais encore faudrait-il qu'ils pussent en profiter. Ces méthodes qui sont destinées à tous et qui restent attachées aux modalités des méthodes d'autrefois sont totalement à revoir. Puisque l'école n'était pas obligatoire autrefois, ceux qui y allaient étaient désireux d'y aller ou, tout au moins, les parents étaient désireux que leurs enfants s'y inscrivent, et les soutenaient à la suivre. La plupart des enfants qui allaient à l'école avaient été préalablement instruits du langage, du monde, des lois génétiques, des lois naturelles et générales dans le milieu familial. Ce n'est plus du tout la même chose aujourd'hui. Quant à la sélection des jeunes gens et des adultes capables de dispenser cette initiation à la vie personnelle et à la vie sociale, capables de devenir des éducateurs et des enseignants, il est impossible de continuer à la faire de la même façon qu'autrefois. Orienter à vie des jeunes gens et des jeunes filles dès l'âge de leur fin de scolarité sur le seul critère de leur réussite à des examens de connaissances, même et peut-être surtout à des examens de connaissances verbales psychologiques et pédagogiques, cela n'a pas de sens. C'est la capacité et le désir d'enseigner une discipline, qui passionne l'enseignant lui-même, qui a un sens. Encore faut-il qu'il ait naturellement contact avec les enfants. Cela seul devrait être pris en considération et non pas le succès à des examens et le désir inculqué par ses maîtres ou ses parents d'entrer à vie comme fonctionnaire dans le personnel soignant ou enseignant. Le fonctionnariat en la matière est un piège pour beaucoup de jeunes qui s'engagent dans ce métier, comme d'ailleurs dans les autres métiers de contacts humains — éducateurs, infirmiers, soignants — sans aucunement savoir ce qui les attend, et qui ne sont pas faits pour ces métiers qu'ils désirent, d'une manière fantasmatique, pourrait-on dire. S'ils y réussissent quelquefois pendant leurs années de jeunesse, la plupart d'entre eux en perdent le goût dès que leur véritable maturité sexuelle et sociale et leurs responsabilités familiales leur sont advenues. Au contraire, combien de jeunes, à peine plus âgés que leurs élèves, sont d'excellents maîtres. Combien d'adultes confirmés, ouvriers, ingénieurs, mères de famille, retraités, ont le génie de l'enseignement et du contact avec les enfants. Ils savent et aiment faire quelque chose, ils savent l'enseigner, ils ont l'expérience de la vie. Ils seraient des instructeurs, des éducateurs, des instituteurs, des maîtres du technique remarquables. Pour cela, il ne faudrait plus imposer de diplômes mais tout simplement les accueillir dans les écoles, et c'est par l'observation de leurs résultats auprès des enfants, par leur capacité à s'intéresser à leurs élèves, à soutenir leurs efforts au travail et au travail personnel dans les disciplines et les activités qui les passionnent, c'est sur ce critère-là qu'il faudrait les juger. Ouvrir la possibilité d'enseigner et de soigner, d'éduquer, avec des contrats à temps renouvelables, à tous ceux qui sont doués pour cela, leur donner un salaire correct, car l'éducation de la jeunesse est le métier le plus difficile et le plus important, ne les employer qu'un temps, avec ces années intercalaires pour se renouveler, et non à vie, serait en France, en effet, une énorme révolution, je le sais. Mais à mon avis, elle est indispensable. Et puis le goût et le don du contact pédagogique avec tel âge d'enfants ne sont pas extensibles à des enfants plus jeunes ou plus âgés, et encore moins des adolescents. La polyvalence pédagogique exigée des enseignants, ou leur attribution à tel ou tel niveau d'âge de la population sous prétexte de réussite à tel ou tel examen ou concours ou parce que c'est mieux payé (plus l'enfant est jeune, plus c'est difficile et fatigant, plus cela devrait être payé) est aussi une absurdité de notre système actuel. Tous ces systèmes d'avancement et ce fonctionnariat dans un métier qui demande fraîcheur, inventivité, qualités humaines sont absurdes.

Je souhaite que la lecture de ce travail fasse réfléchir les lecteurs. Je souhaite que les résistances soulevées à la lecture suscitent en eux des réactions et des critiques, bien sûr, mais aussi des adhésions à ces idées et surtout leur réflexion personnelle.

Je serais déçue, si ce travail tombait dans les mains de ceux qui ont la lourde charge de l'organisation sociale, qu'ils ne s'y intéressent pas. J'aimerais que ma voix de spécialiste éveille ceux qui s'intéressent au développement de la jeunesse, à ces idées concernant la prophylaxie de la morbidité psychosociale. J'aimerais que ces idées fassent leur chemin et que des initiatives personnelles se développent partout, gagnent les jeunes qui ont actuellement de douze à quinze ans et que, parvenus à l'âge de la maturité, ils contribuent à changer la législation concernant l'Éducation nationale et les lois implicites et explicites qui freinent actuellement le développement de la plupart des jeunes de la population française. Il ne s'agit de rien de moins que de sortir d'un obscurantisme latent qui se développe à grands pas pour tout ce qui concerne l'éducation de la jeunesse. Il faut le dire bien haut : actuellement, ne sont élevés d'une façon intelligente et humaine que les enfants que les parents, quel que soit leur niveau d'origine et de culture, ont élevés dans la confiance. Ces parents se sentent pleinement responsables des enfants qu'ils ont mis au monde et dont ils s'ingénient, socialement et pécuniairement, à guider et soutenir le désir autant qu'ils le peuvent. Ils admettent que ce désir se manifeste. Les enfants ont confiance dans leurs parents qu'ils sentent respectueux de leur accès à l'autonomie, dont ils ne freinent pas l'apparition, qu'ils encouragent au contraire, confiants qu'ils sont dans la foi en lui-même de leur enfant. L'avenir d'une population est représenté par sa jeunesse.

Les crises de l'enfance

Avec l'aimable autorisation de
Francis Martens et Rachel Kramerman, juillet 1947.

Chacun de nous se transforme d'heure en heure. Or, dans notre société contemporaine, les enfants donnent tous l'impression de traverser des crises qui ont toutes un double aspect. D'un côté des modifications physiques correspondant à la croissance, de l'autre des troubles de la psychologie, le tout s'accompagnant de modifications du caractère. Notre double nature est mêlée comme la chaîne et la trame d'un tissu. Ces périodes troublées se placent successivement vers six mois, l'âge des premières dents, six à dix mois, l'âge du sevrage, quinze à dix-huit mois, l'âge de la marche, trois à quatre ans, l'âge des contacts sociaux avec les premiers camarades, sept à huit ans, l'âge dit de raison qui correspond aux jugements moraux personnels concernant les intentions des actes — indépendamment de leurs effets — et l'âge de la discrimination assez nette entre le rêve et la réalité (cette discrimination est-elle jamais complète ?), enfin douze à treize ans l'âge de la formation pubertaire. J'ai acquis la conviction que, si ces stades successifs d'évolution provoquent ce qu'on appelle des crises, le fait en est imputable bien plus à l'attitude réactionnelle et éducatrice des adultes qu'à une nécessité réelle, inhérente à la nature humaine.

Il faudrait repenser un peu tout notre système d'éducation et c'est à cela que les sciences nouvelles actuelles de la psychanalyse, la typologie et la physiognomonie (étude du caractère d'après le corps et le visage) nous aident beaucoup. Chaque fois que j'ai eu des crises à résoudre chez les enfants, il s'agissait d'enfants qui ne savaient comment faire pour allier leur manière de sentir avec un sens moral, ou plutôt un pseudo-sens moral d'un âge plus infantile qu'ils se sentaient fautifs de lâcher, car ils croyaient faire de la peine à leurs parents en grandissant.

Nous supportons mal de voir nos enfants souffrir, nous supportons mal de les voir risquer les moindres dommages. Nous voudrions qu'ils agissent comme on agit quand on a de l'expérience, et quand on ne l'a pas acquise par soi-même, on est un pantin sans caractère. Nous voudrions toujours que nos enfants soient satisfaits de la vie que nous leur avons donnée, et du mode de vie qui est le leur dans notre foyer. Lorsqu'ils expriment une souffrance par un des moyens quelconques qui sont à leur disposition, pleurs, cris, gestes, et que nous ne savons comment les aider, nous en concluons que c'est de la méchanceté de leur part. Ce comportement que nous ne nous expliquons pas, nous exigeons d'eux qu'ils le camouflent. L'enfant n'a pas faim, il doit faire comme s'il avait faim. Il n'a pas sommeil, il doit faire comme s'il avait sommeil. Il faut qu'il évacue sa vessie et ses intestins à heures fixes sous le prétexte de la propreté, bien avant d'avoir un système

nerveux achevé. Nous lui imposons de « bonnes »
habitudes qui sont seulement des violences faites à
sa liberté de vivre, habitudes sans aucun intérêt
moral, mais que l'enfant croit très importantes
puisqu'elles lui apportent du désagrément s'il ne
s'y soumet pas. Un enfant de tel âge doit faire, dire,
penser, sentir comme ceci ou comme cela. Telles
choses « ne le regardent pas » mais telles autres
devraient l'intéresser. Le mensonge en paroles est
une chose horrible, mais nous lui mentons et nous
l'obligeons à nous mentir pour nous faire plaisir
par ses silences, ses discrétions, ses politesses, et
tout cela bien avant qu'il ait atteint par son propre
développement l'âge social. Le vol matériel est une
chose très répréhensible mais nous lui enseignons
qu'il est bien de s'approprier notre façon de dire,
de penser, d'agir, et non pas de se créer, à lui-
même, sa propre personnalité. Il faut qu'il nous
prenne le résultat de nos expériences, mais qu'il
respecte l'argent, résultat de notre travail. Il
devrait nous faire partager tous ses soucis, et nous
lui disons que les nôtres ne le regardent pas alors
que franchement, presque toujours, il les
comprendrait très bien. Donc là aussi, au lieu
d'avoir des échanges avec lui (échanges = vie),
c'est lui qui est volé. Lui nous abandonnerait son
cœur, ses besoins, ses pensées, et nous lui donne-
rions seulement notre présence matérielle. Quelquefois, c'était vrai en effet, les parents ne pouvaient pas penser que leur enfant n'était plus un
tout-petit, ou qu'il commençait à vouloir être responsable, ou qu'il n'était pas heureux chez eux,
alors « qu'il avait tout pour l'être ». Quelquefois,
l'enfant lui-même se sentait gêné de ne plus trouver d'intérêt, ni de goût, ni de plaisir à des amitiés,

à des jeux, à des lectures qui auparavant le satis-
faisaient. Il commençait par exemple à juger les
gens et il voulait s'en empêcher. Il commençait à
se poser des questions graves sur la vie et la
société, et il ne devait pas le faire d'après l'avis de
son entourage ; ou bien encore, il aurait eu envie
d'une tendresse qu'on trouvait déplacée à son âge,
de jeux d'audace ou de plein air qu'on ne s'attendait pas, d'après le type d'éducation qu'il supportait
jusque-là, à lui voir désirer.

Bref, nous les adultes, nous mettons artificiellement les enfants dans des moules successifs, des
sortes de plâtres moraux. Mais alors, s'il n'y avait
pas de crises dues à notre système d'éducation,
l'enfant serait-il parfait dans son comportement, et
toujours heureux ? Non, l'enfant ne naît pas bon, ni
mauvais d'ailleurs. Il naît avec des besoins de vivre
sur les divers plans : les instincts, l'affectivité, le
psychisme, et avec une aspiration de tout son être
vers l'absolu.

La vie lui impose des épreuves très précocement. Ces épreuves lui apportent des souffrances
qu'il doit subir, dont il doit triompher après les
avoir admises comme inéluctables. Épreuve de la
naissance, épreuve de la faim, de la soif, épreuve
des digestions difficiles, épreuve des limites de
l'appétit, épreuve de la dentition et des instincts
agressifs qui accompagnent la souffrance, épreuve
des lois de la nature, le froid, le chaud, la pesan-
teur, la dureté des choses, les dangers matériels.

Moralement, épreuve de toutes les séparations
d'avec tout ce qui nous est agréable, de tous ceux
que nous aimons, épreuve du temps qui s'écoule et
de l'espace qui nous sépare de ce et de ceux que
nous voudrions atteindre, épreuve de la fatigue.

Épreuve de la mort des êtres chers, de l'éternelle fuite des choses, des autres et de soi-même. Épreuve de se sentir faible, envieux des autres, épreuve d'aimer des êtres qui nous déçoivent bientôt, parce que l'enfant vit dans l'absolu et qu'il lui faut apprendre le relatif.

Épreuve morale grave de découvrir que le bien n'est pas toujours récompensé, que le mal n'est pas toujours puni, que les adultes font autrement qu'ils ne le disent, que le monde ne juge que les actes et méjuge les intentions. Épreuve de faire souffrir ceux qu'on aime, quand ils voudraient vous détourner d'un appel intérieur à vivre autrement qu'ils ne le désirent. Épreuve de se découvrir absurde et de vouloir justifier, par la raison, des actes et des sentiments plus forts que la raison. Épreuves, épreuves...

L'enfance est la période qui en compte le plus. Déception de la vie, déception de soi-même, déception des adultes. Ce renoncement à ne jamais trouver rien de sûr, rien d'immuable, rien de parfait. Nos parents, nos maîtres, nos amis, tous les adultes, quelles que soient leurs fonctions, honorifiques ou sacrées, sont toujours tentés comme eux, pécheurs comme eux.

Que d'épreuves ! Et nous, adultes anxieux, qui voudrions que tout cela ne soit rien du tout, que tout cela n'entrave pas le travail scolaire, la politesse, la franchise, le courage, l'élan à vivre, la santé psychique et physique. Si toutes ces épreuves, vécues dans le milieu familial, ont été résolues avec succès, alors l'avènement de la maturité sexuelle est un épanouissement. Si au contraire les épreuves n'ont pas été reçues mais refusées, évitées, ce nouvel apport de dynamisme, au lieu de donner à l'enfant confiance en lui, le plonge dans un désarroi plus grand. Et tous les problèmes se reposeront, identiques, mais hors de la famille. Si, au lieu de reprocher ses fautes à l'enfant, nous respections ses souffrances, nous l'aimions dans ses chutes, nous l'aidions quand il nous le demande, à trouver seulement en lui-même, dans sa nature propre, la confiance pour passer l'obstacle quand il désire le passer, alors nous verrions nos petits s'épanouir de jour en jour ; leurs luttes avec eux-mêmes seraient toujours fécondes. Dès leur jeune âge, ils découvriraient l'amour de la vie au-delà de la souffrance, l'amour d'eux-mêmes au-delà de leurs échecs et l'amour des autres au-delà des déceptions qu'ils lui occasionnent. Nous en aurions fait des chrétiens[1].

Le rôle de l'éducation dans l'élaboration de l'identité sexuelle chez l'enfant

Avec l'aimable autorisation de
Francis Martens et Rachel Kramerman, 1975.

FRANÇOISE DOLTO : Vous parlez d'une surdétermination socioculturelle qui amène les enfants à se considérer comme des êtres sexués, à l'imitation de leur père pour les garçons, ou de leur mère pour les filles. Mais savez-vous que le langage n'est pas reçu de la même façon par un garçon ou par une fille ? Le désir de l'enfant est entièrement au masculin ou au féminin, depuis la vie intra-utérine. Je ne dis pas qu'il faut obliger un garçon à prendre des jeux dits de garçons, ou une fille à prendre des jeux dits de filles. Mais parmi tous les jouets qui existent, il est très clair qu'un garçon qui se sait garçon — ou plutôt qui se sent garçon car il ne sait pas encore — a davantage des jeux de mouvement, et que la fille a davantage des jeux statiques. Le garçon jette beaucoup plus que la fille, c'est dans le génie masculin — expulsif et émissif — de jeter lorsqu'il est animé de désirs, et c'est dans le génie féminin — réceptif et attractif — de prendre vers soi. Il est certain que, pour jouer, les garçons ont, autant que les filles, besoin de représentants de corps d'animaux ou de corps d'humains que sont les jouets en peluche ou les poupées, mais ils n'y jouent pas de la même façon.

ANNE GUÉRIN-HENNI : *Est-il utile de donner une poupée à un garçon ?*

F.D. : Les garçons ne se lassent pas de s'amuser avec des voitures, alors que les filles s'en lassent. Les garçons se lassent très vite de la poupée. La poupée est un substitut pénien pour les filles, c'est un petit objet partiel qu'on oublie et qu'on reprend par désir. Les poupées sont donc, pour les filles, des substituts du sexe apparent, tandis que les garçons ont en eux un sexe à leur service, qui apparaît puis disparaît — parce que, pour lui, il n'y a pas de sexe quand il n'y a pas érection, c'est-à-dire un désir, tout à fait flou quant à l'objet, mais qui lui est propre. Ce désir qui l'anime fait qu'il va jouer avec un objet qui le fait aller vite *vers*, puisque son désir le fait aller *vers* un objet. Les filles aussi, mais elles désirent davantage que l'objet vienne à elles. L'objet, c'est le père pour les filles, et la mère pour les garçons. Le désir est incarné en même temps que les premières cellules du fœtus, et les relations présymboliques à la mère et au père existent dans la vie intra-utérine. Un garçon est un allant-devenant pour la fécondité vers l'objet qu'il quittera après l'avoir rencontré ; et la fille est une allant-devenante attirant l'objet dont elle voudra garder le souvenir du contact. Le traitement des enfants très petits montre que cette différence existe et qu'elle est très précoce. Cela apparaît d'ailleurs très tôt dans le langage. Le langage n'est pas seulement verbal, il est gestuel, corporel et il n'est que l'expression d'un désir invisible mais ressenti par celui qui en est le théâtre et le lieu d'appel.

A.G.-H. : *Je me demande si, dans les comportements que les parents adoptent vis-à-vis de leur enfant selon son sexe, il n'y a pas une exagération précoce qui tend à enfermer chaque sexe dans son rôle, plutôt que de le laisser s'épanouir librement.*

F.D. : Sûrement. Vous avez raison.

A.G.-H. : *J'ai deux enfants. Ils aiment leur mère, s'identifient à elle et, de ce fait, adorent faire la cuisine.*

F.D. : Parce qu'ils la croient phallique. En effet, quand la mère fait la cuisine, elle est phallique, c'est-à-dire donnante, mais donnante de nourriture, de ce qui va peu à peu constituer le corps. Les enfants des deux sexes sont très attachés à leur mère pour cette raison même : elle entretient en eux la vie qui fera d'eux des adultes. Les enfants des deux sexes peuvent faire manière de mère, ou manière de père, mais ils ne peuvent pas ressentir comme le ferait un individu de l'autre sexe. Une fille peut très bien imiter des comportements masculins, et d'ailleurs cela se voit dans les familles où les aînés sont des garçons qui sont grands, avant la petite fille. Être grand, c'est alors pour elle devenir garçon. La différence de la sexualité génitale lui devient claire du fait que ses frères n'urinent pas comme elle. Les enfants croient tous que la différence tient au mode d'uriner ! Quand un homme a un comportement féminin tout en étant marié avec une femme, ou vice versa, cela est très compliqué pour leurs enfants.

A.G.-H. : *Les garçons peuvent uriner aussi bien assis que debout. J'ai visité une crèche dans laquelle on demande aux garçons d'uriner assis, parce qu'on se dit qu'ils pourraient aussi déféquer en même temps. Cela n'a pas l'air de perturber les enfants.*

F.D. : Au contraire. J'en ai vu beaucoup qui étaient perturbés comme cela. Le langage est là pour que le garçon fasse la différence entre son besoin d'excrémenter, qui est anal ou urinaire, et son érection qui est son désir garçonnier. Vous ne savez peut-être pas que les petits garçons urinent en érection jusqu'à vingt-deux ou vingt-trois mois et c'est pourquoi, lorsqu'ils sont sur un pot, ils urinent très souvent à côté. C'est à partir du moment où ils ne peuvent plus uriner en érection qu'ils font tout à fait la différence entre être garçon, c'est-à-dire désirer avoir une érection, ou bien avoir besoin d'uriner. Cette distinction entre faire pipi et caca s'effectue chez la fille vers dix-neuf ou vingt mois : la fille dit alors pipi si elle veut faire pipi, et caca si elle veut faire caca. La distinction se fait beaucoup plus tard chez le garçon : à cet âge, ou bien il demande caca pour pipi, ou bien caca pour les deux, ou pipi pour les deux. Quand un garçon demande caca pour les deux, c'est assez mauvais signe, puisqu'il ne peut aller à la selle que sur un pot, alors qu'il devrait uriner debout dès qu'il fait la différence entre caca et pipi. Ainsi, il s'initie à ressentir ce qui se passe dans son corps. C'est vrai que c'est dans ce commencement, dans la sensation des fonctions excrémentielles, que la différence entre sentir et ne pas sentir cette sensation se fait facilement chez les garçons et chez les filles, alors que le désir sexuel n'a rien à voir avec les excréments. Mais chez le garçon, les deux sont mêlés jusqu'à vingt-deux mois. Pour lui, quand il ne peut plus uriner en érection, c'est un véritable problème. Surtout si la mère lui dit, quand elle le voit se toucher la verge pour apaiser un désir qui s'y manifeste : « Va faire pipi », alors que justement il ne peut plus ! On voit des garçons s'abîmer physiologiquement en essayant de se forcer à uriner quand ils sont en érection. En fait, dans notre société, l'éducation sphinctérienne est faite beaucoup trop tôt chez les enfants, au moment où ce sont les mains et les pieds qui devraient être éduqués[1].

A.G.-H. : *Une enquête d'Irène Lézine montre que beaucoup de mères mettent leur enfant sur le pot à un mois !*

F.D. : L'enfant confond ses besoins avec le désir de la mère. C'est la parole de la mère qui commande les besoins, alors qu'ils devraient être commandés par l'autonomie de l'être humain complet. Or il n'est pas complet à cet âge. Il ne peut être libre du non-pipi ou du non-caca que lorsque son système nerveux est terminé, entre vingt et trente mois. Ce sont des mères qui voudraient ne pas laver quand elles ont un bébé. Or, il faut savoir qu'on aura à laver les couches jusqu'à vingt-deux ou vingt-quatre mois. Mais ce n'est pas ça, le problème. C'est de faire un parlant, un agile de ses mains, un déambulant, un enfant qui mange tout seul, qui boit tout seul, qui s'habille tout seul, bref, un autonome. Il est certain qu'un enfant dont la mère a commandé les sphincters ne sera *jamais* autonome dans sa conscience profonde à moins que, par chance, et cela arrive, il ne recommence à se salir dès qu'il est à l'école. Alors on lui fait honte, c'est grâce à cette régression qu'il se retrouve autonome, et le pipi dans la culotte disparaît assez rapidement si personne ne s'en occupe.

A.G.-H. : *Dans votre livre* Psychanalyse et Pédiatrie, *vous dites : il est caractéristique de la sexualité* normale *(c'est moi qui souligne) que la petite fille soit coquette, et le petit garçon batailleur. Ces traits sont-ils congénitaux ou socioculturels ? Qu'en savons-nous ?*

F.D. : Ceci vient justement du début de l'intérêt que le garçon a pour son sexe visible, et la fille pour son sexe non visible mais ressenti. La fille se ressent comme désirant attirer l'attention des objets masculins de son entourage. Or, si elle s'exhibe sexuellement, elle n'a rien à montrer. En revanche, elle voit que les petits garçons exhibent quelque chose chaque fois qu'ils vont aux toilettes. Les petits garçons peuvent pointer l'objet de leur désir, et les petites filles ne le peuvent pas. D'une façon tout à fait inconsciente, elles visent à attirer cet objet de leur désir en se mettant en position d'être un petit objet partiel séducteur, pour attirer l'attention sur leur personne. Elles veulent se rendre visibles, alors que le petit garçon est visible déjà, par lui-même à l'endroit de son désir.

A.G.-H. : *Un garçon ne peut-il donc être coquet, lui aussi ?*

F.D. : Sa coquetterie est de s'identifier aux grands.

Dès son origine, il sait qu'il est appelé à devenir adulte. Le mot clé d'un enfant, même s'il ne le dit pas, c'est : être grand. C'est devenir conforme à l'apparence qu'ont les adultes, au papa-maman. Cette forme de coquetterie existe évidemment chez les filles, aussi bien. Papa-maman, c'est, pour l'enfant, une sorte d'entité bicéphale auprès de laquelle il se sent en sécurité. Un enfant qui n'a jamais été élevé que par des femmes mettra long-temps à deviner qu'il a le droit de devenir grand comme un homme. Pour lui, devenir autre, et compagnon de la mère, c'est devenir une femme. La coquetterie du garçon n'est donc pas, comme chez la fille, une coquetterie pour attirer, mais pour être.

A.G.-H. : *N'est-il pas aussi normal qu'une petite fille soit batailleuse ?*

F.D. : Si une petite fille n'est pas batailleuse, elle demeure à un âge affectif de deux ans et demi, elle est en retard affectif. Mais elle n'est pas batailleuse de la même façon que le garçon. Une petite fille griffe, pince, tire à elle, mais elle ne lance pas un objet sur un garçon, ou cela lui vient très tard, cela arrive lorsqu'elle n'a pas été soutenue pour deve-nir femme dans son sexe, à l'âge de deux ans et demi ou trois ans.

A.G.-H. : *Mais les enfants des deux sexes mordent ?*

F.D. : Les bébés mordent pour essayer de morce-ler, parce que c'est en morcelant qu'ils assimilent. Donc, pour faire leur corps, ils ont besoin de mordre et de manger. Quand la parole vient, ils s'aperçoivent qu'ils ont beaucoup plus d'attention de la part de la mère en parlant, donc ils n'ont plus besoin à ce moment-là de s'exprimer par la morsure. Mais les enfants des deux sexes aiment mordre parce que cela fait réagir leur mère. Tout est dans la relation inter-humaine très précoce.

A.G.-H. : *Que dire alors des enfants qui se mordent entre eux ?*

F.D. : Ils le font parce qu'ils n'ont pas de mots ou bien parce que la mère n'a pas permis à l'enfant de quatorze ou quinze mois d'agresser avec ses bras, avec ses mains, avec des objets. C'est un signe de retard affectif, de retour à une période qui devrait être révolue.

A.G.-H. : *Un enfant mâle de trois ou quatre ans dit volontiers, dans ses jeux : « Je serai la maîtresse. »*

F.D. : C'est un jeu de rôle. Mais être la maîtresse, ce n'est pas être une fille. Elle a beau avoir un corps de femme, elle est phallique, masculine, puisqu'elle est interdictrice. Maîtresse, elle est forte par rapport au faible, elle est donc pénienne par rapport à qui ne l'est pas.

A.G.-H. : *Doit-on donner indifféremment aux enfants des deux sexes des jouets conçus pour ceux de l'autre sexe ?*

F.D. : Absolument, c'est très utile.

A.G.-H. . *Même une poupée à un garçon ?*

F.D. : Plusieurs poupées, même.

A.G.-H. : *À quel âge l'enfant prend-il conscience de son sexe ? À six ans ?*

F.D. : À six ans, l'homme y est déjà tout à fait. À trois ans, les jeux sont faits pour ce qui est de la notion masculin-féminin chez l'enfant. Ensuite c'est, pour le garçon, l'identification à celui des parents qui semble jouer le rôle masculin dans la vie. Si le rôle masculin semble être joué par une maîtresse plus que par le père, il s'identifiera à la maîtresse.

A.G.-H. : *Ou à sa mère.*

F.D. : Oui, au début du complexe d'Œdipe.

A.G.-H. : *Il paraît qu'à ce moment-là le petit garçon, dans ses jeux de rôle, s'identifiera indifféremment à une femme ou à un homme. Tandis que plus tard, vers sept ans, le garçon refusera d'incarner une hôtesse de l'air, par exemple.*

F.D. : C'est alors humiliant pour lui, alors que c'est humiliant pour la fille de jouer un rôle d'homme à sept ans, contrairement à ce que l'on croit. Elle s'humilie au profit d'un intérêt secondaire, qui est d'avoir l'air d'être celle qui commande.

A.G.-H. : *Peut-on, malgré tout, imaginer une société où le féminin ne serait pas synonyme d'infériorité et le masculin synonyme de supériorité, une société où les enfants ne seraient pas élevés dans cette optique ?*

F.D. : La fille peut avoir un sentiment de supériorité sur le garçon.

A.G.-H. : *Selon la théorie freudienne, me semble-t-il, la fille est, dès le départ, frappée d'infériorité parce qu'elle n'a pas de pénis, parce qu'elle ne peut uriner aussi loin que le garçon, parce qu'elle est destinée à des tâches ménagères dévalorisées dans notre société...*

F.D. : Mais qui peuvent au contraire être très valorisées si le père les valorise. Tout dépend de la façon dont les parents se valorisent mutuellement. De toute façon, il y a division du travail. Il existe maintenant des familles où le père reste à la maison pendant que la mère travaille, parce que son salaire est meilleur que celui du père. Les enfants de ces familles ont du mal à imaginer, quand ils sont petits, que dans les rôles sexuels, c'est le père qui donne le germe à la mère qui, elle, le fait fructifier.

A.G.-H. : *Est-ce catastrophique pour les enfants de vivre dans de telles familles ?*

F.D. : Mais rien n'est catastrophique ! Tout passe dans le langage, tout se dit avec des mots.

A.G.-H. : *Selon votre livre, les garçons dévalorisent les filles quand ils s'aperçoivent qu'elles n'ont pas de pénis.*

F.D. : Oui, toujours. Mais ce sentiment de supériorité ne dure pas forcément longtemps, il n'existe qu'à l'époque où l'enfant est sensible aux formes. Mais il n'y a pas que la forme qui donne la supériorité, il y a l'affectivité, il y a l'efficacité, il y a l'être de l'homme et l'être de la femme, que l'enfant ressent très bien. La voix de la femme peut être plus agréable que celle de l'homme. L'important c'est que le garçon réalise qu'en grandissant il ne peut devenir qu'un homme. Or, la terrible épreuve pour le garçon, et pour tant d'hommes qui n'en sont pas sortis, c'est que c'est la femme qui porte les enfants qui sont chair de sa chair, et qu'elle n'a pas besoin de donner son nom à l'enfant pour savoir qu'elle est sa mère.

A.G.-H. : *Les garçons sont donc jaloux des filles sur ce chapitre ?*

F.D. : Mais naturellement ! Les femmes peuvent être jalouses des hommes dans la mesure où ils ne font que fertiliser, et ensuite ce sont elles qui se tapent tout le travail. Mais il y a complémentarité. L'être humain n'existe qu'en tant que homme-et-femme. La version masculine est infirme par rapport à la femme qui, dans sa version féminine, est infirme par rapport à l'homme. Il y a toujours un manque chez les deux. Le petit garçon se dit : elle n'a pas de pénis, parce qu'il ne voit pas l'organe de la fille. Mais le jour où il découvre qu'elle peut porter les enfants, que lui il n'aura jamais d'enfants à lui et que si sa mère n'avait pas eu d'homme, il ne serait pas né, il est à ce moment-là devant le problème masculin. La fille qui n'est pas avertie que c'est par une rencontre sexuelle qu'elle peut avoir un enfant peut croire qu'elle fait des enfants par parthénogenèse, à la manière d'un excrément.

C'est ce qui arrive à beaucoup de femmes qui accouchent par les reins. D'autant plus que l'accoucheur prononce la phrase : « Poussez, madame. » Dans la préparation à l'accouchement sans douleur, on apprend aux femmes à pousser en avant. Autrefois elles tendaient à pousser en arrière. C'est encore un problème pour la femme qui n'a pas été suffisamment éveillée à la vie sexuelle avant d'avoir un enfant.

L'appareil génital féminin est, depuis le début, ressenti par la petite fille comme un lieu où il se passe des émois et des mouvements physiologiques invisibles mais qui accompagnent la rencontre des hommes dans la société. Beaucoup de jeux de petites filles sont destinés à faire vivre leurs voies génitales : sauter à la corde, par exemple. Les garçons ne sautent pas spontanément à la corde, ils sautent pour faire comme les filles. Mais le saut à la corde donne aux filles la sensation de leur voie génitale. Les garçons, eux, ne ressentent leur sexe comme vivant que par l'érection.

A.G.-H. : *Dans l'éducation traditionnelle que l'on donne encore à beaucoup d'enfants, il y a toujours un élément de supériorité masculine.*

F.D. : Oui, dans les pays latins et dans ceux où a existé la loi salique. Je crois que cela vient du sentiment d'infériorité des hommes qui est bien plus considérable que celui des femmes. D'abord, le petit garçon fait l'expérience de la grande valeur de sa mère pour lui ; plus tard, de la valeur de la femme au foyer. La valeur d'une maison dépendait, dépend encore, de la façon dont la femme crée le climat familial. De plus, les hommes sont tributaires des femmes pour avoir une descendance, tandis qu'une femme n'est pas tributaire d'un seul homme : elle peut changer d'homme tous les jours, et avoir autant d'enfants qu'elle veut, elle peut se déplacer.

Je crois que c'est au moment où on a donné du travail aux femmes qu'on a édicté la loi selon laquelle elle doit suivre son mari, sinon celui-ci n'aurait jamais pu garder sa descendance. L'homme a autant besoin de paternité — ce qu'il a oublié, d'ailleurs — que la femme. Beaucoup d'hommes dans notre société ont refoulé leur désir de paternité, ou bien ils désirent être père à la façon des mères : ils s'identifient alors à un enfant materné par une femme, et veulent materner leur progéniture.

Mais on peut imaginer une société où les hommes ne seraient pas attachés à leurs enfants. Après tout, c'est un peu le cas de notre société. Nous voyons sans cesse des pères qui disent : « Je me repose entièrement sur ma femme pour ce qui est de l'éducation de nos enfants. Je ne les connais même pas. » Quand un médecin veut voir un père, celui-ci dit : « Mais pour quoi faire ? C'est ma femme qui les connaît. » C'est tout de même extraordinaire d'entendre cela !

A.G.-H. : *Il y a tout de même des jeunes pères qui s'occupent de plus en plus de leurs enfants.*

F.D. : Heureusement.

A.G.-H. : *À la crèche j'ai vu des pères amener leur bébé, l'habiller et le déshabiller avec une agilité extraordinaire.*

F.D. : L'habileté manuelle d'une femme n'est pas différente de l'habileté d'un homme. Une femme peut d'ailleurs, aussi bien qu'un homme, manier des outils dits masculins.

A.G.-H. : *Le problème est de faire accepter à un homme de telles tâches de maternage.*

F.D. : Mais elles le gratifient beaucoup.

A.G.-H. : *Pour en revenir à votre livre, j'y ai lu que, au moment où le garçon s'aperçoit que la petite fille n'a pas de pénis, il s'imagine qu'elle a été punie, qu'on le lui a coupé.*

F.D. : C'est vrai, il l'imagine si on ne lui dit pas immédiatement la vérité. C'est parce qu'il est dental jusque-là. C'est avec ses dents qu'il a morcelé pour faire disparaître. Or, tout morcellement est quelque chose qui a retiré un objet partiel d'un tout. Donc il imagine toujours ce qu'il voit comme si lui, il avait agi sur un objet partiel. Il ramène tout à son propre comportement vis-à-vis des objets ou des formes du monde extérieur.

C'est le père qui commande la naissance des enfants. C'est lui qui peut dire non, qui peut aussi dire oui, avec désir. La mère ne peut pas dire non spontanément. Elle peut dire non à la conception, maintenant, grâce à la pilule. Mais sur le plan biologique, même une femme qui ne désire pas un rapport sexuel peut y être soumise, du fait que l'homme désire un enfant de cette femme, ou désire un acte sexuel, qu'il soit fécond ou pas. Il y a donc, dans l'initiative de la conception, un désir masculin. Le père donne le feu vert. La mère peut donner le feu rouge ou orange, mais l'enfant naîtra tout de même.

Par ailleurs la loi impose à la mère de suivre le père lorsque celui-ci se déplace, sinon la famille se détruit.

Dans les familles où la mère commande, elle commande au nom du père, puisqu'elle porte le nom du père, et l'enfant aussi. Elle commande donc à l'enfant pour que l'enfant devienne un porteur de ce nom.

L'enfant, avec son intelligence spontanée, est beaucoup plus subtil que nous, avec notre intelligence réflexive. Il comprend cela parfaitement, même à trois ans.

A.G.-H. : *Mes enfants semblent accorder beaucoup plus d'importance à mes dires et à mes décisions qu'à ceux de leur père.*

F.D. : Mais quel âge ont-ils ?

A.G.-H. : *Trois ans et quatre ans et demi.*

F.D. : Ils sont encore dans un état de dépendance vis-à-vis de vous. C'est donc à vous qu'ils reconnaissent des pouvoirs. Si c'était le père qui restait à la maison, faisait la cuisine, assurait la nourriture...

A.G.-H. : *Il le fait un peu.*

F.D. : Si l'enfant avait l'impression que maman pouvait courir où elle veut, tandis que papa reste à la maison, c'est à papa qu'il accorderait sa confiance, parce que alors sa sécurité, sa survie, dépendrait de lui. Quand on a une boussole, on cherche le nord. Mais la boussole indique aussi, indirectement, le sud qui est la lumière, le soleil, la vie. L'enfant a, lui aussi, sa boussole intérieure. Il se réfère au père pour savoir où est la mère. Ou il se réfère soit à l'un, soit à l'autre, pour savoir lequel des deux est le plus viable. Si les deux sont viables, c'est entre les deux qu'il se développe, pour devenir plus tard à l'image du père s'il est garçon, à l'image de la mère si c'est une fille. Pour vos deux enfants, vous êtes, pour l'instant, aussi pénienne dans votre forme que leur père. Ils valorisent vos deux seins comme péniens. En avoir deux à la poitrine, c'est au moins aussi intéressant qu'avoir une seule protubérance au sexe. Mais la fonction de donner la nourriture par le sein est inférieure à celle qui consiste à donner la vie par le pénis, puisqu'un enfant peut être nourri autrement qu'au sein de sa mère, alors qu'il ne peut exister autrement que par le pénis. Tout cela, il ne le sait pas par son esprit, mais il sent parfaitement que ce qu'il a de plus précieux dans son corps, c'est son sexe, puisque c'est de cette région que lui vient tout son désir de vivre. La fille, elle, sent très bien l'importance de ses voies génitales, puisque d'elles viennent tous les émois de sa vie.

A.G.-H. : *Si l'intelligence intuitive du petit enfant est si extraordinaire, comment se fait-il qu'il commette de telles erreurs d'appréciation sur les parties sexuelles quand il les découvre ?*

F.D. : Pour le petit garçon, avoir un pénis est tellement important qu'il ne peut pas comprendre que les filles n'en aient pas, et soient même fières de ne pas en avoir. Pour la fillette, il y a la fierté inverse. À tel point que souvent, quand elle est petite, elle ne veut pas porter le pantalon sauf si elle veut cacher qu'elle n'a pas de pénis.

A.G.-H. : *Mais comment une petite fille peut-elle se sentir à la fois fière de ses voies génitales, et infériorisée parce qu'elle n'a pas de pénis ?*

F.D. : Elle n'est infériorisée que pendant une journée, jusqu'à ce qu'on lui explique. Il faut qu'il y ait des conversations à ce sujet. C'est un moment très important de l'éducation sexuelle des enfants. La différence entre fille et garçon ne doit pas apparaître comme la différence entre moins et plus, mais il est normal qu'un garçon n'ait pas envie d'être une fille, de s'identifier à une fille. Or, chez l'enfant très jeune, aimer, c'est s'identifier. Jusque-là, il s'est identifié à son père, à sa mère, à tout ce qui est plus adulte que lui, à tout enfant qui marche alors que lui ne marche pas encore, qu'il soit fille ou garçon. C'est plus tard qu'intervient la découverte qu'il est garçon, ou qu'elle est fille, et l'identification à cette moitié de l'espèce à laquelle il (ou elle) appartient.

Pourtant, dès la naissance, les enfants sont déjà orientés dans ce sens. En effet le nourrisson est sensible à l'odeur du sexe de la personne qui s'occupe de lui, c'est l'odeur du complément pour l'avenir. Le garçon a sa mère, complètement à lui, la fille a sa mère pour la nourriture, et les hommes pour les relations. Le garçon est piégé par la mère en ce sens qu'elle satisfait à la fois ses désirs et ses besoins.

A.G.-H. : *Un psychologue m'a dit : le garçon a de la chance de pouvoir s'identifier d'abord à sa mère, ensuite à son père ; tandis que la fille ne s'identifie jamais qu'à sa mère, finalement.*

F.D. : Le processus d'identification est un processus appauvrissant, aliénant. C'est fatal.

A.G.-H. : *On dit que dans leurs jeux — de sable, notamment —, les garçons démolissent beaucoup plus que les filles. Pourquoi ?*

F.D. : Les garçons ont sept érections par nuit, et je ne sais combien pendant la journée. Chaque fois le pénis est érigé, puis démoli symboliquement lorsqu'il retrouve sa forme normale. Ces jeux de sable sont des sublimations de pulsions sexuées, c'est-à-dire concernant le corps propre du garçon.

A.G.-H. : *Comment expliquez-vous que les garçons obtiennent de meilleurs résultats dans les tests d'aptitude spatiale ?*

F.D. : Ce n'est pas étonnant. Puisque le garçon construit dans l'espace extérieurement visible, il ajoute, alors que la fille remplit. La fille a un désir attractif, le garçon, un désir éjectif : le garçon organise des formes apparentes. Tandis que la fille, dans ses jeux de sable ou autres, organise des formes qui sont la métaphore de son propre corps, c'est-à-dire des formes en creux. Elle attire vers l'intérieur des éléments pour les orner, les rendre viables, habitables. Ainsi la fille a une prédilection pour l'agencement d'appartements, d'intérieurs de bateau. Les architectes hommes font souvent des formes qui sont belles à l'extérieur mais qui ne sont pas viables à l'intérieur. Une femme architecte se préoccupera de la viabilité de l'intérieur.

A.G.-H. : *C'est peut-être parce que, depuis sa petite enfance, elle a été amenée à se préoccuper de la maison, du foyer.*

F.D. : Non ! Quand elle est toute petite et qu'elle joue dans le sable, ce facteur n'intervient pas encore.

A.G.-H. : *Mais déjà petite fille, elle s'entend dire qu'elle doit faire comme sa mère qui range les placards.*

F.D. : Peut-être, mais le jour où les filles ne feront plus comme les femmes, que se passera-t-il ?

A.G.-H. : *Je ne sais pas, mais je ne vois pas pourquoi les hommes ne rangeraient pas les placards.*

F.D. : Une fois adultes ces pulsions très précoces se subliment n'importe comment. C'est la notion d'efficacité qui intervient lorsque vous souhaitez que les hommes fassent ce travail.

A.G.-H. : *Je ne vois pas pourquoi j'empêcherais mes garçons de ranger les placards.*

F.D. : Mais qui parle de les en empêcher ? Simplement il se trouve — et on le constate très précocement — que les garçons, ça leur est égal de perdre, contrairement aux filles. Il faut longtemps pour qu'un garçon comprenne qu'il ne peut pas faire revenir, aussi souvent qu'il veut, quelque chose qu'il a perdu. Car il est habitué à voir revenir son érection presque à volonté, quand elle s'est égarée il ne sait où.

A.G.-H. : *Que faut-il entendre exactement par pulsions actives et passives ?*

F.D. : Le garçon a des pulsions actives, la fille des pulsions passives. Une pulsion est un désir. La pulsion passive est un désir attractif. La pulsion active est un désir éjectif. Ce sont des désirs sexuels. Il existe d'autres désirs que sexuels, mais l'origine sexuée de tous nos désirs fait qu'il y a tout de même une dominante chez le garçon qui est le désir de risque, ce qui n'est pas vrai pour la fille. Pour en revenir aux jeux, les garçons organisent peu l'espace mais ils y déambulent beaucoup, voyez leurs trains, leurs voitures. Ils imaginent qu'ils vont très loin dans ces véhicules, bien au-delà de la maison. Mais ils n'organisent pas l'espace-maison pour y vivre, y rester, contrairement à la fille.

A.G.-H. : *Quel rapport tout cela a-t-il avec le sexe ?*

F.D. : Les enfants ont des rapports, non pas avec Le Sexe, mais avec les sexes, ceux de leurs deux parents. Pour eux, le sexe n'existe que représenté par les spécimens adultes qu'ils ont autour d'eux. C'est pour cela qu'on ne peut pas distinguer les facteurs socioculturels des facteurs biologiques, ni même le style de chaque famille, de chaque triangle père-mère-enfant. Toutes les structures familiales, traditionnelles ou non, sont propices au développement de l'enfant s'il en résulte une dynamique allant-devenant mâle ou allant-devenant femelle, dans l'acte futur de la procréation, c'est-à-dire de la rencontre complémentaire entre les sexes. Tout est en vue d'un avenir chez l'enfant. Comme tous les rôles possibles existent dans la société et permettent d'utiliser les pulsions de chacun actives ou passives, l'enfant a largement le choix.

A.G.-H. : *Les filles ont-elles vraiment le choix ? Dans notre société, la femme adulte se sent généralement inférieure à l'homme, elle se sent incapable.*

F.D. : Mais c'est parce qu'on veut la comparer à des hommes. Elle ne se sent pas incapable de faire comme les hommes, elle ne le désire pas, c'est tout.

A.G.-H. : *Si elle ne le désire pas, n'est-ce pas parce qu'on lui a appris à ne pas le désirer, à rester dans son rôle étroitement féminin ?*

F.D. : C'est possible. Mais il est aussi possible qu'elle ait le sentiment qu'en faisant comme les hommes elle perdrait ce qu'elle a d'authentiquement féminin, son caractère de future génitrice. Certes, elle peut travailler, servir la société, mais avant d'avoir des enfants. Or, un enfant a besoin de sa mère jusqu'à ce qu'il soit autonome, c'est-à-dire au moins pendant trois ans.

A.G.-H. : *Ce temps pourrait être plus court si l'on multipliait les crèches.*

F.D. : Je ne crois pas. À moins que l'enfant puisse être materné par un groupe.

A.G.-H. : *La crèche, justement.*

F.D. : Pas du tout. Un groupe d'autres enfants, pas d'autres adultes. Ce groupe serait un porteur, qui serait une mère pour chaque individu. La personne qui orchestre ce petit groupe est une instance paternante. Dans la crèche, ce sont les autres enfants qui sont porteurs maternants. L'adulte de la crèche n'est pas une mère. La mère, c'est quelqu'un qu'on touche, qu'on flaire, avec qui on a des échanges de corps à corps. Or, ces échanges, l'enfant en a besoin jusqu'à au moins trois ans, jusqu'au moment où il peut les faire passer dans la parole. Les enfants qui vont actuellement à la crèche apprennent tard à parler parce qu'ils n'ont pas une personne qui parle tous leurs agissements. Il y a une personne qui interdit, qui organise, qui apporte et qui retire, mais il manque la mère qui initie l'enfant au langage en lui parlant constamment tout haut de ce qu'elle fait, de ce qu'il fait. Les enfants de crèche sont ainsi retardés parce qu'ils n'ont personne pour médiatiser les actes qu'ils ne font pas, que d'autres font, ou voient, toutes ces choses qui, en passant dans le langage, sont valorisées, symbolisées. La symbolisation de toutes nos pulsions, ressenties ou agies, c'est le langage.

A.G.-H. : *Que diriez-vous alors de l'école maternelle ?*

F.D. : Je ne sais pourquoi on l'appelle une école maternelle, c'est une école paternelle. Que ce soit un homme ou une femme, la maîtresse est une image masculine. Je me demande d'ailleurs pourquoi il n'y a pas d'hommes à la maternelle, il y en aurait besoin.

A.G.-H. : *Les salaires sont trop bas.*

F.D. : Certes. La maîtresse est une instance de maîtrise et de continence. Ce n'est pas une personne qui dit tout ce qu'on fait ou pense.

A.G.-H. : *Souvent, pourtant, les enfants qui s'entendent avec leur maîtresse l'identifient à leur propre mère, elle est pour eux un substitut de mère.*

F.D. : C'est dommage. Parce que la mère est unique, irremplaçable. S'il arrive qu'un enfant s'attache à la maîtresse qui lui permet de s'exprimer davantage, de se promotionner comme garçon, alors il traite sa mère comme la chose qui gratifie son corps, et non comme celle qui lui apporte une culture. Or la mère devrait représenter la culture pour l'enfant tout autant que la maîtresse. Cette dernière est plutôt celle qui initie à la vie sociale, donc paternante. La mère est initiatrice de la vie familiale, ce qui n'est pas pareil. L'école est une institution de neutralisation. Elle doit produire des enfants qui ne gênent pas les autres en société, mais elle n'est pas là pour qu'ils accomplissent leur propre désir. Tant mieux si ces désirs trouvent tout de même à s'exprimer dans le « permis du permis », mais à l'école il n'y a pas de mot pour ce qui n'est pas permis. La mère, elle, nomme le non-permis, et c'est ainsi qu'il est symbolisé et entre dans les fantasmes. Le désir vit dans les fantasmes et se réalise très peu dans les actes. Dans le cas contraire, les désirs seraient des besoins. Les désirs ne peuvent se réaliser en actes que lorsque la société l'autorise. La maîtresse ne peut pas se risquer à laisser tous les enfants agir de façon dangereuse. La mère le peut, avec son propre enfant, parce qu'elle est là pour le surveiller et lui expliquer le danger, au fur et à mesure. Avec trente ou quarante enfants, c'est impossible. La maîtresse veille donc comme une mère, mais elle interdit comme un père. Elle ne peut pas donner de langage aux désirs, interdits ou permis. Ce qui n'est pas ordonné, ce qui n'est pas dans l'ordre n'existe pas à l'école. Ce qu'on ne peut pas faire, on n'en parle pas à l'école. L'école est une école de la réalité par rapport à l'imaginaire, et une école de la répression de l'imaginaire par rapport aux possibilités viables que l'espace et le temps autorisent.

A.G.-H. : *Elle n'interdit pas seulement l'imaginaire, mais surtout les actes.*

F.D. : Oui, puisque l'imaginaire c'est ce qui donne naissance aux actes. Quand on lui interdit des actes, l'enfant peut croire que c'est l'imaginaire qui est interdit puisqu'on ne donne jamais la parole à l'imaginaire. Si on donnait la parole à l'imaginaire, tout en ne permettant que les actes socialement possibles, alors ce serait une véritable école de la vie.

A.G.-H. : *Est-il souhaitable que la maîtresse laisse, par exemple, les garçons se maquiller ?*

F.D. : Pourquoi pas, ce sont des fantasmes. Mais dans la réalité, les enfants savent que leur mère se maquille et que leur père ne se maquille pas. Mais je ne vois pas pourquoi ils ne se maquilleraient pas : ils aiment se déguiser. Toutefois, quand un enfant joue avec un objet, il préfère celui qui lui offre des fantasmes sans fin. Quand ils choisissent un objet spontanément, c'est celui qui leur permet de fantasmer un rôle de futur homme, ou de future femme, dans la société. Un jouet est vite lassant quand il n'offre pas cela.

A.G.-H. : *Les enfants se lassent de leurs jouets.*

F.D. : Ils se lassent moins de ceux qui suscitent des fantasmes promotionnels à longue échéance. Le garçon joue avec une petite voiture, pour faire tourner ses roues, certes, mais aussi pour s'imaginer champion de course. Il joue ainsi des rôles d'hommes valeureux qu'il a vus à la télévision. La petite joue à la femme valeureuse avec sa poupée, objet qu'elle imagine être vivant et qu'elle commande pour avoir un pouvoir sur un objet partiel.

A.G.-H. : *Mais les parents choisissent pour leur enfant des jouets qui « conviennent » à leur sexe. C'est donc à la voiture que va s'intéresser le petit garçon et la fille à la poupée.*

F.D. : Ce sont les jouets qui conviennent à ses activités pulsionnelles. Quand la mère donne une poupée à sa fille, elle lui donne le droit de s'identifier à elle. Vous pensez que le choix des jouets est fait par les parents. C'est vrai mais on voit très bien ce que l'enfant chipe à un autre enfant. Dans les familles où les enfants n'ont jamais eu d'armes entre les mains, les garçons se précipitent sur les fusils quand on leur en présente.

A.G.-H. : *Et les filles ?*

F.D. : Jamais les filles. Parce que le garçon est en rivalité avec son père du fait même qu'il est fils de cette femme et que cet homme lui prend sa mère. La fille, elle, s'identifie à sa mère lorsque la mère est prise par le père, et elle en est contente. Le garçon est jaloux, la fille ne l'est pas. Elle n'a donc pas besoin de tuer.

A.G.-H. : *Vous parlez pourtant dans votre livre d'une petite fille qui jouait à tuer son père, sa mère et son frère avec un pistolet en papier.*

F.D. : Mais pas pour des raisons de rivalité. Cette enfant, elle était précoce, elle voulait être elle-même. Elle savait que le pistolet tue, elle voulait se débarrasser de tous ces gens qui voulaient qu'elle agisse selon leurs désirs. Il faut qu'un enfant tue symboliquement ses parents pour qu'il devienne, lui, symboliquement, l'égal de son père et de sa mère.

A.G.-H. : *Mais pourquoi cette fillette voulait-elle tuer avec un pistolet précisément ?*

F.D. : Probablement parce qu'elle s'identifiait à son frère aîné, ou parce que sa mère préférait les garçons, je ne sais pas. Mais c'est toujours par rapport aux préférences du père et de la mère que les enfants se structurent, se construisent. Quand un père n'aime que les garçons, sa fille déguise son talent en talent de garçon pour pouvoir lui plaire. La pauvre, elle n'y arrivera pas, mais elle essaie. C'est parce qu'elle a un désir de fille qu'elle veut plaire à papa, mais cela même l'oblige à nier son sexe.

A.G.-H. : *Voilà une situation bien inconfortable !*

F.D. : Oui, mais cela n'a pas d'importance parce que cela passe dans le langage.

A.G.-H. : *Donc les enfants des deux sexes veulent tuer leurs parents ?*

F.D. : Absolument, entre cinq et sept ans. Souvent, à cet âge, ils font des cauchemars où figure la mort des parents. Il n'y a pas d'enfant qui ne fantasme pas sur le thème : « Si maman était morte, qu'est-ce que je deviendrais ? Je ferais tout, donc on pourrait se passer de maman... » Malheureusement les enfants se sentent coupables de ces fantasmes « comme si », car ils ne font pas encore la différence entre rêve et réalité.

A.G.-H. : *Si une fille peut, aussi bien qu'un garçon, faire preuve de tant d'agressivité, comment peut-elle faire preuve en même temps de « timidité naturelle », de « résistance passive », selon votre expression ?*

F.D. : Mais croyez-moi, cette résistance est très forte et pleine d'un fantastique désir. Ce comportement timide qu'a la fille vient de ce qu'elle en sait un bout ! Elle connaît le désir qu'elle a de l'agressivité d'un homme sur elle, et elle a peur de son propre désir d'être agressée par les garçons et par les hommes.

A.G.-H. : *Elle se domine, en quelque sorte...*

F.D. : ... parce qu'elle craint d'être embarquée dans une passion. Chez la fille, l'agressivité prend des formes moins visibles, tout comme son sexe est moins visible que celui du garçon.

A.G.-H. : *La fille a-t-elle donc, autant que le garçon, le désir de se défendre et d'attaquer ?*

F.D. : Elle a moins le désir d'attaquer. Elle attaque qui veut l'attaquer mais pas qui la laisse tranquille. Mais, qu'il soit garçon ou fille, l'être humain défend son désir et la liberté de son désir depuis qu'il est petit. C'est très difficile, avec certaines mères, de défendre sa liberté, même lorsqu'il s'agit de manger. Combien de mères ne laissent même pas à l'enfant son rythme propre quand il avale sa bouillie ! Elles entonnent, elles entonnent, à contre-rythme, si je puis dire, du désir et du besoin de l'enfant.

A.G.-H. : *C'est le gavage, qui conduit à l'anorexie.*

F.D. : C'est cela, l'anorexie étant une autodéfense symbolique du sujet. Cela veut dire : « Tant pis, le corps mourra, mais le sujet doit rester lui-même, un sujet libre. »

A.G.-H. : *Cette erreur est très courante chez les mères.*

F.D. : C'est leur propre angoisse qui les conduit à la commettre. Trop couvrir et trop gaver. Les parents ne font pas confiance à la vie, cette vie qui pourtant, lorsqu'elle était intra-utérine, se déroulait tout naturellement, sans intervention de la part de la mère. Les médecins ne sont pas étrangers à l'angoisse des mères, parce qu'ils sont angoissés eux-mêmes quand leur petit client maigrit. Les médecins ne savent pas encore que l'enfant est un être symbolique et pas seulement un tube digestif, que l'enfant n'est pas un simple mammifère mais aussi un être de désirs, pas seulement de besoins. Or les désirs de l'enfant peuvent être en contradiction avec le désir affirmé par sa mère lorsqu'elle lui interdit toute liberté.

A.G.-H. : *Dans les parcs, les mères passent leur temps à dire à l'enfant : « Attention, tu vas te salir ! »*

F.D. : Ce qui signifie : « Si tu vis selon ton désir, moi j'aurai du travail. »

A.G.-H. : *Mais elles ont des machines à laver.*

F.D. : Mais c'est là toute une éthique qui entre en jeu, une éthique du paraître et non de l'être vivant.

A.G.-H. : *Il me semble que les filles sont plus sévèrement réprimandées, si elles se salissent, que les garçons.*

F.D. : Parce que la mère identifie sa fille à ce qu'elle, la mère, était dans son enfance. Et à cette époque, se salir était davantage réprimandé, surtout s'agissant d'une fille. Il faut beaucoup de temps pour modifier les mœurs. Les femmes ont maintenant le droit de faire des études, elles sont majeures à dix-huit ans, mais je connais beaucoup de familles où les parents disent : « Peu importe la loi, tu ne sortiras pas de la maison sans notre permission avant vingt et un ans. » Si ces filles ont un désir très vif de s'en sortir, elles se mettront en danger social, elles feront des fugues et les parents n'auront pas le droit de les récupérer. Mais si ces filles sont sous la dépendance de parents qui les perfusent d'argent, alors... Les milieux riches sont les plus appauvris au point de vue de la dynamique des individus. Les enfants s'y construisent de la façon la plus dépendante, tandis que dans les milieux pauvres, les enfants, sachant qu'ils vont de toute façon avoir à gagner leur vie, sont beaucoup plus autonomes. La classe aisée est donc pauvre pour ce qui est des pulsions, elle se défend en protégeant ses enfants. Et plus elle les protège, plus elle les rend impuissants.

À mon sens, la première chose qu'il faut apprendre à un enfant, c'est l'autonomie. Qu'il mange tout seul, qu'il s'habille tout seul, qu'il se lave tout seul. À l'âge de trois ans mon fils prenait seul le métro pour aller à l'école...

À propos des quatre ans

Nos enfants et nous,
juin 1979.

L'éducation vise à ce que chaque enfant se différencie des autres en développant ses potentialités sans nuire consciemment (« exprès » comme disent les bambins) au vivre des autres.

Avec un enfant de quatre ans, fille ou garçon, demandez-lui souvent son avis sur tout ce qu'il voit et perçoit autour de lui. Scènes dont vous avez été témoin avec lui entre les gens, spectacle des affiches, vitrines, etc. Bref sur tout, sauf (et cette exception est importante) sur ce qui concerne votre toilette et vos relations avec son père ou sa mère (si la conversation a lieu entre père et enfant). S'il est question de votre conjoint ou votre conjointe, ne lui rentrez pas les paroles dans la gorge, mais ne relevez pas le propos.

Pour ce qu'il en est de vos relations avec les autres enfants, personnes de la famille et personnes amies, il vous en parle de lui-même, généralement, et émet son jugement personnel. Ne l'en blâmez jamais, acquiescez, étonnée si vous l'êtes...

Quoi qu'il vous dise, c'est ce qu'il pense et reconnaissez-lui le droit de le penser.

S'il vous dit à ce moment-là un jugement qui vous est désagréable, réfléchissez qu'il ressent la chose ainsi, par exemple : « Tu passes tout à Un Tel et pas à moi ! » Ne vous défendez pas, ne vous justifiez pas, d'abord parce que cela ne sert à rien et puis, bien souvent, il n'y a que la vérité qui blesse. Vous pouvez lui dire : « Tu en souffres et pourtant je t'aime. » Ou bien : « Tu vois, les parents ont des défauts. »

Un enfant de quatre ans est un extraordinaire auxiliaire à un travail personnel avec et sur nous-même !

À des jugements de l'enfant du genre : « Tu ne m'aimes pas. » « Un Tel ne m'aime pas... » vous pouvez répondre : « Toi non plus, tu n'es pas tenu de m'aimer, ni de l'aimer, mais seulement (si c'est le cas) de le supporter quelque temps. »

Avec les enfants de cet âge, par des paroles et des échanges concernant leurs opinions, leurs avis et en les aidant à les exprimer, vous pouvez développer le sens critique de l'enfant, le soutenir à ne pas penser comme Tel ou Telle qu'il aime ou admire, mais selon son avis personnel. C'est l'âge où (au plus tard, cela peut commencer vers trois ans) il faut aider l'enfant à ne pas confondre amour et fusion, amour et dépendance, amour et obéissance. Il s'agit donc pour nous-même d'être au clair là-dessus dans notre relation avec lui. *Tolérer* les goûts et comportements de ceux qu'on aime, ce n'est pas les imiter ni toujours les justifier au nom du prétendu amour qu'on leur porte. Il s'agit de découvrir que l'on est soi-même en quelque chose ressemblant aux autres, mais en beaucoup différent de ces autres.

Influence des animaux et des plantes

L'École des parents,
août-septembre 1953.

Je dois vous parler d'un sujet qui est peu touché par la psychologie habituelle : celui des rapports affectifs de l'enfant, non pas avec ses parents, mais avec les plantes et les animaux — quand je dis « plantes », je veux dire toute la vie végétale, les arbres, les feuilles, les fleurs.

Je vous parlerai aussi des rapports de l'enfant avec les minéraux. Il est extrêmement important de suivre de près le développement de l'être humain. Et pour l'enfant, comme c'est long d'arriver à se comprendre en tant qu'être humain, semblable aux êtres humains, à comprendre qu'il n'est ni un caillou, ni un végétal, ni un animal !

Cela pourrait vous étonner, et cependant, si je parle à votre expérience, à votre mémoire, vous savez que l'enfant a besoin pour jouer d'objets, en peluche ou autre matière, représentant des animaux. Tous les adultes le savent, ils entrent dans le jeu, mais ils n'y ont jamais pensé.

Vous savez aussi que dès que l'enfant se promène dans la nature, il se précipite vers les petites têtes colorées, les prend dans sa main avec joie et une certaine exaltation. Celle-ci tombe évidemment dès qu'il voit que maman n'est pas contente de son exploit, ou lui reproche d'avoir cueilli quelque chose d'inutilisable et non des tiges. Car, malheureusement pour l'enfant, les jugements de valeur de l'adulte sont tout à fait différents des siens.

Influence des végétaux

À quel âge l'être humain est-il sensible aux végétaux ? Il l'est, c'est assez curieux, vers trois mois, avant qu'il ne puisse voir.

Si vous voulez déclencher la joie chez un bébé atone et qui semble ignorer le sourire, montrez-lui une feuille de marronnier, une feuille de caoutchouc, une banale plante verte d'appartement : vous verrez ce petit, qui n'avait jamais souri, s'exalter, respirer à larges poumons et donner les preuves d'un échange réel qu'il semblait jusque-là n'avoir jamais connu. Ceci est extrêmement intéressant, car à cet âge où l'enfant ne voit pas à proprement parler, nous constatons cependant qu'il se passe quelque chose de merveilleusement exaltant, de tout à fait salutaire entre lui et les plantes, sans pouvoir définir précisément cet échange.

Si vous avez dans votre entourage un de ces petits enfants arriérés, au crâne microscopique, qui ne se développera jamais, qui porte sur le visage quelque chose de définitivement vieilli avant d'avoir été jeune, mettez dans le champ de sa vision (vers dix-huit mois, deux ans, trois ans) des feuillages verts, et balancez-les un peu ; pour la première fois la maman assistera au sourire de son petit arriéré. Que se passe-t-il ? Un *échange* certainement. Et tout dans l'enfant prouve l'activité de cet échange, échange physiologique d'abord, puis l'expression typiquement humaine qu'est la mimique même du sourire.

Le tout petit enfant ne fait pas plus attention aux taches de couleur qu'aux feuilles, par exemple. Mais vers huit mois, l'enfant sain aime les taches colorées. Dans les fleurs, il trouve à la fois ce qu'il y a d'exaltant dans la végétation, et ce qu'il y a d'exaltant dans la vie de la couleur. C'est le moment où il est utile que les parents donnent des fleurs aux enfants, dans les villes surtout, qu'ils achètent des fleurs un peu fanées s'ils veulent, mais encore vibrantes de couleur. L'enfant a, en effet, besoin de prendre des fleurs, de les mastiquer avec les mains, et parfois même de les mastiquer avec la bouche.

Il y a un gag de Charlot dont vous avez certainement tous ri : il offre une fleur à sa bien-aimée, puis finalement il la mange. J'ai essayé de savoir ce qui fait rire les gens : quoiqu'il soit difficile d'analyser, on a l'impression qu'ils rient comme s'ils avaient trouvé là quelque chose qui leur redonne la jeunesse.

Pour l'enfant, le fait de manger une fleur lui donne à la fois le plaisir de la vue et le plaisir sensoriel. Je vous citerai à ce propos la phrase d'un enfant un peu plus grand, il avait trois ans. Il aimait peindre les fleurs, soi-disant d'après nature. Il regardait en effet la nature pour la peindre, fidèlement, selon son jugement. Mais naturellement ses dessins étaient assez mêlés d'imagination inconsciente. À trois ans, ce petit garçon, soit par éducation autonome, soit par celle de son entourage, était déjà habitué au fait qu'on ne mange pas les fleurs, mais il aimait les arracher, disant qu'on les peint mieux quand on les a regardées en enlevant les pétales. C'est le jeu « je t'aime un peu, beaucoup... ». Il est un âge social où l'enfant évidemment justifie ce qu'il fait. Mais qu'il n'ait pas de camarade autour de lui, il prendra tout de même des fleurs et tirera les pétales sans rien raconter dessus, et cela lui fait grand plaisir... Ce petit garçon aimait peindre des fruits et il disait : « On trouve bien mieux leur couleur quand on les mange en même temps. »

L'enfant, en effet, prend contact avec le monde en commençant par *l'incorporer*. Au cours de ces conférences, vous avez déjà entendu parler de ces stades affectifs où l'enfant prend contact avec l'extérieur par des moyens dits archaïques et que l'adulte a tant de peine à imaginer. L'enfant, par exemple, a envie de manger sa mère. C'est que la mère est bonne à manger et qu'ainsi il apprend tout ce qui vient de la mère : en même temps qu'il l'aime de l'extérieur, il s'en remplit de l'intérieur. Tous les traumatismes dont vous avez entendu parler lorsque la mère est absente ne sont pas dus à des carences de l'extérieur, mais à un manque de vie intérieure qui se déclare chez l'enfant. La maman a pourtant été remplacée par une autre personne préposée aux soins maternels. Mais elle n'a pas garni l'intérieur avec la présence affective nécessaire, car l'enfant n'est pas nourri seulement de nourriture, mais de la présence affective qu'il avale en même temps que cette nourriture. Par rapport aux végétaux, aux plantes, aux arbres, l'enfant a une même attitude, une *attitude d'incorporation*.

Les enfants aiment s'identifier aux adultes. De

même ils aiment s'identifier aux arbres. C'est un jeu que les parents ne comprennent pas assez : rien n'est plus exaltant pour un enfant que d'être déguisé en arbre avec des feuilles. Et vous savez que dans les campagnes, les enfants aiment se mettre des couronnes, des feuilles, se parer en arbre. Ce n'est pas un simple déguisement avec des oripeaux ; pour eux, ils sont déguisés en la nature elle-même, et ils ont là un sentiment d'exaltation, de plénitude qu'ils ne connaîtront pas en étant costumés en boy-scout, en infirmière, en facteur.

Quand ce stade de l'amour des fleurs n'a pas été réalisé, on peut constater chez les enfants des troubles graves se rapportant à leur contact avec eux-mêmes, je veux parler des troubles digestifs. Quand un enfant ne peut pas aimer les fleurs, les plantes, les arbres, il ne peut pas avoir d'appétit.

Vous avez peut-être lu les articles que j'ai faits sur la *poupée-fleur*[1]. C'est une enfant traitée chez moi qui en fut l'inventrice, car moi je n'ai fait que recevoir ce qui venait d'elle. Eh bien ! la poupée-fleur fait des miracles, si on peut appeler miracle le fait qu'un enfant qui inquiétait son entourage par son refus de la nourriture peut de nouveau récupérer le droit de s'aimer mangeant, simplement parce qu'il peut aimer une poupée-fleur. Et cela alors même qu'il a sauté les stades où il aimait son tube digestif, où il se sentait à l'aise quand il était rempli, alors même qu'il a passé l'âge où l'on aime spontanément sa mère, les fleurs, et personne d'autre. J'en ai eu encore des preuves aujourd'hui même : des gens habitant la campagne m'ont dit d'un enfant de trois ans : « Deux heures après qu'il eut reçu cette poupée-fleur, l'enfant qui n'avait pu croquer de sa vie a mangé un petit-beurre, le soir il mangeait de la viande, et le lendemain s'alimentait comme tout le monde. » Jamais la mère n'avait vu pareille extase chez son enfant ; il disait sans cesse en contemplant l'objet : « Que c'est mignon ! », sans oser y toucher. Cette exaltation esthétique pour une fleur a provoqué le réinvestissement, comme nous disons en psychologie, du droit à avaler aussi de la nourriture, puisqu'il était en paix de nouveau avec le monde végétal.

Certains enfants développent au cours de leur croissance des haines hystériques pour certaines fleurs. Il s'est toujours passé, dans ces cas, quelque chose en rapport avec la digestion. Il semble — je ne l'affirme pas absolument, car je n'ai pas encore assez de recul pour en juger — que le contact avec les végétaux permette à l'être humain de récupérer ce qui est végétatif en lui, la plénitude respiratoire et la plénitude digestive. On dit d'ailleurs des gens fatigués, tendus nerveusement, qu'ils auraient besoin d'être « envoyés au vert ». Pourquoi ? si ce n'est qu'il existe quelque chose émanant des végétaux et nécessaire aux citadins qui en sont éloignés depuis longtemps. Ce quelque chose est également indispensable aux gens de la campagne lorsqu'ils n'ont plus de contact affectif avec la nature, bien qu'elle soit tout autour d'eux, mais qu'ils ne savent plus aimer pour des raisons qui sont les leurs, chaque cas étant un cas particulier.

La notion des arbres, de leur valeur en tant que totalité, racines, tronc et ramures, ne se développe pas vers quatre ans. Avant quatre ans, la notion de racines n'a pas d'existence. Au-delà de quatre ans, leur absence dans les dessins d'enfants est signe de troubles entre lui et ses parents, c'est-à-dire ses propres racines. Il ne peut pas s'identifier à cet arbre — car tout se passe sur le plan de l'identification — « si j'étais fleur, si j'étais arbre, je n'aurais pas de racines ». À cet enfant, qui a dans les racines de sa propre vie, dans son passé des troubles, vous pouvez demander comment cet arbre dessiné tient debout : il tient collé, coupé de ses racines.

Vous voyez, dans les phobies alimentaires, des gens qui ne peuvent pas manger de racines, d'autres au contraire qui n'aiment que les racines. Ce sont là des éléments affectifs qui passent inaperçus, qui pourraient être étudiés pour expliquer des comportements qu'on a pris l'habitude de ne pas expliquer, et qui pourtant, si nous arrivions à les élucider, nous aideraient à saisir l'homme dans sa valeur de fait et non plus dans sa valeur de bien et de mal, dans sa valeur vitale, dans sa valeur d'énergie.

Influence des minéraux

La notion des minéraux en tant que tels semble venir après les plantes. Au début, les éléments qui jouent sont la terre, le sable, l'eau. L'enfant n'a pas la notion de minéraux. Ce sont pour lui des choses pour jouer, tripoter, pour mettre à la bouche, mal délimitées sous le nom de cailloux. Et c'est vers trois ans, au moment où arrivent les premières épreuves de l'amour que l'on a pour les végétaux caducs et périssables, que la valeur des cailloux passe au premier plan.

Lorsque vous voyez un enfant souffrir de voir tomber les feuilles et les ramasser pour qu'elles ne soient pas malheureuses, c'est qu'il n'a pas encore saisi, dans sa propre vie, le droit à la disparition des choses. Et si c'est par éducation, à ce moment-là apparaît en lui la survalue des pierres. Parce qu'elles sont toujours là, elles ont une valeur d'esthétique impérissable sur laquelle on peut compter.

Certains enfants ayant des difficultés affectives avec le milieu familial, avec tout ce qui est vivant, en arrivent à devenir des obsédés des cailloux. J'en ai même vu un qui était en apparence un minéralogiste distingué déjà. C'était en fait un fugueur, un rapteur de cailloux, un obsédé des pierres. Arrivé dans mon bureau, il s'est écrié : « Ah ! cristal de roche, ah ! agathe. » Les moindres cailloux du bureau y passèrent, il n'avait rien vu d'autre. L'étude de cet enfant a montré qu'il n'avait jamais eu de valeur stable dans l'existence. Il possédait dans sa poche deux cailloux, le bon et le mauvais. Et comme un caillou est impérissable, s'il touchait le mauvais, il fallait que toute sa journée fût mauvaise. Car si le caillou mentait, il n'y avait plus qu'à se suicider, puisque rien d'autre que les cailloux n'avaient de valeur. Les parents n'avaient aucune valeur sécurisante à ses yeux. Les fugues de cet enfant étaient uniquement motivées par les recherches des variétés de cailloux servant à faire les devantures et les dallages du sol parisien. Il était imbattable : « Telle rue est pavée avec telle sorte de caillou ; dans telle devanture, telle vitrine d'antiquaire, il y a telles sortes de cailloux. » Il connaissait tout Paris par le nom des cailloux qui s'y trouvaient. En fait, il cherchait de façon absolument désespérée quelque chose qui ait une valeur impérissable, une valeur éthique, esthétique. Par le fait d'en prendre conscience au cours d'une analyse, cet enfant a pu devenir enfin un être adapté du point de vue scolaire. L'ayant revu longtemps après, je lui dis : « Et les cailloux ?

— C'est quand j'étais petit. » Cela avait pour lui une valeur symptomatique.

Donc l'enfant de trois ans a une attitude positive vis-à-vis des cailloux. C'est que d'un caillou, on peut être sûr. Quand on l'accompagne de l'idée qu'il va être bon, qu'il va guérir maman, vous aider à travailler, alors ce caillou prend une valeur magique et impérissable. Rien d'autre dans le monde n'est impérissable pour l'enfant : un papier se déchire, il a plaisir à le déchirer ; une fleur se fane, une nourriture se mange ; les parents, ça change tout le temps, on ne sait pas ce qu'ils pensent, un jour ils vous donnent une gifle, le lendemain, pour la même chose, ils ne font rien. Il n'y a que les cailloux qui ne changent pas.

Cette étape montre l'épreuve qu'est pour l'enfant d'accepter la mort et tous les degrés du durable au périssable. Quand vous voyez un enfant de trois ans se fixer de façon élective sur les cailloux, vous pouvez être sûr qu'il commence à comprendre le périssable et qu'il l'accepte difficilement parce qu'il se sent visé, touché. Il a besoin alors d'aimer certains cailloux pour être sûr que quelque chose au moins de lui ne disparaîtra pas, même s'il évolue.

En observant les deux aspects négatif et positif des cailloux, j'ai abordé en passant le problème de l'obsession. Pour définir les idées obsédantes, les gens disent : « C'est un mur. » Elles semblent en effet constituer une prison impérissable, une construction de cailloux, qu'on ne sait pas comment détruire, car les moyens vitaux habituels ne paraissent pas en venir à bout. C'est par peur de la mort affective que les sujets s'enlisent dans certaines attitudes obsessionnelles. Elles ont eu au début un rôle de protection, puis elles sont devenues par la suite des emprisonnements.

Influence des animaux

Contrairement à ce qu'on pourrait penser, ce sont les plus petits animaux qui d'abord intéressent les enfants. Les puces, les fourmis, les petits vers, les choses grouillantes intéressent le bébé de huit, neuf mois. S'il porte attention aux gros animaux, c'est qu'il voit ses parents s'en occuper. Les oiseaux ne l'intéressent que par éducation, ou alors les oiseaux lointains, ceux qui apparaissent comme des points, et non ceux qui sont tangibles, si l'on peut dire.

Lorsqu'il s'intéresse aux petites bêtes, l'enfant n'a aucune crainte au début. Mais quand il s'aperçoit que son doigt est maître de ces animaux, qu'il peut les écraser et qu'alors ils ne bougent plus, il ressent à la fois du plaisir et de la terreur. C'est sur l'animal que l'enfant découvre la mort, en tant qu'arrêt de la mobilité. Il est lui-même à l'âge de la motricité naissante : vers neuf mois, il découvre les toutes petites bêtes ; vers l'âge de la marche, il découvre les canards, les poules ; vers dix-huit mois, deux ans, les mammifères. La souffrance, la mort des animaux est le problème capital de l'enfant en contact avec l'animalité.

Beaucoup d'adultes sont, sans le savoir, à l'origine des névroses qui se développent à cet âge et qui auront une très grande répercussion dans l'avenir. En faisant croire à l'enfant qu'il fait souffrir l'animal, ils ajoutent à son épreuve. Vous savez bien que les animaux supportent des enfants ce qu'ils n'accepteraient jamais des adultes. On voit des enfants taquiner et ennuyer des bêtes, et ces bêtes les adorent. Pourquoi ? Sans doute parce que ces animaux ne sentent pas une intention destructive. Il semble que ces animaux domestiques, ces animaux de ferme sentent un échange de vitalité entre eux et l'enfant. D'ailleurs lorsqu'ils souffrent, que l'enfant leur fait mal, ils montrent qu'ils sont capables de se défendre par un coup de griffes ou un coup de dents arrivant à bon escient. Il est dangereux pour l'adulte d'interpréter ces gestes en disant : « Tu vois, tu lui as fait mal » ; mieux vaudrait dire : « Tu vois, il sait se défendre. » Ceci est important, car le fait de se défendre n'est ni bien, ni mal, il traduit un instinct de conservation. L'enfant découvre qu'il a dépassé les limites de ce qu'il lui est permis de faire et cela lui faisait plaisir d'aller jusqu'à la limite. Ce n'est surtout pas à vous, adultes, de vous en mêler, car alors vous gâcheriez tout : cet animal sera « papaïsé », « mamaïsé » et ne sera plus un animal. J'emploie exprès ces mots d'enfants pour vous montrer qu'à ce moment-là c'est déjà une expérience de civilisé qui se projette et fait dire qu'on est « méchant ». On s'est montré fort, et l'animal a montré aussi qu'il est fort. Si l'enfant est blessé, ce n'est pas « bien fait », c'est une expérience salutaire qu'il faut l'aider à accepter comme une plus-value de connaissances.

Avec la mort chez l'animal, l'enfant découvre la condition de tout ce qui vit. Il est essentiel pour les parents de ne pas lui présenter cette mort comme une chose qui fait mal, mais comme un fait. Si, comme il est normal, il a de la peine de la mort d'un animal familier, il ne faut pas l'aggraver en le rendant coupable. Lorsqu'un enfant qui jouait habituellement avec un poussin le voit écraser par une auto, il ne faut pas lui dire : « Tu vois, toi aussi tu peux être écrasé par une auto », car il a déjà cette appréhension, mais : « Le petit poussin n'est peut-être pas resté assez longtemps près de sa maman, il ne savait pas encore traverser la route, mais cela ne fait rien, la maman en fera d'autres. » Ceci est très éducatif et le soir même vous pourrez voir l'enfant demander un autre poussin. Ce qui lui est nécessaire, c'est d'avoir acquis une expérience, et non d'avoir acquis le sentiment que la mort est une chose effroyable. L'enfant ne peut pas encore admettre la mort de ses parents, mais il admet déjà la mort de ce qu'il aime sous ces formes d'êtres vivants aimés que leur mort a séparés de lui matériellement, mais non dans le souvenir.

Quand l'enfant aime un animal familier et que ce dernier est tué pour être mangé, il faut respecter le fait que l'enfant ne peut pas en manger. Certains parents, qui appellent souvent leurs enfants « petits poulets », et qui devant eux font rôtir des poulets dans le four, sont tout étonnés de les entendre dire un beau jour : « La petite sœur, quand va-t-on la faire rôtir ? » L'enfant a les idées qu'on lui donne. Il vous dira plus tard : « Quand j'étais petit, je disais qu'elle serait bonne la petite sœur, si on la mangeait ; mais si on l'avait mangée, on ne l'aurait plus. » Cette idée amène peu à peu l'être humain à s'adapter à sa condition d'homme, condition qui nous oblige à vivre de la vie des animaux et des plantes, à nous construire en les détruisant. Car notre condition est d'accepter la destruction, non pas de la valoriser en bien et en mal. Tout comme les êtres primitifs, nous adultes civilisés, nous sommes bien obligés de tuer pour manger.

Et quand nous avons tué l'animal qu'aimait l'enfant, au lieu de lui dire « Tu es un idiot, il faut en manger », il est bien préférable qu'il ignore ce qu'on mange. Cela lui est égal qu'on en mange dans d'autres maisons, mais pas dans la sienne. En grandissant, il vous dira un jour : « Mais c'est méchant les humains, ça mange les animaux. » Vous lui expliquerez alors que si les humains ne mangeaient ni les animaux, ni les végétaux, ils mourraient. Ce que nous pouvons faire, c'est aimer, par-delà cette condition humaine, les animaux que nous avons mangés, et leur garder une certaine reconnaissance. Cette reconnaissance est incluse dans toutes les religions, et l'église catholique, sous le nom de « Bénédicité », fait bénir l'acte le plus sadique qui soit, sans lequel nous ne pourrions pas vivre. Entraîner l'enfant à l'acceptation de la mort d'êtres chers, parce que nous devons pour vivre les consommer, c'est la meilleure éducation préalable aux rapports interhumains.

Quand des enfants se sentent participer à la société des animaux, ils trouvent très bien de recevoir un coup de griffes. Toutes ces relations sont des relations d'agression reliées à l'aimance, c'est-à-dire au besoin d'échange consommé.

On voit souvent des enfants s'identifier à des animaux sauvages. Vous savez combien ils aiment jouer au crocodile, au tigre, au lion. C'est qu'il y a chez l'être humain des instincts d'agression non utilisables dans la société. Alors, pour l'enfant, se projeter dans l'image d'un être sauvage qui vit très loin dans des endroits où il n'y a pas d'humains, cela lui donne le droit d'exprimer des émois agressifs qui l'aideront à se développer et qui, en fait, ne nuisent à personne. Et comme à ces animaux cantonnés dans leurs brousses, sachez donner à vos enfants beaucoup de liberté, qu'ils puissent vivre en sauvages, dans la rue s'il n'y a pas assez de place chez vous, ou à la campagne. Ne dites pas à votre enfant « Ne crie pas comme cela ! ». Laissez-le faire toutes les choses qui sont « pour rire » et qui font tant de bien. Car lorsqu'on peut faire des choses « pour rire », on peut mieux vivre sérieusement.

Un petit garçon essayait d'enseigner la civilisation à son ours : « Et puis, si tu ne veux pas la comprendre, la civilisation, je te l'apprendrai » ; à ce moment, il tapait dessus à tour de bras. C'est exactement ce qui se passe de nous à l'enfant : on lui apprend la civilisation « manu militari ».

Eh bien ! laissons nos enfants jouer à vivre comme ces animaux, mais ne partageons pas ces jeux pour cela, nous ne leur ferions alors aucun bien. Alors, arrivés à l'âge de quatre ans et demi, cinq ans, ils seront prêts à vivre leur complexe d'Œdipe, c'est-à-dire la première intégration de ses instincts et de la civilisation dans un avènement de sa conscience de créature humaine, indissolublement reliée au groupe par ses lois sociales. Ils auront des quantités de possibilités imaginatives pour utiliser leurs émois agressifs, qui, de ce fait, ne passeront pas dans des émois interhumains.

Ces émois, qui se passent de frère à sœur, de garçon à père, de garçon à mère, de fille à père, de fille à mère peuvent, de façon salvatrice, pour les enfants, glisser dans le domaine de l'imagination : luttes imaginées entre animal et humain, entre deux animaux, entre animal et plante, animal et caillou, animal et monstre. Les contes sont là pour cela. Le *Chaperon rouge*, le loup mangeant la grand-mère, est souvent raconté trop tôt. Mais il est un âge où l'enfant a faim de ces histoires-là, et si on ne les lui raconte pas, il les invente. Il fait le loup, fait semblant de vous manger, mais c'est déjà si agréable le semblant ! Il vit ainsi des émois d'incorporation. Il sent exactement comme les primitifs que, s'il pouvait incorporer les adultes, il mangerait quelqu'un qu'il aime bien. Au lieu de cette incorporation magique et sensorielle, il lui faut s'identifier à ces adultes d'une façon civilisée. C'est évidemment beaucoup plus difficile ; cela se passe uniquement sur un plan d'identification culturelle.

Lorsque arrive l'âge où il comprend que la mort peut aussi frapper les adultes et les êtres chers, l'enfant peut réagir par une négation de sa condition humaine. Il ne veut pas devenir un humain, parce que, si les animaux sont remplaçables, les humains ne le sont pas. Lorsqu'un enfant conçoit un grand chagrin de la mort du poulet, ou du chat, ou du chien qu'il aimait, plus vous serez favorable à cette peine sans la prendre au tragique, plus l'enfant aimera vite d'autres animaux, plus il développera en lui l'acceptation de l'épreuve de la mort avec cette suppression perpétuelle qui correspond aux saisons des plantes. Les gens qui ont aimé des animaux disent à leur mort : « Je n'en aurai plus jamais », puis ils en prennent quand même d'autres. C'est qu'il y a chez tout humain une possibilité de transférer sur l'un les amours déjà vécues avec l'autre. L'animal parti est remplaçable ; il n'y a guère que les humains qui soient totalement irremplaçables. Il y a, dans l'expérience vécue par un être humain au cours de son développement, quelque chose qui le rend à tout jamais inassimilable à un autre, fût-il son jumeau. Les animaux, au contraire, ont vis-à-vis des humains des résonances affectives si voisines qu'il semble bien que leurs expériences soient les mêmes au sein d'une même race (sauf si l'animal a vécu dans des conditions tout à fait anormales, ou s'il a été élevé par un individu sadique).

Il est important, chez les enfants élevés solitairement, les enfants uniques, de faire attention à ces affections qu'ils ont pour les animaux. Et je vous citerai le cas de cette fillette qui n'avait d'autre contact avec l'entourage qu'une espèce d'adulation. Elle était constamment l'objet des regards, de l'admiration ; toute la famille vivait de l'amour d'elle parce qu'elle était mignonne, jolie, flatteuse à montrer, et elle, n'avait d'échange vrai qu'avec un chien. Ce chien a été souffrant au moment de l'exode de 1940 et le père a refusé de faire évacuer le chien, sous prétexte qu'il était trop malade et mourrait probablement dans le mois qui suivrait. Cette épreuve n'a jamais été pardonnée. La jeune fille, qui a une vingtaine d'années actuellement, est encore atteinte en profondeur d'une sorte de cancer affectif par rapport aux hommes, à commencer par son père. Très pieuse, elle ne peut prier que son chien, le seul être au monde qui lui soit de bon conseil. Elle ne peut pas pardonner à ses parents d'avoir laissé mourir ce chien hors de sa présence. Elle leur reproche de n'avoir pu mourir avec le chien, de n'avoir pas assisté à ce déclin en elle, d'avoir subi cette épreuve qu'on voulait précisément lui éviter, et qui fait qu'il y a désor-

mais en elle quelque chose d'absolument inso-
ciable, qui nécessite un traitement psychologique
difficile. Elle s'est affectivement identifiée à cet
animal martyrisé et s'est vouée par amour morbide
à la haine des hommes. Ainsi s'est constituée toute
une personnalité pathologique.

Vous connaissez les anomalies sexuelles appe-
lées « bestialisme ». Elles sont le propre d'individus
qui n'ont pas pu vivre leur affectivité brutale quand
ils étaient enfants. Si un être humain, de tempéra-
ment violent, ne peut pas, du fait de son éducation,
extérioriser sa violence dans des jeux, par
exemple, il cherche à l'extérioriser sur des animaux et cela d'autant plus qu'il est lui-même soumis à des violences des adultes. S'il est empêché
d'extérioriser sa violence sur les animaux, il y a
beaucoup de chance qu'un noyau pathologique
important sommeille en lui jusqu'à l'âge de la
sexualité génitale et qu'au lieu des coups, il ait
envie d'accomplir des actes sexuels avec les animaux.

Si, au contraire, vous avez permis à l'enfant, à
l'âge de deux à quatre ans, de satisfaire son agressivité dans des jeux divers et même en jouant avec
des animaux, il n'y aura pas d'histoires sexuelles
dans l'avenir, parce qu'il aura vécu à plein, jusque
dans l'épreuve (les réactions de défense des animaux qui l'obligent à des limites), la sexualité
motrice de celui qui est le plus fort sur le plus
faible. Il se sera fait des amis avec les animaux qui,
de ce fait, ne seront plus des objets passifs de sa
jouissance, comme c'est le cas chez les sujets
atteints de cette perversion. Vous êtes peut-être
étonnés qu'en psychanalyse, je ne parle de la
genèse d'une perversion comme le bestialisme, par

exemple, sans la stigmatiser au nom de la morale, et que les psychanalystes ne parlent jamais de bien et de mal. C'est qu'en approfondissant les sentiments des gens qui présentent ces anomalies, on s'aperçoit qu'ils sont très malheureux, car ils n'ont pas d'échanges avec les êtres humains, qui leur apportent le sentiment de plénitude. Pour pouvoir vivre, il faut qu'ils se considèrent comme des animaux, car un être atteint de bestialisme est un humain qui se sent animal et qui joue la comédie sur deux pattes pour avoir l'air d'être un homme. Il se sent un étranger perdu dans un monde ennemi, et si ce n'est dans sa personnalité entière, ce l'est pour une part importante de lui-même.

Quant aux autres animaux, oiseaux, poissons, ils ont une grande importance pour l'être humain qui sait si difficilement nager et voler. Quand un enfant peut aimer un oiseau, que cet oiseau peut s'envoler très loin au ciel, promener son vol partout où ne pourrait pas aller l'enfant, il semble que l'enfant soit un peu moins impuissant. En s'identifiant à ces animaux, en leur donnant un peu d'amour, c'est un peu de lui qui échappe à cette condition terrestre si éprouvante.

De même, lorsqu'un enfant est obligé de vivre éloigné d'une personne à laquelle il est très attaché, il est heureux qu'il puisse s'imaginer pouvoir communiquer avec elle, par exemple par l'intermédiaire d'un oiseau, messager de son cœur. L'enfant a besoin d'échanges affectifs et le support vivant symbolisant l'envol de sa pensée est souvent pour lui indispensable pour supporter les frustrations affectives inévitables.

Quant à demander à un enfant de bien soigner un animal en cage, ne le faites pas, surtout si l'enfant est scrupuleux et a facilement « bon cœur » ; ne dites pas devant lui « pauvre petit animal en cage », car il peut en devenir coupable inutilement. Si un enfant désire posséder un animal en cage, ne dites pas : « Tu seras obligé de lui donner à manger tous les jours. » Est-ce qu'il se préoccupe lui-même de manger tous les jours ? Donnez l'animal à l'enfant pour qu'il sente une joie d'exister plus grande que sans cet animal.

C'est seulement après dix ans que l'enfant est capable d'assumer la santé d'un oiseau, de même que la sienne propre. Quand il aura faim, s'apercevant que son oiseau n'a rien, il le gavera pendant vingt-quatre heures, puis l'oubliera pendant trois semaines. Et c'est à vous de le soigner, et ainsi de lui donner l'exemple qui porte ses fruits tôt ou tard. Quant au chantage que certains parents emploient « Je ne m'en occuperai pas et tu seras responsable de sa mort », c'est le double exemple de la paresse et du sadisme par personne interposée. Si l'enfant cède à ce chantage, ce n'est pas par amour de la vie, mais par culpabilité ; et l'on ne peut pas aimer par pitié sans se diminuer soi-même.

Le poisson aimé répond à des besoins affectifs particuliers. Sa valeur symbolique est spéciale et joue sur des conflits presque utérins. Les gens qui ont besoin de la présence, de l'amitié d'un poisson sont ceux qui, tout petits, ont eu des difficultés dans l'adaptation aux parents. Ceci est un fait d'observation. Lorsqu'un enfant qui n'avait pas de contact, ni avec son entourage, ni avec les animaux, et qui détruisait tout, en arrive à avoir un besoin impérieux de voir des poissons, soit en bocal, soit en aquarium, soit d'en guetter dans les ruisseaux, vous pouvez être presque sûr qu'il est sur le chemin de la guérison. C'est un enfant qui récupère le droit de s'être aimé, aussi petit qu'on puisse avoir un souvenir inconscient de soi-même. On dit d'ailleurs : « être heureux comme un poisson dans l'eau », ce qui veut dire comme un coq en pâte, comme un enfant dans l'utérus. Un enfant qui pense « Comme j'aimerais être poisson et comme je suis content de le regarder », est en passe de gagner, d'acquérir enfin la paix avec ses premiers contacts difficiles, soit intra-utérins, soit tout près de la vie intra-utérine, ses premiers contacts avec sa mère qui ont été perturbés. Le besoin de chasse sous-marine, chez l'enfant comme chez l'adulte, de maîtriser des animaux carnassiers sous la mer, est parfois une façon de liquider les tensions nerveuses agressives d'un complexe d'Œdipe impossible à liquider dans les transferts que proposent les rencontres de la vie courante.

Rôle des plantes et des animaux dans l'éducation sexuelle

L'apprentissage de la vie sexuelle, des conditions de la reproduction par la fréquentation familière des plantes et des animaux, est le meilleur moyen d'éducation. Tout en mettant l'accent sur la vie affective, sur l'amour pour les plantes et les animaux, on peut mettre très tôt l'enfant au courant des lois de la nature se rapportant à la fécondation et lui donner le respect de ses rythmes saisonniers, lui enseigner l'influence des pluies et des gelées sur ces périodes, le rôle des étamines, des pistils, la vie nouvelle de la forêt à l'époque du rut. Tout ceci, dès quatre, cinq ans. À chaque printemps, vous pourrez lui raconter comment toute cette nature est en chemin de vie, l'aider à en observer les étapes. Vous pouvez être sûrs que de tels enfants, vers l'âge de huit ou neuf ans, n'auront aucun des problèmes dus au mélange du scatologique avec la sexualité.

Si toutes les fois qu'il aperçoit deux animaux accolés, spectacle si souvent observé par lui chez les insectes, vous avez pu dire : « Ils sont en train de se marier », l'enfant ne fait pas de rapprochement avec l'adulte, mais il apprend à respecter les animaux faisant œuvre de vie. Si vous lui avez montré tout cela comme des faits simples, naturels et magnifiques, vous éviterez qu'à douze ans, il soit obsédé de sexualité. C'est tout le problème du respect dû aux parents et à certaines postures qui leur paraissent inimaginables. Pour les enfants qui ne sont pas familiarisés avec les plantes et les animaux, le cap de l'instruction sexuelle est délicat à passer ; on ne sait pas ce qui va les choquer, ce qui ne les choquera pas. Si tous ces problèmes ont été soulevés avant le moment où l'enfant se demande « et moi, et mes parents », tout paraît naturel et rien n'est choquant.

Après avoir exprimé à bâtons rompus le rôle des plantes et des cailloux dans la vie affective de l'enfant, j'ai terminé par les poissons. Je voudrais vous lire maintenant quelques citations intéressantes :

La première est d'un mystique du Moyen Âge : « Ce que je sais des sciences divines, je l'ai appris dans les bois et les champs par la prière et la méditation. » Par prière, il faut entendre le langage le plus riche qui soit. Donc les bois et les champs parlent aux humains. Méditation veut dire le silence le plus profond. Donc, le plus riche langage, dans le plus profond silence, voilà ce dont nous privons nos enfants si nous leur supprimons la paix et la liberté des bois et des champs, paix et liberté qui, pour lui, s'accompagnent de la joie sans culpabilité de cueillir des fleurs, parfois couper des branches, bref agresser le monde végétal. Mais vous savez qu'à cet âge l'enfant est destructeur par aimance.

Une autre citation, vieille de plusieurs siècles, vient d'un mystique hindou : « Écoute une haute expérience : tu apprendras davantage dans les bois que dans les livres ; les arbres et les pierres t'enseignent ce que tu ne saurais recevoir de la bouche d'un maître. »

En voici maintenant une autre, tirée du livre de Job : « Tu feras alliance avec les bêtes des champs, et les bêtes des champs seront en paix avec toi, interroge les bêtes... »

Ici, je m'interromps pour vous raconter le cas d'un petit garçon vivant tout seul au milieu de grandes personnes dont la plus jeune, à part sa mère, a cinquante ans. Il est l'ami d'un chien, et il est convaincu que ce chien lui parle sans arrêt. Quand les grandes personnes de la famille reviennent et disent au petit garçon : « Qu'est-ce que tu as fait aujourd'hui ? » il demande au chien : « Est-ce qu'on lui dit, est-ce qu'on ne lui dit pas ? » Le chien répond « On lui dit », alors il l'envoie à la grande personne. Il est convaincu que le chien parle et il parle avec lui. Parmi les grandes personnes de l'entourage de cet enfant, il y en a de très ennuyeuses pour lui, celles qui ne veulent jamais qu'on grimpe sur les meubles. Quand ces grandes personnes arrivent, il fait signe au chien :

« On ne veut plus de nous ici », et le chien le console, ils partent ensemble, forts de leur amitié...

« ... Interroge les bêtes, elles t'instruiront, les oiseaux du ciel t'apprendront ; parle à la terre, elle t'instruira, et les poissons de la mer te le raconteront. » Il est assez curieux que la citation finisse ainsi, que les poissons de la mer semblent en raconter encore plus, comme si le fin du fin de l'adaptation de l'être humain aux éléments les plus profonds de sa vitalité était par le poète exprimé en conversation avec le monde sous-aquatique.

Nous rapportons ci-dessous les réponses données par le docteur Françoise Dolto à diverses questions qui lui ont été posées après sa conférence.

PARTICIPANT : *Comment peut-on entendre l'amour de la pêche chez les enfants ?*

FRANÇOISE DOLTO : Chez les humains, la pêche semble l'équivalent de méditation, un pêcheur n'est jamais méchant, même s'il est peu sociable apparemment. Pêcher, c'est communier avec la nature, c'est vivre réuni avec un « peut-être quelque chose de vivant », qu'on attire, qu'on recherche, qu'on espère. Pêcher dans un bocal ou dans un bassin, cela n'a aucun intérêt, mais pêcher en mer ou en rivière, attendre pour rien des heures, lancer en vain toute une journée avec un espoir permanent, c'est là toute la séduction de ce sport. Évidemment, saint François d'Assise parlait aux poissons, mais tout le monde n'en est pas capable, la façon de parler du pêcheur pacifique, c'est de mettre un petit hameçon au fil.

P. : *Est-ce qu'on peut admettre comme conclusion qu'il faut laisser les enfants détruire systématiquement les végétaux, donner des coups de pied dans les champignons, par exemple ?*

F.D. : Il ne s'agit pas de système. À partir du moment où c'est un système pour l'enfant de démolir, il s'agit déjà d'un enfant névrosé. Et le fait de détruire les champignons est typique, le champignon représente pour l'enfant l'élément qui en lui est encore fixé à la mère, une partie de lui-même, ou un petit frère plus jeune. En général, dans les projections symboliques, le champignon représente l'enfant fixé au sein de la mère et qui est son parasite. Quand l'enfant donne des coups de pied aux champignons, c'est très souvent qu'il donne des coups de pied, soit à la partie de lui-même qui voudrait encore rester bébé, soit par personne interposée, par transfert sur le champignon, parce qu'il est en rage contre un état d'impuissance. L'adulte peut lui enseigner qu'on peut avoir à la fois le plaisir puis la consommation de ce champignon, s'il est éducatif, au lieu de se fâcher, de dire « C'est très amusant de leur donner des coups de pied, mais c'est encore plus amusant de les cueillir pour les manger ». Si, au contraire, l'adulte dit : « Pauvre petit champignon, comme tu lui fais mal », il s'identifiera lui-même avec ce champignon. Ne demandons pas à l'enfant de s'identifier à nous, de force, mais quand l'enfant verra que vous ne vous comportez pas comme lui, et si vous lui dites : « Tu te demandes peut-être pourquoi je ne donne pas de coups dans les champignons » ou « Tu vois que papa ne s'amuse pas à cela », il vous dira peut-être, s'il est malin : « Mais papa me donne des gifles », ou il vous dira : « Papa ça ne l'amuse pas, mais moi ça m'amuse. » S'il le fait systématiquement, c'est que c'est un petit obsédé, mais il peut le faire parce que c'est la joie du moment, sans aucun trouble névrotique. Il faut vivre, il ne faut pas inculquer la civilisation de force pour des choses qui sont tout à fait inutiles ; il faut que vous cantonniez l'enfant à s'adapter à l'être humain, et laissiez les besoins agressifs de l'enfant pendant quelques années se satisfaire sur les plantes et les animaux.

Ne vous mettez pas à la place des plantes et des animaux, c'est déjà assez grave pour les enfants que dans les villes les plantes représentent toutes de l'argent, et alors c'est l'argent que les personnes déplorent quand elles voient l'enfant abîmer la fleur. Mais si elles savaient que pour un enfant, abîmer une fleur c'est quelque chose qui lui est bon, dans la mesure où il ne lui a pas été enseigné, par l'exemple, depuis qu'il est petit, à aimer les fleurs, à les soigner. Il est certain que si, dès que l'enfant a quatre, cinq mois, six mois, vous lui apportiez de temps en temps des fleurs, pour son plaisir et sa joie, vous pouvez être sûr qu'à deux ans il ne les abîmerait plus. Il ferait comme maman et aimerait les fleurs pour les soigner et les regarder.

Quand le bachelier moyen devient criminel[1]

Esprit,
mai 1949.

Il s'est passé récemment un drame, « un crime de J3[2] ». Ce meurtre est survenu dans une bande de jeunes, meurtre centré sur une image féminine sans attrait profond, semble-t-il, pour aucun des garçons de la bande, ni de sa part, ni de la leur.

Ce drame a ému la presse. Cette émotion est un des aspects de l'affaire. On a enquêté partout. On aurait voulu trouver un nœud solide à cette histoire. Pas de nœud. Pas de justification au crime. Il y a mort « comme ça », tout aussi bien qu'il y eût pu y avoir « dérouillée ». Tout le monde est très gentil, très correct, très bien élevé, depuis les parents jusqu'au criminel en passant par les détectives privés ou publics. Tout le monde a bonne réputation, haute valeur morale. « On ne peut que louer le cours secondaire où le meurtrier et la victime recevaient une formation morale éclairée », dit le père de la victime lequel est, dans son épreuve, d'une objectivité de grand civilisé. On ne peut qu'admirer la famille chrétienne exemplaire de la vraie jeune fille très surveillée, qui ne va pas même seule à la messe dominicale. Ce qui frappe dans le meurtre d'Alain Guyader par Claude P., c'est ce flou d'irréel, de rêve mêlé à la réalité, mystère creux et sans poésie. Une histoire un petit peu laide, vécue dans un climat d'inconsistance. Pas de haine, pas d'amour, pas de justice, pas de désespoir, pas de sens pour tout dire. Et puis c'est fait. L'un se sent hébété et toujours bon garçon, c'est le meurtrier ; le second se sent satisfait de la représentation du guignol dont la fin est acceptable, mais qu'il n'applaudit pas officiellement, c'est le prêteur de revolver. Un troisième se dépense en tentatives pour percer dans le journalisme grâce à cette occasion, c'est le pseudo-fiancé de la jeune fille, et l'ami de la victime. La jeune fille enfin, pour laquelle soi-disant Guyader est tué, danse et rit. « Vrai, c'est pour moi, comme je dois être une belle fille ! » semble-t-elle penser. Quant au chœur des parents, comme les agents de la chanson, ce sont de braves gens, qui n'ont donné à leurs enfants que le bon exemple.

Tout de même, cet ensemble curieux de contradictions humaines, ces figurants fantoches, qui jouent des rôles importants de criminels, ou de victimes, ou de parents, ce sont bien des gens de chez nous, tout à fait des Français moyens, alors quel signal d'alarme !

Une étude psychologique poussée de ce drame demanderait que l'on connût en détail les circonstances de vie de chacun des acteurs. Cependant, sans aller si avant, un fait est certain, et l'attitude de la presse le confirme : cet événement particulier est symptomatique du désarroi général, non seulement de la jeunesse actuelle, mais de ses aînés, bref de notre société.

On se dirait dans une nursery : « Qui a tort, c'est pas moi, c'est pas toi. » « Je lui avais permis de partir en sachant bien que la visite médicale cachait ses petites fredaines. » « Il n'avait pas trop d'argent dans sa poche. » « Regarde-moi bien dans les yeux et dis-moi la vérité, je ne te gronderai pas. » « J'ai trouvé un troisième J3 sur les lieux, moi police privée, mais je ne vous le dirai pas. Je le dirai au juge. »

Laissons de côté les adultes insensés dans leur niaiserie de bienséance et de respectabilité. Regardons du côté de la jeunesse. Ce sont des hommes faits du point de vue physiologique, qui sont des enfants à charge, sans plus avoir parallèlement à ce soutien pécuniaire, ni foyer affectif, ni soutien moral, ni responsabilité. Des jeunes gens sans vocation. Ils font des études secondaires si loin du concret, sans but précis. Le bachot un jour, « parce qu'il faut avoir son bachot ». Tant pis si on y perd le sens de la vie et que l'on décroche le diplôme à coups de passivité spongieuse et de bachotage traqué. Des études secondaires ! Des auteurs classiques, des compositions françaises, des dissertations, des mathématiques, des sciences en chambre, de l'histoire et de la géographie à coups de résumés de chapitres. « Posséder un programme. » Tout cela sans ambition intellectuelle, sans curiosité mentale ou esthétique, sans amour mais « parce qu'il faut ». Et que ferait-on d'autre ! Bien sûr, ils n'ont pas non plus de sexualité génitale (que l'on m'excuse si j'ajoute génitale, c'est à dessein, car suivant Freud, les psychanalystes distinguent des niveaux successifs de développement de la sexualité s'accompagnant de comportements affectifs distincts vis-à-vis de l'objet aimé). L'enquête souligne bien que tous ces jeunes gens avaient avec les jeunes filles ou entre eux des rela-

tions affectives « en tout bien tout honneur »,
entendez quelques émois d'impubères, correcte-
ment négligés comme de petites faiblesses,
indignes qu'on s'y attache, mais pas de passions.

Le jeune Claude P. est un prototype de ce genre.
Entrons un peu dans son problème. Il a dix-huit
ans. Depuis deux ans, c'est un homme fait d'après
la stature et la moustache. Civiquement c'est un
bon petit qui fait les courses et le marché avec sa
maman. Ses parents sont divorcés, le papa envoie
de l'argent. La maman vit seule avec son grand fils.
Il est gentil pour elle, plein de « cœur ». Il ne ferait
pas de mal à une mouche. Il est secret, va à son
école régulièrement, voit des camarades le
dimanche, n'a pas d'amour, ne fait pas de politique, ni de sport, ne se livre à personne. Que livre-
rait-il sinon une vacuité intraduisible. Et puis un
jour, il se livre pieds et poings psychiquement liés
à un copain. Il se fait l'exécutant d'une idée conçue
et infusée en lui (comme en lui sont aussi infusés
les connaissances scolaires et l'argent de poche).
Claude P. se sent à tout point de vue impuissant.
Bernard P., le copain qui l'influence, a un père
socialement valorisé, soutien des lois, de la règle,
alors que le père de Claude est depuis son enfance
un hors la règle qui « a lâché maman » et qui a eu
« les torts ». Pauvre maman, il faut lui rester fidèle.
Ce n'est ni son père ni sa mère qui eussent pu lui
donner ce revolver symbolique de la force au service du droit et de la justice, que Bernard, fils
d'agent de police, peut lui apporter. « Revolver de
son père », quatre mots magiques pour le psychisme d'un petit gars. Claude P. demeure blessé
dans sa fierté filiale à l'âge des fantasmes homosexuels inconscients où la participation à la puis-

sance du père apporte la puissance. Et Guyader, son autre camarade, celui qu'il tuera, c'est aussi un garçon en puissance de père, un père présent à qui il doit dire où il va. Un père qui fait plus que d'envoyer de l'argent, un père qui s'intéresse au programme scolaire, aux devoirs de son fils, aux auteurs classiques, à l'histoire, un père un peu officiel, qui fait des conférences, qui est fonctionnaire honorable. Bernard P. envie Guyader. Claude P. envie Guyader aussi. Ils sont liés par ce commun sentiment. Claude est plus démuni et moins prudent que Bernard P. Bernard estimera Claude s'il tue Guyader. Voilà, au moment même de l'acte, ce qui soutient Claude P. Le meurtre déguisé en crime d'homosexuel qu'il n'est même pas ! Pas plus qu'il n'est crime d'hétérosexuel. Drôle d'idée tout de même. Ça fait mieux, ça fait zazou. C'est probablement plus valable aussi parce que le zazouïsme et l'homosexualité ont gagné droit de cité chez des gens reconnus très bien. Claude P. veut être un type très bien, estimé de Bernard P., et peut-être que si Guyader n'est plus là, un jour Nicole ou une autre le regardera. Peut-être Claude sent-il que s'il commettait un crime passionnel, il serait sauvé subjectivement. Ce ne serait plus pour essayer d'être quelqu'un, ce serait la preuve que, capable d'avoir des rapports sexuels et d'y subordonner ses actes, il aurait en quelque sorte une hiérarchisation intérieure, quelque chose d'adulte qui le sauverait d'être le pauvre petit garçon qui court après une estime d'homme, un exemple d'homme, une lutte entre hommes pour en sortir vainqueur et mâle chevronné. Évidemment, pour Claude P., les mobiles de son crime ne sont point clairs. On a bien l'impression d'un drame de jalousie homosexuelle latente plus que de tout autre chose.

La jeune Nicole est dans son rôle quand elle fredonne et esquisse des pas de danse au Palais de justice, car ce n'est absolument pas pour elle que le crime a été commis, mais plutôt contre la féminité, contre les femmes camarades sans entrailles de femme, sans densité psychique. Et Nicole est aussi petite fille que les autres sont petits garçons, elle ne sent pas le drame. Ce n'est pas pour avoir Nicole que Claude a tué, c'est contre elle et contre Guyader, c'est pour Bernard P. Quant à Bernard, lui non plus n'aime pas Nicole, pas plus que G. ou tout autre garçon. Elle joue à aguicher, le sait-elle ? Pas même. Eux jouent à dominer, à ne pas se laisser faire, à profiter des occasions. Jeunesse châtrée, avortée, dont nous sommes responsables, tous, collectivement. Il faut le dire, il y a le côté de la psychologie individuelle de chacun de ces acteurs. La psychanalyse y a beaucoup à dire, ce sont des Français moyens devenus invertébrés. Ce ne sont pas des meurtriers constitutionnels ou des dégénérés physiologiques. L'immaturité sexuelle et affective flagrante des adultes dans ce groupe humain échantillon est un fait. L'immaturité des enfants, deuxième génération sinon troisième, élevée dans la même coupable ignorance ou négligence des lois du développement biologique et affectif des êtres humains, n'est pas étonnante. Elle n'est que le résultat normal de l'écrasement des ressorts de la personnalité par le type d'éducation dite civilisée de ces sept ou huit dernières décades. Le processus est allé s'accélérant avec les guerres par l'absence de père au foyer.

Les fantasmes spontanément agressifs des

enfants à l'âge de la sexualité orale et anale comportent des sentiments de culpabilité magique. Ils sont exacerbés par le fait réel des dangers courus par les hommes ou de la mort des pères. Le processus régressif est encore allé s'accélérant du fait de la scolarité prolongée et de la valorisation effective du « bachot » ou des diplômes et concours tardifs portant sur des études théoriques. La valorisation des diplômes ne s'est pas accompagnée de celle des matières enseignées, dont l'attrait, au contraire, décroît de plus en plus au fur et à mesure que les jeunes gens y sont plus tenus. La plupart du temps elles ne correspondent pas à leur forme d'esprit. Enfin ces études en elles-mêmes n'apportent aucune expérience de vie utilisable en soi. Dès l'enfance, la vie sans responsabilité vraie, mais surtout à partir de quinze ans, la vie sans responsabilité matérielle, sans efforts physiques, la vie traînée passivement dans des établissements scolaires où des groupes de même âge sont parqués étroitement, sans contact humain entre les générations, sans échanges affectifs, sans valorisation sociale, est un meurtre quotidien de milliers d'énergies qui lentement avortent.

Les jeunes filles qui veulent et peuvent faire des études doivent-elles pour cela négliger d'office leur formation de femme de qui dépend, au foyer, la stabilité, la santé psychique et affective de la société ? Les jeunes hommes qui sont doués et attirés par telle ou telle discipline intellectuelle doivent-ils négliger la formation de leur savoir-faire pratique dans la vie quotidienne ? Doivent-ils aussi s'imposer une indigestion de culture abstraite ?

Que feraient-ils de leur sexualité, ces jeunes

gens, si par miracle ils se permettaient encore de la laisser se développer à l'âge génital, alors qu'aux âges précédents elle a été si mutilée ? Comment la sublimeraient-ils encore dans la poursuite enthousiaste d'une conquête autre que la seule expression charnelle, puisque l'attention aux matières des programmes est codifiée à la pendule, au centimètre de savoir ? Il faut savoir un peu de tout. Pas d'enthousiasme, même momentané, pour telle ou telle partie du programme, sinon s'écroule l'espoir de s'aligner avec ceux que la société trouvera dignes d'être soutenus. Que de temps et de force perdus de part et d'autre, adultes et enfants, dans une discipline coercitive et « frénatrice » sans but éducatif, des efforts stériles parce que sans enthousiasme, des contraintes avilissantes parce que non ressenties comme formatives mais comme inhibitrices de forces vives, une perte totale du sentiment vrai de la responsabilité. Comment voyons-nous vivre cette jeunesse citadine aux heures de liberté scolaire ? Un ennui futilement camouflé la lance dans des parties de plaisir infantile, des laïus verbeux, la recherche passive d'une esthétique de forme et de maintien. Ils ont le cinéma, où l'illusion de vivre leur est magiquement vendue, toujours avec l'argent de papa. On tend avec plus de bonheur à les inciter à tromper leur ennui de façon moins physiquement déprimante par des « passes »... de ballon. On les enrôle par persuasion adroite dans des formations politiques, des loisirs « dirigés » ou des groupes d'esthètes. Voilà où nous en sommes au XXe siècle, nous, le peuple, que l'on s'accorde à dire celui où il y a toujours eu les gens les plus intelligents et les plus cultivés d'Europe. Il faut faire quelque chose.

Se rappelle-t-on que Vercingétorix avait dix-neuf ans quand il commandait devant Alésia, que Turenne était soldat à quinze ans, comme tous les autres de son époque, que La Pérouse était à quatorze ans et demi garde maritime, que Condé avait vingt-quatre ans quand il a gagné la bataille de Rocroi, et Hoche le même âge quand il devint général à la hauteur de ses responsabilités ? Livingstone était à dix ans apprenti fileur, ouvrier qualifié, dirait-on aujourd'hui, à dix-neuf ans, son salaire ainsi que son temps libre lui permettaient de faire ses études, parallèlement, à l'université de Glasgow. Newton, Pascal, dès l'enfance, affirmaient leur puissance créative dans la voie où ils devenaient, dès vingt ans, des maîtres. Velasquez était, à dix-neuf ans, en possession de son talent. Tous à quinze, seize ans, garçons ou filles, se sentaient de droit et de fait responsables de leur orientation, recherchaient un partenaire avec qui ils choisissaient de vivre. Ils s'inscrivaient sexués dans la vie sociale. Leur puissance de travail était soutenue et encouragée par la confiance que la société mettait en eux et le besoin qu'ils avaient de vivre pour une vocation quelquefois, mais toujours pour leur foyer et pour une fonction déterminée dans laquelle ils se perfectionnaient par la pratique. De seize à vingt ans pour les filles, de dix-huit à vingt-deux ans pour les garçons se construisaient la majorité des couples. Or, à cet âge, notre société impose au jeune homme et à la jeune fille de rester inactifs, obéissants, impuissants ou, en tout cas, inféconds. Ils doivent être des élèves non rémunérés, à charge de leur famille ou de la société, qui alors ne paie que les études sans rien demander en échange, et conscients, s'ils n'obtiennent pas le diplôme, d'avoir entièrement perdu, pour eux et pour la société, leurs années de jeunesse.

Ces réflexions sont limitées. Nous avons voulu attirer l'attention des lecteurs sur un fait social qui mène à envisager au plus vite une prophylaxie des névroses ou, plutôt, des épidémies de conséquences des névroses dont on souffre aujourd'hui, surtout en milieu citadin. Les consultations psychanalytiques ou autres ne suffisent pas, non plus que l'éducation à l'école du savoir sexuel. Des solutions plus larges sont à trouver, des solutions sociales qui permettraient à tout âge des moyens d'expression créatrice valables pour tous les enfants. Une activité pratique à exercer dans une assez grande liberté, mais pas seulement des activités « libres », ludiques, gratuites — des activités réelles, rémunérées d'où l'exploitation (au sens habituel du mot) serait exclue, bien entendu, mais où le sens de la responsabilité serait suscité, ainsi que le goût de la liberté. Pour cela, il faut avant tout modifier l'esprit du corps enseignant et du public, modifier les emplois du temps et le mode d'enseignement. Ainsi les difficultés se rapportant aux conflits subis dans la petite enfance trouveraient des objets de transfert, et ne seraient plus poussées à se traduire dans des symptômes nuisibles à la société et partant à chacun des membres de cette société.

Notes

Sur l'insécurité des parents dans l'éducation

1. L'École des parents, association fondée en 1929, s'était donné comme but d'éduquer les parents pour qu'ils transmettent à leurs enfants des valeurs morales et sociales, de travailler à une renaissance de l'esprit familial en France, de sauvegarder les droits de la famille et de contribuer à un rapprochement entre les classes et les peuples.

À partir de 1942, l'École des parents s'entoure de médecins et, en 1949, le professeur Georges Heuyer fondateur de la première chaire de neuropsychiatrie, occupe la présidence de l'association et la revue *L'École des parents* est créée.

Aujourd'hui, l'objectif de l'association est d'être à l'écoute des parents et des éducateurs. Elle publie une revue mensuelle, assure une permanence téléphonique (Interservice Parents) et propose des consultations juridiques et psychologiques. Sa collaboration avec Françoise Dolto a été longue et régulière.

2. Cf. Françoise Dolto, *Lorsque l'enfant paraît*, Le Seuil, 1990, pp. 547-567, l'exemple d'une psychothérapie d'échec scolaire.

3. Pour la jalousie de l'aîné à la naissance d'un puîné, cf. Françoise Dolto, *Lorsque l'enfant paraît*, Le Seuil, 1990, « La dynamique des pulsions et les réactions dites de jalousie à la naissance d'un puîné », in *Psyché* nos 7, 9 et 10, Paris, 1947, et in *Au jeu du désir*, Le Seuil, 1981.

La première éducation est ineffaçable

1. Françoise Dolto fut invitée en 1983 à Montréal à un colloque organisé par des psychologues de l'hôpital de Maisonneuve-Rosemont autour de son travail. Cf. *Dialogues québécois*, Le Seuil, 1987 ; François Peraldi, « 1760 ou Dolto en terre d'exil », in *Quelques pas sur le chemin de Françoise Dolto*, Le Seuil, 1988, et Andrée Ruffo, *Parce ce que je crois aux enfants* (préface de Françoise Dolto), Éd. de l'Homme, 1988.

Ne faites pas du plus jeune le « petit dernier ».

1. Pendant plus d'un an, de janvier 1946 à mars 1947, Françoise Dolto collabore régulièrement à l'hebdomadaire *Femmes françaises*. Elle y tient la rubrique intitulée : « La mère et l'enfant ». Son premier article paraît dans le numéro du 18 janvier 1946 (« Introduction à une page d'éducation », in Françoise Dolto, *Les chemins de l'éducation*, Gallimard, 1994). Elle y explique ses intentions : faire de cette page une consultation psychopédagogique, ouverte à tous et en particulier aux futurs parents. L'éditorial de ce journal qui veut parler aux femmes de leurs problèmes quotidiens a, ce jour-là, pour titre : « Nous aurons de la viande ! », allusion au retour de la viande à un prix abordable.

Femmes françaises est le journal de l'Union des femmes françaises. Créée en juin 1945 et issue des Comités féminins de la Résistance, l'U.F.F. s'était fixée comme objectif le combat des femmes pour « la défense de leurs droits, pour la paix et pour l'égalité de leurs droits de citoyennes et de femmes ». Les militantes communistes y jouaient un rôle prépondérant, mais l'accent était mis sur l'union. Ainsi, à sa création, l'U.F.F. se donnait trois présidentes d'honneur, toutes trois mortes au combat : Berty Albrecht, chrétienne, Danielle Casanova, communiste, et Suzanne Buisson, socialiste. La première présidente fut Eugénie Cotton, scientifique et directrice de l'École normale de Sèvres. Jenny Aubry — qui s'appelait alors Jenny Roudinesco — écrira aussi dans *Femmes françaises*.

L'U.F.F. poursuit aujourd'hui ses activités et publie une revue, *Clara Magazine*. Son siège se trouve à Paris ; 25, rue du Charolais, dans le douzième arrondissement.

Les troubles du sommeil

1. Françoise Dolto était alors médecin au Centre psycho-péda-gogique Claude-Bernard, qui deviendra le Centre médico-psy-cho-pédagogique (C.M.P.P.) Claude-Bernard. Ce fut le premier C.M.P.P. créé en France. Il fut ouvert le 15 avril 1946, avec Juliette Favez-Boutonnier comme directrice médicale et Georges Mauco comme directeur administratif et pédagogique.

Échange verbal avec le tout-petit

1. Revue publiée par le G.R.E.N. (Groupe de recherche et d'étude sur le nouveau-né), Stock.

À propos de La Cause des enfants

1. Éliane Contini, journaliste, est depuis 1987 productrice de l'émission « Mise au point » sur France-Culture, principalement axée sur des thèmes de société et de sciences humaines.

2. Alice Miller, psychanalyste de langue allemande, est connue pour ses travaux sur les violences exercées à l'encontre des enfants : violences dans l'éducation, violences sexuelles. Cf. *Le drame de l'enfant doué*, P.U.F., 1983 ; *C'est pour ton bien*, Aubier, 1984 ; *L'enfant sous terreur*, Aubier, 1986.

L'agressivité chez le jeune enfant

1. La Pédagogie relationnelle du langage, ou P.R.L., promue dès 1968 par Claude Chassagny, pédagogue et psychanalyste, s'inscrit dans la tradition freudienne. Pédagogie d'accompagne-ment, elle crée entre l'enfant et le thérapeute (psychologue, édu-cateur, psychomotricien, orthophoniste...) une relation de lan-gage sur laquelle l'enfant organise et structure son expression. Cf. Claude Chassagny, *La pédagogie relationnelle du langage*, I.P.E.R.S., Paris, 1968, et la revue *Pratique des mots*, trimestrielle.

Repenser l'éducation des enfants : à propos du dressage à la propreté sphinctérienne

1. Françoise Dolto préconisait de placer toujours le pot de l'enfant dans les W.-C. L'enfant, lorsqu'il a envie de devenir « grand », et donc propre, se rend ainsi dans le même lieu que les adultes.

Les crises de l'enfance

1. L'article, destiné à la revue catholique du Père Plée, avait été refusé, ce qui peut expliquer le ton ironique de cette dernière phrase.

Le rôle de l'éducation dans l'élaboration de l'identité sexuelle chez l'enfant

1. L'enfant naît avec un système nerveux qui ne sera terminé que vers l'âge de deux ans voire deux ans et demi. C'est à partir de ce moment qu'il pourra, volontairement, contrôler ses sphincters. Françoise Dolto précisait toujours que tant qu'un enfant ne peut pas seul monter et surtout descendre un escabeau de cinq marches, son système nerveux n'est pas terminé. Il ne peut donc se retenir volontairement.

Influence des animaux et des plantes

1. Françoise Dolto avait observé dans les dessins libres l'importance de la fleur comme moyen d'exprimer le narcissisme. Au cours d'une séance avec une petite fille anorexique qui n'aime plus ni ses animaux ni ses poupées, Françoise Dolto lance l'idée d'une poupée-fleur. Devant l'intérêt de l'enfant, Françoise Dolto demande à la mère de confectionner une poupée qui « serait entièrement recouverte de tissu vert, jusques et y compris le volume figurant la tête, au demeurant sans visage, et qui serait couronné de marguerite artificielle ». Elle développe l'idée que cette poupée permet à l'enfant de projeter « des émois instinctuels restés fixés au stade oral » et d'en prendre conscience. Cf. *Cure psychanalytique à l'aide de la poupée-fleur,* in *La Revue française de psychanalyse*, n° 1, 1949, repris dans *Au jeu du désir*, Le Seuil, 1981 (pp. 133-193).

Quand le bachelier moyen devient criminel

1. En décembre 1948, un lycéen de dix-sept ans, Alain Guyader, s'écroule dans un terrain vague, une balle dans le dos, victime dit-il d'un piège à feu. Pourtant, Claude, un de ses camarades de classe, s'accuse du meurtre. L'affaire soulève une grande émotion dans la presse. Durant l'enquête, rumeurs et révélations vont bon train : Alain se vantait d'être un agent double et d'avoir des contacts avec les services secrets soviétiques. Il exhibait de fortes sommes d'argent, parlait d'une maîtresse à l'hôtel Crillon et d'un enfant de quatre mois. On parle aussi d'une société secrète anticommuniste montée par Bernard, le complice. Lors d'une de ces réunions, on vote la mort d'Alain Guyader, il sera fusillé. Bernard emprunte l'arme du crime à son père, un officier de police irréprochable. En fait, le mobile du meurtre semble être la jalousie : Alain et Claude étaient amoureux de la même fille, Nicole. Alain lui avait écrit qu'il allait l'enlever et l'emmener au Canada, et disait d'elle qu'elle lui était acquise. Très vite, la D.S.T. doit se rendre à l'évidence, la double vie d'Alain n'existe pas. Nicole n'avait jamais été en danger, elle avait poussé Alain à écrire cette lettre pour rendre Claude jaloux. La société secrète était une pure invention pour complaire aux policiers. Il n'y avait rien, sinon des adolescents à l'imagination exaltée, en mal de vivre dans les grises années d'après-guerre. Le tribunal conclut au crime passionnel, condamne Claude, qui assume seul le crime, à dix ans de prison ferme, Bernard, son complice, à cinq ans, et accorde un sursis à Nicole, après un jugement à huis clos. [Cette note a été établie d'après l'article de Sorj Chalandon : *Les jours et les nuits d'un agent double*, paru dans *Libération* du 12 mai 1990.]

2. L'appellation « J3 » désignait, pendant la guerre, sur les cartes d'alimentation, les adolescents non majeurs. Le mot a été encore employé pendant quelques années, après la Libération.

Index

Index des notions et des thèmes

Index des noms propres

Index des cas et exemples cités

Table des matières

TABLE DES MATIÈRES

Françoise Dolto : bibliographie

AUX ÉDITIONS GALLIMARD
dans la même collection

Articles et conférences :

1 — Les étapes majeures de l'enfance
2 — Les chemins de l'éducation
3 — Tout est langage
4 — La difficulté de vivre
5 — Le féminin

Essais :

Solitude
Sexualité féminine. La libido génitale et son destin féminin
Le sentiment de soi. Aux sources de l'image du corps

Entretiens :

1 — Destins d'enfants — Adoption, Familles d'accueil, Travail social (Entretiens avec Nazir Hamad)
2 — Les Évangiles et la foi au risque de la psychanalyse ou La vie du désir (en collaboration avec Gérard Sévérin)
3 — L'enfant, le juge et la psychanalyse (Entretiens avec Andrée Ruffo)
4 — Les images, les mots, le corps (Entretiens avec Jean-Pierre Winter)

Séminaires :

La vague et l'océan. Séminaire sur les pulsions de mort (1970-1971)

Correspondance :

Lettres de jeunesse. Correspondance 1913-1938 (en collaboration avec Colette Percheminier)

dans la collection « Folio essais » ·

Les chemins de l'éducation
Les étapes majeures de l'enfance
Sexualité féminine. La libido génitale et son destin féminin
Solitude

dans la collection « Le Petit Mercure » :

Correspondance père/fille (1914-1938)
Kaspar Hauser
Le dandy, solitaire et singulier
L'enfant dans la ville
L'enfant et la fête
Jeu de poupées
Parler de la mort
Parler juste aux enfants (Entretiens avec Danielle Marie Lévy)

Ouvrages sur Françoise Dolto, hors collection :

Les Deux Corps du Moi. Schéma corporel et image du corps en psychanalyse, Gérard Guillerault.
Françoise Dolto, c'est la parole qui fait vivre. Une théorie corporelle du langage. Sous la direction de Willy Barral, et la participation de Marie-Claude Defores, Didier Dumas, Yannick François, Gérard Guillerault, Heitor O'Dwyer de Macedo, Juan-David Nasio.

Françoise Dolto, aujourd'hui présente. Actes du colloque de l'Unesco, 14-17 janvier 1999. Ouvrage collectif.

AUX ÉDITIONS GALLIMARD JEUNESSE

Paroles pour adolescents ou Le complexe du homard (avec Catherine Dolto, en collaboration avec Colette Perchemi-nier)

CHEZ D'AUTRES ÉDITEURS

Le cas Dominique, Le Seuil, coll. « Le champ freudien », 1971 ; coll. « Points Essais », 1974.

Psychanalyse et Pédiatrie, Le Seuil, 1971 ; coll. « Points Essais », 1976.

Lorsque l'enfant paraît, tomes 1, 2, 3, *Le Seuil,* 1977, 1978, 1979 ; tomes 1, 2, 3 reliés, *Le Seuil,* 1990.

Au jeu du désir. Essais cliniques, Le Seuil, 1981 ; coll. « Points Essais », 1988.

Séminaire de psychanalyse d'enfants, tome 1 (en collabora-tion avec Louis Caldaguès), *Le Seuil,* 1982 ; coll. « Points Essais », 1991.

L'image inconsciente du corps, Le Seuil, 1984 ; coll. « Points Essais », 1992.

La cause des enfants, Laffont, 1985 ; *Pocket,* 1995.

Séminaire de psychanalyse d'enfants, tome 2 (en collabora-tion avec Jean-François de Sauverzac), *Le Seuil,* 1985 ; coll. « Points Essais », 1991.

Enfances (photographies Alecio de Andrade), *Le Seuil,* 1986 ; coll. « Points Actuels », 1988.

Dialogues québécois (en collaboration avec Jean-François de Sauverzac), *Le Seuil,* 1987.

L'enfant du miroir, Françoise Dolto, Juan-David Nasio *Rivages,* 1987 ; *Payot,* 1992.

La cause des adolescents, *Laffont*, 1988 ; *Pocket*, 1997.

Inconscient et Destins, Séminaire de psychanalyse d'enfants, tome 3 (en collaboration avec Jean-François de Sauverzac), *Le Seuil*, 1988 ; coll. « Points Essais », 1991.

Quand les parents se séparent (en collaboration avec Ines Angelino), *Le Seuil*, 1988.

Autoportrait d'une psychanalyste (1934-1988) (en collaboration avec Alain et Colette Manier), *Le Seuil*, 1989 ; coll « Points Actuels », 1992.

Composition Euronumérique.
Impression CPI Bussière
à Saint-Amand (Cher), le 3 août 2009.
Dépôt légal : août 2009.
1ᵉʳ dépôt légal dans la collection : août 1998.
Numéro d'imprimeur : 092160/1.

ISBN 978-2-07-040433-9./Imprimé en France.